dtv

Die mittlere Kindheit ähnelt der Besiedlung eines vorher unbekannten Landes: Mit vorsichtigen Schritten entdecken und erobern die Kinder diesen Lebensraum, werden allmählich zu seinen sicheren und souveränen Bewohnern, bis er ihnen zu eng wird und sie in die neue Welt des Jugendalters aufbrechen. Die Diplompsychologin Oggi Enderlein hat die aufregenden Jahre zwischen 7 und 13, die sogenannte »Latenzzeit«, in einem vernünftigen, übersichtlichen und sehr sympathischen Elternratgeber beschrieben. Im ersten Teil stellt sie dar, welche Entwicklungsthemen in dieser Zeit wichtig sind, etwa Selbstbehauptung, Entwicklung der Gefühle, Sozialisation, Identität und Gemeinschaft, die Beziehung zu den Erwachsenen. Im zweiten Teil betrachtet sie die einzelnen Lebensjahre mit den für sie typischen Inhalten und Problemen. Sie zeigt nicht nur, wie spannend die Phase zwischen Schuleintritt und Pubertät ist und welch große Bedeutung sie für das spätere Erwachsenenleben hat, sondern hebt sie zugleich aus ihrem bisherigen Schattendasein.

Oggi Enderlein, geboren 1947 in Bogotá, ist Diplompsychologin. Nach langjähriger Tätigkeit als Kinder- und Jugendpsychologin für verhaltensauffällige Kinder arbeitet sie seit einigen Jahren freiberuflich als Supervisorin, Fachhochschuldozentin und in der Erwachsenenbildung. Oggi Enderlein ist verheiratet, Mutter von drei Kindern und lebt in der Nähe von Berlin.

Oggi Enderlein

Große Kinder

Die aufregenden Jahre zwischen 7 und 13

Deutscher Taschenbuch Verlag

Meinen kundigen Führern
Almut, Henrik und Marion.
Denn von ihnen
habe ich am meisten
über Kindheit gelernt.

**Ausführliche Informationen über
unsere Autoren und Bücher
finden Sie auf unserer Website
www.dtv.de**

FSC www.fsc.org
MIX
Papier aus verantwortungsvollen Quellen
FSC® C019821

Ungekürzte Ausgabe 2001
9. Auflage 2015
Deutscher Taschenbuch Verlag GmbH & Co. KG,
München

ISBN 3-466-30461-X
Umschlagkonzept: Balk & Brumshagen
Umschlagfoto: The Image Bank/Britt Erlanson
Gesamtherstellung: Druckerei C.H.Beck, Nördlingen
Gedruckt auf säurefreiem, chlorfrei gebleichtem Papier
Printed in Germany · ISBN 978-3-423-36220-7

Inhalt

Große Kinder heute

Über Kleinkinder wissen wir relativ viel. Sie hängen noch am Rockzipfel der Erwachsenen, sind ihnen nah, fordern sie, beschäftigen sie seelisch, geistig und körperlich. Kleine Kinder sind für die Erwachsenen insofern anstrengend, als man sie nicht sich selbst überlassen kann. Also haben Erwachsene seit eh und je ein ureigenes Interesse daran, etwas über die Kinder, mit denen sie unentwegt zu tun haben, zu erfahren, aber auch daran, ihre Erfahrungen weiterzugeben. Ob am Sandkasten oder in wissenschaftlichen Kongressen, es ist für sie wichtig, sich auszutauschen. Entsprechend gibt es unzählige Forschungsergebnisse, viele Bücher und inzwischen auch Filme über die Entwicklung von Kindern zwischen 0 und 6 Jahren.

Auch über Jugendliche ab etwa 14 Jahren gibt es verhältnismäßig viel Literatur und noch mehr Gespräche. Jugendliche ecken an, provozieren, machen Sorgen, reiben sich an den Erwachsenen, fordern sie heraus, gehen ihnen auf die Nerven. Also wecken sie das Interesse der Erwachsenen und folglich befassen sich Erwachsene, wahrscheinlich seit Menschengedenken, mit den spezifischen Erscheinungsweisen des Jugendalters.

Über das Alter zwischen 7 und 13 gibt es bisher nur wenig Literatur. Erstaunlich wenig! Ich meine Literatur, die sich mit der Entwicklung und vor allem mit den *Lebensbedürfnissen* von Menschen in dieser Lebensphase befasst. Irgendwie werden Kinder, sobald sie in die Schule kommen, nur noch aus der erzieherischen Erwachsenenperspektive wahrgenommen.

Denn natürlich gibt es jede Menge Bücher, Artikel, Broschüren, auch Kongresse und Forschungsprojekte, deren Inhalt Kinder zwischen 7 und 13 Jahren sind. Nur geht es dabei fast immer um die Frage, wie man Kindern in dieser Altersstufe in Schule und Freizeit am effektivsten irgendetwas beibringen kann: angefangen vom Schreiben und Lesen bis zum Umgang mit Computern, von der Mengenlehre bis zur speziellen Mathematik für Mädchen, vom »kreativen Malen« bis zum »Training sozialer Kompetenz«, vom Spielturnen bis zum Leistungssport.

Auch über Heil- und Therapieverfahren kann man viel lesen und lernen: von der Ritalin-Pille bis zur Spezialdiät gegen Hyperaktivität, von Stressreduktionskursen bis zu Biofeedback bei Muskelverkrampfungen, vom Neurolinguistischen Programmieren bei Prüfungsängsten bis zu Konzentrationstraining, von Krankengymnastik bei Haltungsschäden bis zur tiefenpsychologischen Spieltherapie. Die Bandbreite von Techniken, um Kinder so zurechtzuformen, wie wir es für richtig halten, oder ihnen aus seelischen Sackgassen zu helfen, ist eindrucksvoll. Werden noch die entsprechenden Klagelieder über die zunehmenden Verhaltensstörungen von Kindern schon in den ersten Schuljahren dazugerechnet, hat man schnell eine ganze Bibliothek über die Probleme, die Erwachsene mit Kindern zwischen 7 und 13 Jahren haben, beisammen.

Trotzdem werden die Symptome schlimmer. Eltern, Lehrer und Erzieher beklagen verstärkt, dass immer mehr und immer jüngere Kinder massiv auffällig werden: Aggressivität, nicht nur gegen andere in unglaublich brutaler Form, sondern auch gegen sich selbst bis hin zu Selbsttötungsversuchen, Ängste, Konzentrationsstörungen, motorische Unruhe, chronische Krankheiten, Schulverweigerung, Interesselosigkeit, emotionale Leere, Kontaktstörungen, Unberechenbarkeit, Schwer-Erziehbarkeit, Delinquenz, Drogenkonsum ... Die Liste wird immer länger, die Störungen werden immer schlimmer und sie treten in allen sozialen Schichten auf.

Allerdings werden diese drastischen Formen von Auffälligkeiten fast ausschließlich in industrialisierten Regionen mit hohem technologischen und sozialen Standard beobachtet. Unbestreitbar hat das, was in den Taten der Kids unserer modernen Welt mitschwingt, tatsächlich eine ganz neue, »moderne« Qualität: Es ist etwas anderes als die in dieser Altersstufe durchaus »normale« und altbekannte Form von kindlicher Ungezogenheit, Frechheit, Schulfaulheit oder Drückebergerei. Auffallend ist für mich vor allem in Deutschland, dass immer weniger Kinder von innen heraus fröhlich und unbeschwert sind. Viele Jungen und Mädchen wirken tief unzufrieden, obwohl sie »alles haben«.

Woran liegt das? An der beruflichen Überlastung von Vätern und Müttern? An deren Arbeitslosigkeit? An Scheidungen und fehlenden Vätern? An zu verwöhnender oder zu strenger Erziehung? Am Leistungsdruck in der Schule? Das sind die Gründe, die bisher hauptsächlich angeführt wurden. Aber all das ist nicht neu und nichts, was nur in industrialisierten Regionen vorkäme! Liegt es an der »Verstädterung von Kindheit«? Auch Städte sind nichts Neues, und es gab und gibt unzählige Kinder, die in Städten aufgewachsen und dennoch unbeschwert, fröhlich und »normal« geblieben sind. Außerdem beklagen sich Lehrer an Dorfschulen genauso wie ihre Kollegen in der Stadt über zunehmende Verhaltensauffälligkeiten ihrer Schüler. Daran allein kann es also auch nicht liegen. »Neu« ist zweifellos der Verkehr, der die Kinder in Stadt und Land von den Straßen verdrängt hat, und neu und modern sind Fernseher, Computer und technisierte Spielzeuge, mit denen sich die Kinder die Zeit vertreiben. Tatsächlich sind Kinder im

Schulalter die absoluten Rekordhalter, was die tägliche Fernseh- und Computerspielzeit betrifft. Aber auch Fernsehen und Computer allein können nicht der Grund dafür sein, dass Kinder so anders sind als früher. Warum schauen sie denn so viel fern, spielen sie so borniert mit ihren Gameboys und haften so an ihren Nintendospielen? Ist womöglich das Fernsehen und Computerspielen noch das Einzige, was reizvoll ist an Kindheit? Was war denn sonst reizvoll an Kindertagen?

In neueren Untersuchungen zum Freizeitverhalten von Kindern im Schulalter stellte sich heraus, dass Kinder sich durchaus anderes wünschen, als immer nur zu Hause vor dem Fernseher oder den Bildschirmen zu hocken. Sie wünschen sich vor allem mehr Platz, mehr Natur und weniger Verkehr, um mit anderen Kindern zu spielen.

Aber auch ohne Autos, Fernsehapparate oder Computer hätten es Kinder nicht leicht, sich spontan und zu mehreren zum Spielen zu treffen. Viele Kinder sind heute nämlich in feste Termine eingebunden: Morgens ist Schule und nachmittags ist entweder Hort, Töpfern, Geigespielen, Reiten, Schwimmen, Fußball, Krankengymnastik oder die Kiefernorthopädin an der Reihe: Nach einem festen Zeitplan werden moderne Kinder von einem Erwachsenen zum anderen gereicht und dabei sozusagen von einem Käfig in den nächsten gesperrt.

Dagegen rebellieren sie. Gott sei Dank!

Auf verschiedene Arten: Die einen versuchen aus dem Käfig »auszubrechen« und schlagen und beißen sozusagen wild um sich. Mit aller Kraft entziehen sie sich dem pädagogischen Zugriff der Erwachsenen und sind »schwer erziehbar«. Auch die zweite Form der Rebellion kennen wir aus der Käfighaltung von Tieren: Aggressionen gegeneinander oder gegen sich selbst – Sucht ist einer von vielen Wegen, sich selbst zu zerstören. Und auch die dritte Form der Rebellion ist bei Kindern nicht anders als bei Käfigtieren: Sie werden stumpf, apathisch, depressiv – oder umgekehrt: motorisch unruhig, nervös, hyperaktiv.

Die Erwachsenen erschrecken und versuchen das Fehlverhalten abzustellen: Die einen fordern wenn möglich geschlossene Erziehungsanstalten und meinen damit, dass die Kinder noch enger an die Leinen genommen werden sollen. Die anderen glauben, die Probleme der Kinder könnten nur durch intensivere Beschäftigung gelöst werden, sie fordern »mehr Programm« in allen Lebensbereichen und tun damit nichts anderes, als immer mehr Ablenkungsgegenstände in den Käfig zu werfen. Die dritten wollen sozusagen die Käfige aufreißen und die Kinder in eine unbegrenzte »Freiheit« entlassen und unterschätzen dabei, wie gefährlich für Körper und Seele eine schutzlose Freiheit ist. Andere wiederum fordern Therapie und meinen damit oft, dass das Kind so repariert werden soll, wie Erwachsene sich »normale Kinder« eben vorstellen: folgsam, konzentriert, fleißig, erfolgsorientiert, aufgeschlossen, freundlich, sozial anerkannt, friedfertig, aber nicht konfliktscheu.

»Kinder an die Macht« ist ein weiterer Lösungsvorschlag von Erwachsenen. Das ist zynisch. Denn wer im Käfig sitzt, kann sich nicht selbst befreien. Nein: Es ist Sache der Erwachsenen, für das Wohl der Kinder zu sorgen, die Bedingungen zu schaffen, in denen sich jedes Kind innerlich und äußerlich frei, aber geschützt zu einer individuellen, stabilen Persönlichkeit entwickeln kann.

Sigmund Freud hat das Alter zwischen 5 und 12 als »Latenzperiode« bezeichnet, das heißt, als eine auffallend unauffällige Lebensphase, in der nichts besonders Wichtiges für die Entwicklung der Persönlichkeit geschieht. Freuds Meinung wirkt leider in der Haltung vieler Entwicklungspsychologen bis heute nach. Es spricht allerdings viel dagegen, dass es im Leben von Kindern, die unter einigermaßen altersgerechten Bedingungen aufwachsen, innerlich und äußerlich besonders ruhig, unbedeutend und langweilig zugeht. Und ebenso viel spricht dagegen, dass diese Zeit für die Entwicklung der Persönlichkeit weniger entscheidend sein soll als die frühe Kindheit und das Jugendalter.

Wie entscheidend die *frühen* Kinderjahre für die Persönlichkeitsentwicklung des Menschen sind, haben Sigmund Freud und seine Nachfolger aus den krankhaften Persönlichkeitsstörungen bei Erwachsenen geschlossen. Inzwischen ist dieser Zusammenhang in zahlreichen Untersuchungen nachgewiesen worden.

Wie sich eine »verpasste Kindheit« zwischen ungefähr 6 Jahren und der Pubertät auf die Persönlichkeit des Erwachsenen auswirkt, darüber gibt es meines Wissens noch keine einschlägigen Untersuchungen. Aber es gibt deutliche Hinweise:

- Erwachsene »mit Ausstrahlung«, die in besonderem Maße lebendig, aufgeschlossen, taktvoll, unerschrocken sind, die mit humorvoller Selbstsicherheit auf andere Menschen zugehen, die den Mut haben, gegen den Strich zu denken, die mit beiden Beinen fest auf dem Boden stehen, die nicht von anderen die Lösung von Problemen erwarten, sondern selbst zupacken, die bereit sind, Verantwortung zu tragen und souverän damit umgehen können, wenn ihnen mal etwas danebengeht, für die Gemeinschaftsarbeit und Teamgeist eine Selbstverständlichkeit sind. Diese Frauen und Männer berichten erstaunlich übereinstimmend von Kindheiten, die voller selbstbestimmter, oft riskanter, manchmal schmerzhafter und dennoch immer lustvoller Spiele und Abenteuer gemeinsam mit Freunden waren.

- Erwachsene dagegen (besonders viele der jüngeren Generation!), die durch phantasieloses Angepasstsein, fehlende Eigeninitiative, durch unausgeglichene Gefühlsausbrüche aller Art, durch Sucht nach gefühlsintensiven Erlebnissen auffallen, die unter einer eigentümlichen emotionalen Leere, oft gekoppelt mit Angstgefühlen, an Kontaktschwierigkeiten und Selbstwertstörungen leiden, haben kaum Erinnerungen an selbstbestimmte, gefühlsintensive Abenteuer und Erlebnisse gemeinsam mit einer Gruppe von Gleichaltrigen.

Die Sehnsucht nach verpassten Gefühlen und Kindheitserlebnissen bohrt aber offenbar weiter. Es ist auffallend, dass in den Industrienationen »Extremabenteuer« für Jugendliche und junge Erwachsene ein einträgliches Geschäft geworden ist: »Extrem«expeditionen, »Extrem«skifahren, Geländerallyes, Trekking, Rafting, Freeclimbing oder das »Abenteuer«, sich an einem Gummiseil hängend von einem Kran oder einer Brücke in die Tiefe zu stürzen, zeigen die Sucht nach »Feeling«, die Sehnsucht danach, endlich mal ein echtes Gefühl, den »Kick« zu er*leben*.

Wahrscheinlich saßen die Jungs (und Mädchen!) in dem Alter vor der Glotze, als es möglich gewesen wäre, bei einem tiefen Sprung von einem eroberten Pfosten, vom Baum in den Laubhaufen, beim Treffen in einem heimlichen Lager, beim Versteckspielen im Dunkeln hautnahe, prickelnde Gefühle zu erleben. Und wahrscheinlich hat das, was sie am Bildschirm »erlebten«, zwar die Lust auf Erlebnisse geschürt, aber die schwelende Hoffnung wurde nie eingelöst. Als Erwachsene versuchen sie dann den unbefriedigten Erlebnishunger zu stillen. Trotz aller Mühen und Extreme werden sie aber letztlich wohl nicht mehr auf ihre Kosten kommen. Zumindest muss im Vergleich zu der Zeit, als sie noch Kinder waren, sehr dick aufgetragen werden, um die ersehnten Gefühle auch nur annähernd zu erreichen. Der zunehmende Konsum von Drogen, mit deren Hilfe Gefühle intensiver und länger anhaltend erlebt werden sollen, ist ein weiteres Anzeichen dafür, dass immer mehr junge Menschen tief im Innern unter einem schalen, farblosen Gefühlsvakuum leiden und alles versuchen, um ihre Gefühle wachzurütteln und bunter zu machen.

Offenbar liegt der richtige Zeitpunkt für die Entstehung einer breiten Palette von wichtigen und tiefen Gefühlen und Lebenserfahrungen in der Zeit zwischen Schulreife und Pubertät. Und wie es scheint, ist ein Zu-Spät leicht ein Nie-Mehr.

Was also brauchen Kinder, um aus sich heraus zu ausgeglichenen, ansprechbaren, fröhlichen, emotional lebendigen, lebensbejahenden und nicht nur körperlich, sondern auch seelisch gesunden und widerstandsfähigen Menschen heranzuwachsen? Um das zu erfahren, müssen wir versuchen herauszufinden, was für große Kinder, für Kinder zwischen etwa 7 und 13 »normal« ist, welche natürlichen Lebensbedürfnisse sie haben, welchen Lebens- und Bewegungsraum sie brauchen, welche Erfahrungen für ihr Alter normal und für ihre Entwicklung wichtig sind.

Was wirklich alterstypisch und für eine natürliche Entwicklung notwendig ist, erkennt man am besten, wenn man Kindheiten aus verschiedenen Zeiten und Kulturen miteinander vergleicht. Gespräche mit Erwachsenen aus verschiedenen Generationen und unterschiedlichen Ländern sind wertvolle, lebendige Quellen. Schriftliche Lebenserinnerungen geben Einblicke in Kindheiten aus unterschiedlichen historischen und sozialen Zusammenhängen. Die Beobachtung von Kindern in Gegenden, in denen sie noch in gewissem Maße ein »Eigenleben« führen, liefert Hinweise dafür, was Kinder auch heute noch treiben und tun würden, wenn sie Gelegenheit dazu hätten.

Dort wo Kinder »natürlich« leben, besonders in den Entwicklungsländern, ist der technische Fortschritt häufig noch nicht sehr weit entwickelt. Damit verbunden ist, dass auch die sozialen Verhältnisse aus unserer Sicht oft problematisch und »unterentwickelt« sind. Und das heißt für uns Mitteleuropäer fast automatisch, dass Kinder in diesen Verhältnissen ihrer Kindheit beraubt werden, weil sie unterdrückt und zur Arbeit gezwungen sind und in Armut leben müssen.

Das stimmt. Aber es stimmt nur teilweise. Denn zum einen sind auch in »Entwicklungsländern« Kinder nicht durchwegs bettelarm, geschweige denn zu ausbeuterischer Arbeit gezwungen, genauso wenig, wie es alle europäischen Kinder früherer Zeiten waren. Zum anderen kommen auch in den Lebenserinnerungen von Menschen, die in sehr armen Verhältnissen aufgewachsen sind und die als Kinder hart drangenommen wurden, neben diesen düsteren Seiten durchaus positive, intensive Erinnerungen an ein selbstbestimmtes, erlebnisreiches Kinderleben vor, aus denen sie als Erwachsene spürbar noch Kraft schöpften. Im Kern gute Erfahrungen, die für viele Kinder unserer Tage unerreichbar geworden sind.

Mit Kindheit ist es vielleicht wie mit der Umwelt: Der technologische Fortschritt hat viel zerstört. Wenn wir das verloren gegangene Leben wiederherstellen wollen, müssen wir zwar zurückschauen, um zu sehen, was eine gesunde, ausgeglichene Natur braucht. Das heißt nicht, dass wir das Rad der Geschichte zurückdrehen müssen. Das ginge auch gar nicht. Wir müssen aber nach Möglichkeiten suchen, wie wir die verlorene Lebendigkeit zurückgewinnen können, ohne damit auf die Errungenschaften des Fortschritts verzichten zu müssen.

In diesem Sinn möchte ich mit diesem Buch versuchen, dem Rad der Geschichte einen kleinen Schubs nach vorn zu geben, in der Hoffnung, dass eines Tages die Kinder in unserer Gesellschaft wieder so leben können, wie sie es für eine natürliche und gesunde Entwicklung brauchen.

Persönliche Vorbemerkung

Den Anstoß für dieses Buch gab Professor Wolfgang Edelstein, einer der führenden Wissenschaftler am Max-Planck-Institut für Bildungs- und Entwicklungsforschung in Berlin. Ihm verdanke ich vor allem die Ermutigung, etwas aufzuschreiben, was in weiten Strecken mehr auf praktischer Lebenserfahrung beruht als auf wissenschaftlicher Forschung.

Soweit es mir möglich war, habe ich aber versucht, die wissenschaftlichen Forschungsergebnisse einzuarbeiten. Dabei habe ich allerdings auf Anmerkungen oder Querverweise im Text verzichtet. Wenn man versucht, Entwicklung als einen ganzheitlichen Prozess zu verstehen und zu beschreiben, berührt man logischerweise alle Themen der Entwicklungs- und Erziehungsforschung: Es geht um Denkpsychologie genauso wie um Emotionspsychologie, um die Entwicklung der sozialen Kompetenz ebenso wie um die Entwicklung der Identität, um den Einfluss von Schule, Unterricht und Elternhaus und um den Einfluss von Gleichaltrigen. Es geht um Stichwörter wie Entwicklungsaufgaben, Entwicklungskrisen, Sozialökologie, Kinderkultur, Mediennutzung usw. Das heißt, dass eigentlich fast in jedem Satz mindestens ein Verweis zur wissenschaftlichen Literatur sinnvoll gewesen wäre. Das wollte ich dem Leser ersparen. Die nur scheinbar übergangenen Wissenschaftler bitte ich um Verständnis und Nachsicht. Wer wissenschaftliche Querverweise sucht, wird in der neuen Ausgabe der *Entwicklungspsychologie* von Rolf Oerter und Leo Montada, im *Handbuch der Kindheitsforschung* von Manfred Markefka und Bernhard Nauck sowie in *Was für Kinder* vom Deutschen Jugendinstitut die Wegweiser zu den wissenschaftlich belegten Fakten finden, die in dieses Buch eingeflossen sind.

In erster Linie hat mir dennoch die erwähnte praktische Lebenserfahrung die Feder geführt. Sie hat mehrere Wurzeln: Wenn man schon bei seiner Geburt zwei ältere Geschwister hat und dann noch mal drei nachkommen, ist die Entwicklung von Kindern wohl von klein an ein wichtiges Lebensthema. Dazu kommt, dass ich von Anfang an von Kindern aus verschiedenen sozialen Schichten und Kulturen umgeben war. Ich bin in Kolumbien geboren und meine Kindheit spielte sich zwischen deutschen und kolumbianischen Kindern, zwischen Familien in relativem Wohlstand und Kindern einer Slumsiedlung ab, teilweise in der Großstadt, teilweise auf dem Land. Unsere Eltern, die selbst mit jeweils vier Geschwistern im Deutschland zwischen den Weltkriegen aufgewachsen waren, hatten ein unglaubliches Vertrauen in unsere kindlichen Instinkte und haben uns – in Grenzen, aber trotzdem reichlich – Freiheit zugestanden.

Mit 11 Jahren kam ich nach Deutschland und erlebte hier, wie deutsche Kinder im Wirtschaftswunder lebten – und wie die Freiheiten deutscher Kinder immer mehr beschnitten, ihre Lebensräume immer weiter eingegrenzt wurden.

Meine Verbindung zu verschiedenen Kulturen und ihren Kindern ist bestehen geblieben und hat sich sogar erweitert. Und Kinder sind mein Beruf geworden. Vor allem die so genannten schwierigen, verhaltensauffälligen Kinder. Zum Glück hatte ich durch meine drei eigenen Kinder, ihre unzähligen Freunde und Klassenkameraden und durch die Kinder von Verwandten und Freunden immer den Vergleich mit »normalen« Kindern. Sie haben mich gelehrt, zwischen den ganz normalen, altersbedingten »Verhaltensauffälligkeiten« von

Kindern und den wirklichen seelischen Hilferufen, die sich hinter den echten Verhaltensstörungen von Kindern verbergen, zu unterscheiden. Im alltäglichen Zusammenleben mit Kindern wurde aber auch zunehmend spürbar, wie sehr Kindheit in unserer modernen, technisierten Kultur »verkarstet«, an Lebendigkeit verliert.

Welche »Auffälligkeiten« »normal« sind und wo sich die Lebensbedingungen von Kindern in unserer Kultur so verändert haben, dass Kinder offenbar gar nicht mehr normal sein können, wurde in Gesprächen mit Eltern, Lehrern, Erziehern, Studenten und Erwachsenen aus verschiedenen Kulturen immer deutlicher. Besonders in den Gesprächen mit Johannes Bleek und den anderen Kolleginnen und Kollegen der Sophienpflege in Tübingen, den Studentinnen und Studenten der Fachhochschulen in Reutlingen und Potsdam sowie Erzieherinnen und Erziehern aus verschiedenen Generationen und Kulturen ist mir das immer klarer geworden.

Die Frage, ob es auch nach dem Kleinkindalter für die seelisch-emotionale Entwicklung der Person noch bestimmte Gesetzmäßigkeiten und Erfordernisse gibt, wurde zur Zeit meines Studiums von der wissenschaftlichen Psychologie nicht gestellt, und ich habe den Eindruck, dass dieses Thema trotz der neueren Forschungen immer noch unbeantwortet im Raum steht.

Es waren nicht zuletzt die Gespräche mit Waldorflehrern, die mich darin bestärkt haben, dass sich Menschen nicht nur körperlich und intellektuell, sondern auch seelisch-emotional, das heißt auch in ihren Interessen und Lebensbedürfnissen nach Gesetzmäßigkeiten entwickeln, die altersabhängig sind. Ein Kern der Pädagogik Rudolf Steiners ist nämlich, dass Kinder aufgrund ihrer inneren Entwicklung in bestimmten Altersstufen besonders offen und emotional empfänglich sind für bestimmte Lebensthemen. Die Frage lag also nahe, ob und welche altersspezifischen Lebensbedürfnisse von Kindern außerhalb der Schule und außerhalb des Einflussbereichs von Erwachsenen für die Entwicklung wichtig sind.

Schließlich hat mich eine weitere Lebenserfahrung auf die Bedeutung von Gefühlserfahrungen in der Kindheit aufmerksam gemacht: meine Psychodrama-Ausbildung bei Heika Straub am Moreno-Institut in Stuttgart und die Arbeit in und mit Psychodrama-Gruppen. (Psychodrama ist ein psychotherapeutisches Verfahren, in dem Lebensszenen, die in irgendeiner Form prägend oder entscheidend gewesen sind, von den betroffenen Menschen noch einmal nachgespielt werden. Dabei wird deutlich, wie intensiv Gefühle aus der Kindheit bis ins Ewachsenenalter nachwirken und wie lebendig und unmittelbar sie auch nach vielen Jahren noch erlebt werden, wenn der Zugang zu ihnen freigelegt wird. Das gilt für negative Gefühle genauso wie für positive.)

Hinter meinen Gedanken stehen also neben den im Literaturverzeichnis aufgeführten Büchern vor allem viele Menschen aus sehr verschiedenen Lebensbezügen. Sie alle haben an diesem Buch ebenso »mitgeschrieben« wie alle Kinder, die mit ihren Geschichten vorkommen. Wer sich konkret hinter den Geschichten verbirgt, ist nicht mehr zu erkennen: Zum einen spielen sich viele Begebenheiten bei verschiedenen Kindern in ähnlicher Form ab, zum anderen sind selbstverständlich alle Namen und andere »persönliche Kennzeichen« frei erfunden. Außerdem sind die meisten der erwähnten Kinder längst keine Kinder mehr.

Auch meine drei Kinder sind inzwischen erwachsen. Ohne sie hätte ich den inneren Faden zur Kindheit, der dieses Buch zusammenhält, wahrscheinlich längst verloren. Und ohne Hinrich, ihren Vater, hätte es etliche Erfahrungen von spannender, komischer, lustvoller Kindheit in unserer Familie nicht gegeben. Er hat uns vorgelebt, dass man als Eltern ab und zu den »erwachsenen Pädagogen« getrost abstreifen darf, um über das eigene innere Kind einen unmittelbareren Kontakt zu seinen Kindern zu knüpfen.

Euch also – und nicht zuletzt auch den Lektoren des Kösel-Verlags, Dagmar Olzog und Gerhard Plachta – ist dieses Buch zu verdanken!

Teil I

Allgemeine Entwicklungsthemen

Ich weiß etwas, was du nicht weißt, sag's dir aber nicht! Oder doch?

Die Entwicklung von Selbstbehauptung

Es hat seinen guten Grund, dass wir vergleichsweise wenig über das »normale« Leben von Kindern zwischen etwa 7 und 13 Jahren wissen. Für die psychische Entwicklung in diesem Alter ist es nämlich außerordentlich wichtig, sich dem Blickfeld der Erwachsenen, ihrer indiskreten Neugierde, ihrer Tendenz, sich in alles einzumischen, alles wissen und dirigieren zu wollen, zu entziehen. Kinder ab 7 müssen sich, wenigstens ab und zu, »von der Hand der Erwachsenen losreißen«, um, gemeinsam mit Altersgenossen, auf eigene Faust und auf eigenes Risiko zu »leben« und zu handeln. Daran wachsen sie.

Aufsichtspflicht, Haftpflichtgedanken, Sorge um die Sicherheit, der Vorrang von Schulbildung und die Angst vor »Verwahrlosung« haben bei uns in den letzten 40 Jahren dazu geführt, dass die meisten Kinder bis ins Jugendalter unter der permanenten Kontrolle von Erwachsenen stehen: in der Schule, in der Freizeit, zu Hause. Daheim gibt es zwar die Möglichkeit, am Fernseher oder Computer auf »eigenes Risiko« Sendungen anzuschauen, die »verboten« sind, oder sich heimlich mit Programmangeboten zu beschäftigen, die »noch nichts für dein Alter« sind; das ist aber nur ein fahler Abklatsch von selbstbestimmtem Kinderleben.

Kinder, die nicht am Gängelband der Erwachsenen gehalten werden, beschäftigen sich mit anderen Dingen, die erheblich mehr »Lebensqualität« bringen, weil sie lebendig und mit intensiven Gefühlen verbunden sind und weil sie ganz persönliche körperliche und geistige Aktivität erfordern.

Drei zentrale Themen ziehen sich wie ein roter Faden durch die Entwicklung zwischen etwa 7 und 13 Jahren:

- die eigenständige Erkundung der Welt außerhalb des Elternhauses (in sicherem Abstand von Erwachsenen),
- das Zusammensein und die Auseinandersetzung mit Altersgenossen (dabei haben die Erwachsenen nichts zu suchen) und
- Geheimnisse und Heimlichkeiten.

Auf der ganzen Welt und zu allen Zeiten spielt das Geheime eine Schlüsselrolle im Leben von Kindern im Alter ab etwa 7 Jahren. Offenbar ist es eine Art Zauberelixier für ihre Entwicklung. Heimlich etwas zu tun heißt, auf eigene Verantwortung zu handeln. Das ist ein enormer Schritt in der Entwicklung des Menschen! Ihn zu wagen, kostet allerdings große Überwindung (wie schwer tun sich noch viele Erwachsene damit, für etwas Verantwortung zu übernehmen, dessen Ausgang ungewiss ist!). Kinder werden vom Unbekannten, Geheimnisvollen, Unheimlichen, Verbotenen magisch angezogen. Diese kindliche Eigenschaft hat zwei Seiten. Nicht nur die negative, die wir Erwachsenen als Vorwand nehmen, um die Kinder vor »unbedachten Wagnissen« zu schützen und sie möglichst unter eine streng geregelte Rund-um-die-Uhr-Kontrolle zu stellen. Die positive Seite ist, dass Kinder den Dingen selbständig auf den Grund gehen und dabei viel über die Welt erfahren. Sie lernen selbstverantwortlich zu handeln und ihre Fähigkeiten einzuschätzen.

Simone de Beauvoir ist vorwiegend in Paris aufgewachsen. Umso wichtiger war es für sie offenbar, dass sie wenigstens in den Ferien auf dem Land einen Ort hatte, den sie gemeinsam mit ihrer jüngeren Schwester selbständig in immer weiteren Kreisen auskundschaften konnte und an dem sie unabhängig und »frei« war. Sie schwärmt noch als erwachsene Frau:

Mein Glück erreichte seinen Höhepunkt in den zweieinhalb Monaten, die ich auf dem Lande verbrachte ... Meine Zeit war dann nicht mehr durch feste Anforderungen geregelt, deren Fehlen aber wurde durch die Unendlichkeit der Horizonte, die sich meiner Neugierde eröffneten, reichlich kompensiert. Ich erforschte sie auf eigene Faust, die Erwachsenen standen nicht mehr als Mittler zwischen der Welt und mir ...

Wir zerschunden uns die Beine an Ginstergestrüpp, die Arme an Dorngesträuch, wir erforschten kilometerweise im Umkreis Kastanienwälder, Felder und Heideland. Wir machten große Entdeckungen: Teiche, einen Wasserfall, mitten im Heidekraut graue Granitblöcke, die wir erkletterten ... (Beauvoir, S. 72 ff.)

In ihren heimlichen Abenteuern suchen Kinder immer wieder kleinere (und leider manchmal auch größere) Gefahren. Damit stellen sie sich unbewusst sozusagen winzig kleinen »Todesängsten«. Das Erlebnis, sie unbeschadet überstanden zu haben, festigt eine tiefe, unbewusste Lebenszuversicht. (Darauf gehe ich im Kapitel »Ich spüre das Leben in mir!« noch näher ein.)

Geheimnisse und Heimlichkeiten brauchen aber keineswegs die Verlockung von Abenteuer, um Kinder in ihren Bann zu ziehen. Allein schon, dass etwas »geheim« ist, erzeugt bei großen Kindern ein unvergleichliches »Heimlichkeitskribbeln«. In einer kleinen Szene, die Siegfried von Vegesack beschreibt, wird das deutlich:

»Aber ich habe ein Geheimnis«, fuhr Boris fort, »und das muß ich dir jetzt sagen. Aber du darfst es niemandem verraten!«

»Niemandem!« beteuerte Aurel feierlich ...

»Dann mußt du es schwören!«

Aurel hockte sich hin und hob die Hand: »Ich schwöre!«

Boris rückte noch näher an sein Ohr und flüsterte:

»Ich weiß eine Höhle, die niemand weiß, auf der Insel, und dort habe ich etwas versteckt. Morgen zeige ich es dir.«

»Eine Höhle?« Aurels Herz klopfte.

»Ja, eine richtige Höhle!« versicherte Boris. »Und du – hast du auch ein Geheimnis?«

Aurel grübelte lange angestrengt: Nein, er kannte keine Höhle ... und der Heuboden war ... eigentlich kein ... Geheimnis ... Ein richtiges Geheimnis ist nur das, was niemand weiß. Wie schrecklich, daß er keins hatte. Er schämte sich sehr. Aber da fiel ihm ein, daß er einmal in Blumbergshof unter der Gartenveranda heimlich einen toten Maulwurf begraben hatte. Dieses Geheimnis konnte sich zwar nicht mit der Höhle messen, aber ein besseres wußte er nicht. Und so vertraute er Boris den toten Maulwurf an. Und auch Boris schwor, ihn niemandem zu verraten. (Vegesack, S. 100 f.)

Geheimnisse verbrüdern und verbünden. Und mit Geheimnissen kann man andere ausschließen. Das sind außerordentlich wichtige soziale Basiserfahrungen, die Kinder im Alter zwischen 7 und 13 in vielen Variationen durchspielen (mehr dazu in den Kapiteln »Wo geht's lang?«, »Wir sind doch wer!« und bei den »Zehnjährigen«). Während die Erwachsenen aber wirklich draußen bleiben und nicht erfahren sollen, was man da heimlich miteinander ausheckt, treibt, tuschelt, schreibt, sammelt, versteckt, sind die ausgeschlossenen Altersgenossen unersetzliche Partner im Spiel der Heimlichkeiten. Darin liegt ihr zweiter Effekt: Wie beim Katz-und-Maus-Spiel (das übrigens eines der Lieblingsspiele von Kindern dieser Altersgruppe ist) werden nämlich die »Unwissenden« dazu herausgefordert, dem Geheimnis auf die Spur zu kommen. Und garantiert steigen die Kinder auf Heimlichkeiten ihrer Kameraden ein. Heimlichkeiten und Geheimnisse sind also ganz wichtige Schwungräder für die Begegnung der Kinder untereinander.

Gleichzeitig sind Geheimnisse Machtmittel, um andere Kinder zu bestechen und zu unterdrücken. Das finden Erwachsene nicht schön. Und damit haben sie Recht, und das sollten sie den Kindern auch ruhig zu verstehen geben. Aber man muss auch sehen, dass Kinder mit ihren »Machtspielen« gegenseitig ihre innere Stärke und Widerstandsfähigkeit austesten. Wenn sich ein Kind nicht (mehr) von den Heimlichtuereien der Kameraden ärgern und locken lässt, beweist es damit, dass es ein gutes Maß an selbstbewusster Unabhängigkeit entwickelt hat, auf die es ein Leben lang aufbauen kann.

Auch ein Geheimnis zu wahren, erfordert innere Kraft, denn Geheimnisse haben die unangenehme Eigenschaft, dass sie unerbittlich danach drängen, verraten zu werden. Wer es schafft, ein Geheimnis nicht weiterzuerzählen, hat beträchtliche Charakterstärke entwickelt.

Um zu wissen, was richtig und was falsch ist, was wirklich gefährlich ist und was gemein, brauchen Kinder allerdings die Rückmeldung von Erwachsenen. Wenn tatsächlich Dinge passieren, die die Kinder nicht mehr in den Griff bekommen, und wenn sie sich wirklich Schlimmes antun, werden fast immer entsprechende Signale in Richtung Erwachsene gegeben. Das Problem ist aber, dass Erwachsene die Signale oft nicht verstehen, überhören oder bewusst ignorieren. Das ist schlimm für die Kinder, denn sie holen sich »heimlich«, also kaum erkennbar in beiläufigen Nebensätzen oder unschuldigen Andeutungen immer wieder die Rückversicherung, dass das, was sie tun, noch nicht zu weit geht. Falls doch, müssen Erwachsene da sein, die eindeutig Stellung beziehen und die den Kindern auch klarmachen, dass man Geheimnisse, die Schlechtes verbergen, preisgeben kann, ja offen legen *muss*, ohne dadurch zum »Verräter« zu werden.

Wenn man als Erwachsener entsprechend hellhörig ist, die Kinder von fern im Auge behält und ihnen dennoch ihre »Heimlichkeiten« zugesteht, wird man immer genug von dem mitbekommen, was sie treiben.

Wie wichtig gerade die »heimlichen« Kindheitserlebnisse für die Entwicklung von Eigenständigkeit, Selbstbehauptung, Kreativität, sozialem Verhalten, Selbstvertrauen, Risikobereitschaft, Zuversicht und emotionaler Lebendigkeit sind, wird erst in der Rückschau aus der Erwachsenenperspektive spürbar. Wenn ich Erwachsene, die nicht unter dem Diktat des Fernsehens und unter der lückenlosen Beaufsichtigung von Eltern oder Pädagogen aufgewachsen sind, auf ihre Kindheitserfahrungen anspreche, stoße ich zwar regelmäßig zunächst auf Reaktionen wie: »Ich habe nie etwas Verbotenes oder Heimliches getan, ich war ein ziemlich artiges Kind.« Wenn sie dann aber anfangen, von ihrer Kindheit zu erzählen, sprudeln plötzlich mit unglaublicher Lebendigkeit intensive Bilder und Gefühle hervor, Erinnerungen an alte Geheimnisse, die oft jahrelang »vergessen« waren, die aber offenkundig sehr prägend gewesen sind.

Wie bei dieser etwa vierzigjährigen Mutter, die mich in ihr jahrzehntelang gehütetes Geheimnis einweihte, als ich sie fragte, was sie gemacht habe, als sie etwa 8 Jahre alt gewesen ist:

»Oh ja, da saß ich mit einer Freundin oft stundenlang am Flüsschen, auf einer Brücke, die Füße reichten gerade eben *nicht* bis zum Wasser ...« (die Spannung, ob die Füße nass würden oder nicht, war auch nach 32 Jahren noch zu spüren!). »Dabei ein Tütchen lila – lila! Brausepulver schlecken: Wer die lilanere Zunge hatte.« (Sie amüsierte sich köstlich bei dieser Erinnerung, aber ein spitzbübisches Lächeln signalisierte, dass die Geschichte weiterging.) »Dann das Tütchen in den Fluss werfen ... und zur nächsten Brücke laufen, das Tütchen rausfischen ...« (juchzend unterdrücktes Kichern) »... und dann weiter am Brausepulver schlotzen! Das war das Größte! – Das ging aber nur mit dieser einen Freundin.«

Das passte zu dieser feinsinnigen, unkonventionellen, engagierten, verlässlich-kooperativen, lustigen Frau.

Auch wenn diese Episode wahrhaftig harmlos ist: In Gegenwart von Erwachsenen wäre solch ein Spiel undenkbar gewesen! In Gegenwart eines Erwachsenen hätten die Mädchen ihre »eigene Verantwortung« für dieses Spiel, von dem sie annahmen, dass es bestimmt nicht »erlaubt« sei, abgestellt. Die wichtige Erfahrung, selbständig etwas sehr Ungewöhnliches, ja »Unmögliches« zu tun und mit den vermeintlichen Risiken fertig zu werden, wäre dahin gewesen. Wenn Erwachsene dabei sind, ist Kinderleben eben langweilig, die bunten, aufregenden, bereichernden Gefühle bleiben aus.

Dass sich Kinder keineswegs daran gewöhnen, ständig von Erwachsenen beobachtet und gesteuert zu werden, dass sie im Grunde nicht glücklich sind mit diesem fremdbestimmten, durchorganisierten Leben, das wir ihnen in unserer modernen Gesellschaft zumuten, belegen einige neuere Untersuchungen: Bei einer groß angelegten Befragung von Kindern im Raum Darmstadt äußerten 1989 vier von fünf Kindern den Wunsch nach häufigeren Versteck-, Fangen- oder Räuber-und-Gendarm-Spielen oder einfach mehr Spielen mit anderen Kindern (Deutsches Jugendinstitut, S. 63). Zu ähnlichen Ergebnissen kam eine Befragung von zehnjährigen Kindern in Österreich.

Auch dort wünschten sich die meisten Kinder mehr und engere Freunde und mehr Zeit, sich mit Freunden zu treffen (vgl. Wilk/Bacher) – aber bestimmt nicht unter Anleitung von Erwachsenen!

In diesen Untersuchungen wird deutlich, dass sich erstaunlicherweise eher Stadt- als Landkinder zu Gruppen zusammenschließen und häufig miteinander ihre freie Zeit verbringen. Sie treffen sich mit Vorliebe in Kaufhäusern. Dort wird mit Computern gespielt und sicher auch auf eigenes Risiko genügend angestellt, was »geheim« ist. Bei dieser Art von Abenteuern bleibt zwar die Erfahrung einer gewissen Selbstverantwortlichkeit und Risikobewältigung erhalten und auch heute noch ist bei »Kaufhauskindern« das »Heimlichkeitskribbeln« die wichtigste Triebfeder ihrer Taten. Aber besonders »geheimnisvoll« sind Kaufhäuser bestimmt nicht, und »ungewöhnliche«, gar »einzigartige« Abenteuer, die sonst keiner kennt und die »niemand bisher« gewagt hat, sind für Kinder in unserer reglementierten Welt kaum noch zu finden.

Verschiedenste Studien bestätigen immer wieder, dass gerade Kinder zwischen 7 und 13 Jahren am meisten fernsehen und sich mit Computerspielen beschäftigen. Äußerlich zum Stillstand verdammt, allein gelassen mit ihren Gefühlen und Ideen, schauen sie sich am Fernseher die geheimnisvollen und unheimlichen Abenteuer anderer an und erleben, wie andere Menschen »in aller Öffentlichkeit« Dinge tun, die eigentlich verboten sind. An ihren Gameboys und Computern klinken sie sich in vorgegebene Abenteuerbahnen ein, die genauso von fremder Hand und fremden Phantasien gesteuert sind wie die Abenteuermaschinen auf dem Festplatz: Es kribbelt zwar, es ist aber nichts, was man selbst verursacht hat oder was man mit Eigeninitiative irgendwie verändern, mit eigenen Ideen beeinflussen kann. Und wie es ausgeht, steht von vornherein fest.

Heißt das nun, dass man Kinder sich selbst überlassen soll? Dass sich Eltern, Lehrer, Erzieher, Politiker nicht mehr darum kümmern sollen, was Kinder, die erst 7, 9, 12 Jahre alt sind, nach der Schule treiben, damit sie ungestört ihren »Heimlichkeiten« nachgehen können? Ist das nicht viel zu gefährlich in unserer modernen Welt? Ist es nicht im Gegenteil heutzutage geradezu lebenswichtig für Kinder, dass sie gut aufgehoben und beschützt werden und wenigstens solange sich von den Erwachsenen noch etwas sagen lassen, solange sie unter deren Aufsicht stehen? Wird nicht täglich in den Medien warnend berichtet, was alles passiert, wenn Kinder sich selbst überlassen bleiben? Sind nicht unsere eigenen Erinnerungen Warnung genug?

»Ein Glück, dass meine Eltern keine Ahnung hatten von dem, was wir getrieben haben!«, bekennen viele Erwachsene, die noch nicht der »Fernsehgeneration« angehören, wenn sie an ihre eigene abenteuerreiche unbeschwert-selbständige Kindheit zurückdenken. Rückblickend sehen sie (mit stolzgeschwellter Brust!) vor allem die Gefahren, in die sie sich begeben hatten und wundern sich, dass nicht Schlimmeres passiert ist. Weil kaum jemand mit dem anderen darüber spricht, denkt jeder: Nur ich habe so ein wildes, »gefährliches« und unbeaufsichtigtes Leben gehabt (zusammen mit den Freunden natürlich), nur ich hatte das einmalige, unglaubliche Glück, dass kaum etwas passiert ist. Zigtausendfach ist dieses »einmalige« Glück aber offenbar, denn angesichts der riskanten Spiele, die Kinder in diesem Alter schon immer und auf der ganzen Welt gespielt haben und nach wie vor spielen, wo sie es noch können, passierte und passiert erstaunlich selten wirklich Schlimmes. (Kein Vergleich zu dem, was Kindern heute im Straßenverkehr auch nur als Beifahrer zustößt!)

Als Erwachsene glauben wir, Kinder davor bewahren zu müssen, solche Dummheiten zu machen, wie wir sie selbst erlebt haben, als wir noch »klein« waren. Sobald wir Verantwortung für Kinder tragen, scheinen wir davon auszugehen, dass der *normale* Ausgang von freiem kindlichem Spiel der GAU – der größte anzunehmende Unglücksfall – sein muss: Sei es, dass den Kindern etwas Schlimmes angetan wird, dass sie Katastrophen anrichten oder schwer verunglücken. In unserer Angst halten wir die Kinder fest an uns gebunden und lassen sie keinen Moment aus den Augen. Damit vermitteln wir ihnen aber nichts anderes als die Botschaft: Die Welt ist zu gefährlich für dich, lass die Finger davon, du bist unfähig, darin zu überleben.

Dann wundern wir uns, wenn sie als Jugendliche und Erwachsene Angst vor dem Leben haben, sich nichts zutrauen, unfähig scheinen, aus eigener Initiative etwas Sinnvolles zu tun, auf nichts Lust haben, sich bei der Arbeit ungeschickt anstellen, voller Aggressionen stecken und sich mit Hilfe von Drogen und anderen Mitteln in eine andere, nicht reale Welt davonstehlen!

Zugegeben, wir stecken in einem Dilemma. Denn auch große Kinder kann man tatsächlich noch nicht ganz sich selbst überlassen. Es gibt objektive Gefahren, mit denen sie noch nicht umgehen können und vor denen wir sie schützen müssen. Aber Kinder brauchen auch ihre Freiheit und Freiräume, um sich entwickeln zu können. Wie viel Freiheit ein Kind verträgt und wie viel Kontrolle es braucht, hängt von seiner individuellen Entwicklung und von seinem Alter ab.(Darauf gehe ich näher im zweiten Teil des Buches ein.)

Entscheidend ist, dass wir Erwachsenen umdenken: Wir müssen den Kindern mehr zutrauen und wir müssen wieder die Bedingungen schaffen, damit Kinder frei, aber auch geschützt ihr altersgemäßes Kinderleben führen können. Wie bei der Renaturierung der Flüsse müssen wir die unmenschliche Betonierung abbauen, ohne dass es dadurch zu einer ebenso unmenschlichen Uferlosigkeit kommt.

Wo leben wir eigentlich?

Der Lebensraum des großen Kindes

Entwicklung ist wie ein Wandern von einer kleineren Welt zur nächsten, größeren: Am Anfang sind die Möglichkeiten des Menschen in jeder Hinsicht noch klein und eingeengt. Der Säugling ist in seinem Aktionsradius noch auf die Krabbeldecke beschränkt und das Vorschulkind kann sich selbständig und sicher nur innerhalb des Elternhauses bewegen (wozu durchaus Garten, Spielplatz und Kindergarten zählen). Auch in den geistigen Fähigkeiten, dem sozialen Verständnis und in den emotionalen Möglichkeiten und Bedürfnissen öffnet sich von Entwicklungsphase zu Entwicklungsphase immer wieder ein neuer Horizont.

Dort wo Kinder natürlich heranwachsen können, beginnen sie mit etwa 6 Jahren von sich aus die Welt außerhalb des Elternhauses und der unmittelbaren Nachbarschaft zu entdecken und für sich zu erobern. Der Bereich, in dem die Kinder leben und spielen, weitet sich auf das Dorf mit Feld, Wald, Wiesen, Bächen oder Seen beziehungsweise auf den Stadtteil mit seinen Straßen, Gebäuden, Plätzen und Schlupfwinkeln aus. In der Gemeinschaft der Gleichaltrigen wächst das Kind im Lauf der Jahre in diese am Anfang noch unübersehbar große und fremde Welt hinein, sucht ihre Grenzen, gewinnt Sicherheit, bewegt sich schließlich souverän in dem vertraut gewordenen Lebensraum, bis es ihm am Ende dieser Entwicklungsphase, also mit etwa 13 Jahren, zu langweilig und zu eng werden wird und es wieder in eine neue, größere und weitere Welt ausbrechen muss.

Die Welt außerhalb von Elternhaus und näherer Nachbarschaft steckt voller Verheißungen und Verlockungen: Alle Ecken müssen erkundet und alle Möglichkeiten, die diese Welt bietet, müssen ausprobiert, alle Geheimnisse ergründet werden. Ganz elementar: Mit Erde, Feuer, Luft, Wasser, Pflanzen und – manchmal leider – auch Tieren muss auf andere Weise als in der vorangegangenen Altersstufe experimentiert werden. Eine naturbelassene Wildnis außerhalb der Sichtweite von Erwachsenen mit undurchdringlichem Gestrüpp und Bäumen (auf die man klettern, hinter denen man sich verstecken, von denen man sich abseilen, auf die man zielen, die man als Eckpfeiler für Hütten verwenden kann), mit offenen Wiesen, Felsen, Senken im Gelände und – ganz wichtig! – mit Wasser in irgendeiner ursprünglichen Form ist der bevorzugte Lebensraum dieser Altersstufe.

Aus vielen Lebenserinnerungen ist herauszuspüren, wie wichtig es für Kinder ab etwa 7 Jahren ist, die Welt selbständig, aber gemeinsam mit Gleichaltrigen zu entdecken, zu erobern und mit ihr zu »spielen«. Als Beispiel hierfür ein Blick zurück ins Jahr 1855; Friedrich Paulsen war damals etwa 9 Jahre alt:

Der Sommer brachte vor allem die Lust zum Wasser mit, es wurde im Wasser gewatet und gebaut, gebadet und gefischt; das begehrteste war das Kahnfahren, ein seltenes und fast immer erschlichenes Vergnügen. Die Wasserfreuden haben mich am häufigsten mit der Mutter in Konflikt gebracht ...

Im Herbst ging es darum, ... *daß man einen Tonnenreifen ... von dem Winde vor sich hertreiben ließ; er setzte, wenn er einmal in Schuß war, über Gräben und Zäune, wohl eine halbe Stunde lang, und die wilde Meute querfeldein hinterher.*

Im Winter wurden Schlittschuh gelaufen und ... *stundenweite Ausflüge über die überschwemmten Wiesen gemacht. Am schönen Sonntagnachmittag fanden sich wohl ein paar hundert Schlittschuhläufer zusammen, es wurden Fangspiele gespielt, mit allerlei Künsten des Vor- und Rückwärtslaufens.*

Und mit Eis und Wasser wurde »gespielt«: *Einen unwiderstehlichen Reiz übte auf die Schulknaben auch ein eben auftauender Graben; nachdem das Eis von den Rändern abgeschmolzen war, wurde es mit dem Beil durch Querschnitte in halbmeterlange Schollen geteilt; nun galt es, über sie so rasch hinzulaufen, daß, während der hintere Fuß die letzte Scholle unter Wasser drückte, der vordere schon auf der nächsten sich stütze, so daß man eben trockenen Fußes noch davonkam; natürlich, bis das Verhängnis einen doch ereilte, indem eine Scholle zerbrach oder man danebentrat. Das gab dann wieder eine häusliche Krise.* (Rutschky, S. 388)

Auch Stadtkinder erobern ihre Umgebung und »spielen« mit ihr. So gut es eben geht, in einer Welt, die scheinbar einzig und allein den Erwachsenen gehört. Das ist in modernen Städten am Ende unseres Jahrhunderts im Prinzip nicht anders als im Berlin von 1875:

Eins unserer liebsten Spiele war das Reifenspiel, und es war Ziel löblichen Ehrgeizes, einmal seinen Reifen von unserem Hause bis zur nahen Sophienstraße hin und zurück zu treiben, ohne daß er von einem der vielen Fußgänger umgestoßen wurde. Am schönsten konnte man diesen Sport in den Hallen der Nationalgalerie treiben. Leider hatten die Erbauer offenbar die Bedeutung des Reifenspiels noch nicht genügend erfaßt, da sie rücksichtslos genug die schönen Asphaltbahnen durch störende Stufen unterbrochen hatten, die aus den Säulengängen zu den Fahrwegen hinabführten ... (Damaschke, in Rutschky, S. 393)

»Moderne Kinder« spielen nicht mehr mit Reifen. Bei dem heutigen Verkehr kämen sie damit auch nicht weit. Dafür flitzen sie mit ihren Skateboards und Inlineskates über Gehwege und Treppen und schlängeln sich haarscharf an den Fußgängern vorbei. Und die Erwachsenen sind empört, genauso wie es frühere Generationen in vergleichbaren Situationen auch waren. Ein Beispiel aus dem Hamburg von 1741 (!):

In der Stadt regierten ... die Winkeljungen in schier unleidlicher Weise. Jedes Spiel wurde Unart ... Ihren Tonnenbändern (den Reifen) *mußte man respektvoll ausweichen, sonst bekam man sie zwischen die Beine, stolperte und schlug elend zu Boden, unter Hohngeschrei der Buben. Wie manche achtbare Dame fühlte entsetzt solchen Reif gegen ihren Rücken kollern ... Der Kreisel, sowohl der kleine als der Brummkreisel, schien nur dazu erfunden zu sein, um den Menschen das Gehen auf den breiten Steinen (dem damaligen Trottoir) und in den Promenaden zu verbittern, wo ohnedies alle zehn Schritte die bekannten neun Marmellöcher den Boden unsicher machten ... Nicht die Söhne der ärmsten Klassen waren es, die sich der so eben aus Ostindien hier eingeführten Schwärmer und Raketen bedienten, um einen heillosen Unfug abendlich auf den Straßen zu veranstalten ...* (Beneke, zit. nach Rutschky, S. 361)

Gerade die Dinge, die den Erwachsenen »gehören« und für die Kinder offiziell keinen Zugang haben, fordern in besonderem Maß dazu heraus, sie zu erobern, zu entdecken und für sich zu nutzen: fremde Gärten, leere Häuser, Baustellen, Ruinen (nach dem Zweiten Weltkrieg ganz besonders beliebt!), Scheunen, Lager, Schuppen, Industrieanlagen, selbst Kanalisation und Müllkippen. Dazu alle Dinge, die »nichts für Kinder« sind: außer Feuerwerk besonders Zigaretten und Alkohol, neuerdings auch »verbotene« Videos, Internetangebote und Fernsehsendungen. Alles muss erkundet und erprobt und so kennen gelernt werden.

Die Erwachsenen sehen ihre Aufgabe natürlich – und zu Recht – darin, Kinder vor Gefahren zu schützen, ihnen Respekt vor fremdem Eigentum und Achtung vor dem andern beizubringen und sie ganz allgemein dort in die Schranken zu weisen, wo sie wirklich zu weit gehen. Kein Zweifel: Ohne Grenzziehungen der Erwachsenen geht es tatsächlich nicht, auch wenn die Kinder immer wieder und gezielt gegen deren Anweisungen verstoßen. Aber das gehört zu dem für diese Altersstufe so typischen »Wie-weit-kann-ich-gehen-Spiel«, bei dem Kinder sehr viel über die Welt und ihre Regeln und noch mehr über die darin regierenden Erwachsenen lernen. Denn die Erwachsenen müssen, genauso wie alle anderen Elemente der Welt, entdeckt, ausgelotet und auf die Probe gestellt werden (dazu mehr in den Kapiteln »Wo geht's lang?« und »Und wie seid ihr?«).

Selbständige Streifzüge aber fördern die Entwicklung der Kinder auf der ganzen Bandbreite. So bauen die Kinder zu dem Landschaftsraum oder dem Stadtteil, in dem sie aufwachsen, eine konkrete emotionale Beziehung auf: Jeder Baum, jedes Haus, jeder Abhang, jede Bachbiegung, jede erklommene Mauer, jeder durchdrungene Zaun, die halsbrecherisch genommene Treppe, eine bestimmte Bordsteinkante – all das bekommt im Lauf der Zeit eine besondere gefühlsmäßige Bedeutung. Daraus entwickelt sich Bodenständigkeit, und später verklären sich die gesammelten Eindrücke zum »Heimatgefühl«. Mit jedem Schritt in dieser Welt werden Körperkraft und Geschicklichkeit immer wieder anders auf die Probe gestellt und geübt. Jedes Erlebnis spricht meistens neue und unerwartete Gefühle an, die dann immer wieder gesucht oder in Zukunft lieber gemieden werden. So entwickelt sich emotionale Lebendigkeit und Widerstandskraft. Jede Erfahrung gemeinsam mit den Kameraden bringt die soziale Entwicklung voran. Und nicht zuletzt sind die Entdeckungen und Eroberungen auch für die geistige Entwicklung der Kinder fruchtbarer als so manche Schulstunde: Wissbegierde, Eigeninitiative, Improvisationsgabe, Phantasie und Kreativität sind die Grundvoraussetzungen für das Leben in dieser ursprünglichen, natürlichen Kinderwelt. In den Lebenserinnerungen von erfolgreichen, innovativen Erwachsenen wird immer wieder sichtbar, dass ein guter Teil ihrer beruflichen Kompetenz letztlich auf das Wissen und die Erfahrungen und Fähigkeiten zurückgeht, die sie sich selbständig im Umgang mit der Welt in diesen Kindertagen angeeignet haben.

Wo aber können Kinder ihre – unsere – Welt heute noch in ihren Grundelementen kennen lernen, auf eigene Faust entdecken, erobern, ausloten, Grenzen finden und damit eine tragfähige Sicherheit im Umgang mit der Welt bekommen?

In unserer Gesellschaft werden Kinder fern gehalten von der Welt, in der sie aufwachsen, und dafür jedes Jahr in den Ferien an einen anderen Ort verpflanzt, an dem sie keine Wurzeln schlagen können. Es ist für Kinder auch schwer, Zugang zu der Welt zu finden, in der sie leben: Im 20. Jahrhundert haben die Erwachsenen zumindest in den Industrienationen den Kampf um die öffentlichen Räume vollends für sich entschieden und die Kinder erfolgreich verdrängt: Alle verlockenden Plätze sind »besetzt«, abgeriegelt, eingezäunt oder bewacht. Straßen und

Gehwege sind asphaltiert, also sind die Erwachsenen nicht nur den Dreck, sondern auch die lästigen »Marmellöcher« und die ewig im Weg stehenden Kinder los. Außerdem sind die Gehwege so schmal, dass selbst ein »Himmel-und-Hölle-Spiel« unmöglich wird: Erwachsene und Spiel passen nicht gemeinsam auf einen Gehweg, also müssen die Kinder weichen.

Die »Lebens«räume, in denen sich behütete Kinder von heute aufzuhalten haben, stehen unter der strengen Kontrolle von Erwachsenen und sind so eng wie möglich umgrenzt: Schulklasse, Schulhof, Sportverein (da ist, unter Aufsicht des Trainers, das Betreten eines garantiert ebenen, penibel gemähten Rasens ausnahmsweise erlaubt, wenn nicht ohnehin auf Kunstrasen trainiert wird), Musikunterricht, Nachhilfestunde, Jugendclub mit vorgegebenen Aktivitäten, Kinderdisko, Krankengymnastik, Spieltherapie.

Die Findigsten unter den Kids aber lassen sich auch dadurch nicht unterkriegen. Es gibt eine neue Version von »Eisschollenspringen«, die etwas ungefährlicher, auf jeden Fall trockener ist und ganzjährig ausgeführt werden kann. Die Erwachsenen allerdings trifft diese neue Geschicklichkeitsübung empfindlich. Völlig klar, dass sie darin eine neuartige Form von Kinderkriminalität sehen, die konsequent geahndet und bestraft werden muss – wodurch es für die Kinder erst richtig spannend wird: Der Spaß ist, auf Parkplätzen von Autokühler zu Autokühler zu springen, auch oder gerade wenn es manchmal ganz schön weit ist!

Spaß am Feuerwerk ist auf eine einzige Nacht des Jahres reduziert. In der Silvesternacht allerdings sind die Jungenmeuten auch heute noch los! (Und weil die Jungen zu wenig Gelegenheit haben, beizeiten den richtigen Umgang mit Feuerwerk zu lernen, werden in dieser einen Nacht leider viele Kinder verletzt.)

Für die braven oder weniger risikofreudigen Kinder ist in unseren Breiten nicht mehr viel »Welt« übrig, die sie mit ihren Freunden gemeinsam entdecken und mit allem, was dazugehört, ausprobieren können. Selbst die staubig-dämmrigen Dachböden, einst die geheimnisumwobenen Schlechtwetternischen der Kinderwelt, sind Dachausbauprogrammen zum Opfer gefallen. Auch Baumhäuser, die in der Erinnerung vieler Erwachsener, die noch vor dem Zweiten Weltkrieg in Deutschland aufgewachsen sind, zu Schlüsselerlebnissen gehören, sind verschwunden: In Deutschland werden zumindest innerhalb der bewohnten Gebiete den Bäumen die unteren Äste abgeschnitten: Sie könnten im Weg sein!

Wenigstens Schlittschuhlaufen und Baden ist den Kids als Gruppenspaß geblieben. Tatsächlich sind neben den wenigen und meistens asphaltierten Bolzplätzen für die Jungen Schwimmbäder und Eislaufbahnen heute die Treffpunkte, wo sich Kinder, Jungen und Mädchen gleichermaßen, am ehesten verabreden. Aber welcher Vergleich zu früher! In den Schwimmbädern – mit garantiert hygienisch einwandfreier Wasserqualität – gibt es strenge Regeln, die das Aufleben einer munteren Kinderhorde im Keim ersticken. Und auf Eisbahnen, die natürlich Eintritt kosten, dafür unter Aufsicht stehen, geht es immer in einer Richtung im Kreis herum – wehe, ausgelassene Bengel wagen es, die Kreise der anderen Läufer zu stören!

Als in den vergangenen Wintern die Seen in Berlin zugefroren waren, konnte man erleben, dass sich Kinder unter etwa 12 Jahren kaum zu spontanen Hockeyspielen zusammengefunden oder sich gegenseitig übers Eis gejagt haben. Die meisten hielten sich relativ brav an erwachsene Begleitpersonen, unter deren Anleitung sie das Rückwärtsfahren oder Pirouettendrehen übten. Von Kindern droht Erwachsenen also so gut wie keine »Gefahr« mehr!

Dann dürfen wir uns aber auch nicht darüber beklagen, wenn junge Leute heute zu wenig Pioniergeist, Initiative und Risikobereitschaft zeigen. Und auch nicht darüber, wenn Jugendliche in gebündelter Formation auftauchen, um mit unkontrollierten Kräften gezielt gegen die Erwachsenen »die Welt erobern«. Denn die Jugendlichen versuchen damit wenigstens teilweise nur das nachzuholen, was sie im richtigen Alter versäumt haben. Im Grunde fühlen sie sich oft nur hilflos und fehl am Platze in einer Welt, die ihnen fremd ist und in der so vieles nicht zu dem passt, was sie von ihren Spielwelten, aus ihren Zeitschriften und von ihren Bildschirmen her kennen.

Wetten, ich schaff's?

Die Entwicklung von Energie, Wille und Beweglichkeit

Erich hatte es geschafft: Gerade 12 Jahre alt geworden, war es ihm nach monate- und nachmittagelangem Üben wirklich gelungen, auf einer zwei Meter langen, nicht angelehnten Leiter auf der einen Seite rauf- und auf der anderen wieder runterzusteigen!

Als er diese Geschichte siebzigjährig seinen Enkeln erzählte, strahlte er immer noch triumphierend, aber auch seine Verwunderung, dass dieses Kunststück überhaupt gelingen konnte, war nicht zu überhören.

Gerd und Kalle, Brüder von etwa 12 und 11 Jahren, verbrachten in ihrer zugepflasterten Wohnsiedlung Nachmittage damit, sich mit dem Fahrrad gegenseitig in die Enge zu treiben. Wer zuerst absteigen musste, hatte verloren. Mit verblüffender Wendigkeit tricksten sie sich in fast aussichtslosen Situationen gegenseitig aus. Nach ein paar Monaten machte das Spiel aber keinen Spaß mehr: Beide konnten so lang auf dem stehenden Fahrrad balancieren, dass schließlich nicht mehr geklärt werden konnte, ob das Absteigen freiwillig oder erzwungen war.

Im wüstennahen Algier haben Albert Camus und sein Freund ein anderes Spiel erfunden, um ihre Kraft und Geschicklichkeit zu messen:

Am großartigsten aber waren die windigen Tage ... Die Terrasse war so gelegen, daß sie an den Tagen, an denen der in Algier immer starke Ostwind sich erhob, mit voller Wucht von der Seite gepeitscht wurde ... Die Palmwedel hinter sich herziehend, liefen sie dann zur Terrasse; der tobende Wind pfiff ... Es ging darum, auf die Terrasse zu steigen, die Palmenzweige hinaufzuziehen und sich mit dem Rücken zum Wind aufzustellen. Dann nahmen die Kinder den knisternden, trockenen Palmwedel fest in beide Hände, wobei sie ihn teilweise mit ihrem Körper schützten, und drehten sich dann abrupt um. Mit einem Schlag wurde der Palmwedel gegen sie gepreßt, sie atmeten seinen Geruch nach Staub und Stroh ein. Das Spiel bestand nun darin, gegen den Wind zu gehen und den Palmwedel dabei immer höher zu heben. Sieger war, wer zuerst am Rand der Terrasse ankam, ohne daß der Wind ihm den Palmwedel aus den Händen riß, wer, den Palmwedel am ausgestreckten Arm hochhaltend, das ganze Körpergewicht auf einem vorgestellten Bein, siegreich und am längsten gegen die tobende Kraft des Windes stehenbleiben konnte. (Camus, S. 273)

Wenn man großen Kindern die Gelegenheit lässt, haben sie immer Ideen, wie sie sich mit ihren körperlichen Fähigkeiten messen und verbessern können. Bei diesen Wettkämpfen geht es den Kindern im Grunde darum, festzustellen, was man aus seinem Körper mit energischem Willen herausholen kann und wo im Vergleich zu anderen die eigenen Grenzen liegen. Von der Reaktionsfähigkeit beim Computerspiel angefangen bis zum Laufen auf Händen, von der Strecke, die man tauchen kann, bis zum Erklimmen einer hohen Mauer, von der Geschicklichkeit und Schnelligkeit, sich nicht fangen zu lassen, bis zur Fähigkeit, den Gegner mit dem Ball zu umdribbeln und ins

Tor zu treffen, vom hüfthohen Gummitwist bis zum Spagat, vom Stillstand auf dem Fahrrad bis zum Stehen auf dem galoppierenden Pferd, vom Geschwindigkeits-Händeklatsch-Spiel bis zur zirkusreifen Balanciernummer ... alles, was nach körperlicher Schwierigkeit aussieht, ist willkommene Herausforderung. Höher, schneller, weiter, geschickter, akrobatischer, geschmeidiger und kräftiger scheinen die Leitmotive aller körperlichen Aktivitäten zu sein.

Je nach Kind natürlich verschieden. Jungen verlocken Herausforderungen, die mit Kraft und Schnelligkeit zu tun haben, offenbar stärker als Mädchen, aber auch Mädchen haben durchaus ihren Spaß an Kämpfchen, auch sie haben ihre akrobatischen Ziele, ihren Bewegungshunger. Umgekehrt ist nicht jeder Junge erpicht darauf, schnell zu rennen, mit anderen seine Kräfte zu messen, auf Bäume zu klettern. Er versucht sich vielleicht lieber an handwerklichen Dingen oder im virtuosen Klavierspiel. Fest steht aber, dass der Spaß an Körperlichkeit, an Bewegung, Kraft und Geschicklichkeit in dieser Altersstufe bei allen Jungen und Mädchen ein ganz zentrales Lebensbedürfnis ist.

Entscheidend dabei ist, dass die Kinder sich ihre »Proben« selbst stellen. Sportübungen und Trainingsaufgaben, die von Erwachsenen gefordert werden, haben zu oft einen vollkommen anderen Stellenwert. Da wird »Leistung« verlangt, die sich am Erwachsenenmaßstab orientiert – und der ist für das einzelne Kind in der konkreten Situation häufig völlig unpassend. Stellen Sie sich vor, ein Sportlehrer würde von seinen Sechstklässlern verlangen, an einer frei stehenden Leiter hochzuklettern! Umgekehrt ist es für manche Kinder völlig absurd, beispielsweise immer am Dienstag zwischen 10.00 und 10.45 Uhr in einer Turnhalle in Staffeln hin- und herzurennen, nach Anweisung des Lehrers Purzelbäume zu schlagen oder auf dem

Rücken liegend mit den Beinen zu strampeln. Mit der Förderung von Eigeninitiative und Willenskraft hat das wenig zu tun. Im Gegenteil, alles, was man auf Anweisung tun muss, schwächt das Gefühl für Eigeninitiative und Willenskraft.

Förderung von »Self-Efficacy-Erfahrung«, von »Selbst-Wirksamkeit« also, ist seit kurzem ein Schlagwort in der pädagogisch-psychologischen Literatur. Dabei geht es um die Frage, wie Jugendliche aus ihrer Passivität und »Null-Bock«-Haltung herausgeführt werden können und wie man ihnen vermitteln kann, was es heißt, aus eigener Kraft etwas zu erreichen. Hätten Kinder im Alter zwischen 7 und 13 Jahren mehr Möglichkeiten, aus eigenem Antrieb unbeaufsichtigt selbst erfundene Spiele zu spielen, gäbe es diese Probleme vielleicht nicht in dem Maße. In diesem Alter entwickeln Kinder nämlich nicht nur Phantasie, sondern in phänomenaler Weise auch Willenskraft, Selbstbeherrschung, Ausdauer und Motivation.

Louis Pergaud beschreibt in seinem Roman *Der Krieg der Knöpfe,* wie sein Freund Camus (der übrigens nichts mit Albert Camus zu tun hat) auf Bäume kletterte:

Ein Baum mochte noch so dick sein, Camus ging ihn an wie ein antiker Ringkämpfer seinen Gegner: Er umschlang ihn einfach mit beiden Armen. Oft waren diese Arme sogar zu kurz, um den Stamm ganz zu umfassen. Aber das machte nichts! Wie Saugnäpfe hafteten Camus' Handflächen an allen Knoten der Rinde; seine Beine überkreuzten sich und formten einen Ring wie die gekrümmten Äste eines Weinstocks. Ein fester Druck der Knie schnellte ihn um dreißig bis fünfzig Zentimeter in die Höhe. Dann klammerten sich die Hände von neuem fest, wieder preßten die Knie sich zusammen, und binnen fünfzehn oder zwanzig Sekunden bekam Camus bereits den ersten Ast zu fassen. (Pergaud, S. 71)

Ein Kind, das so viel Willenskraft und Selbstbeherrschung aufbringt (sich mit den Knien an einem Baumstamm abzustoßen, muss ganz schön wehtun!), hat vermutlich bessere Grundlagen für eine gefestigte Persönlichkeit, als ein Kind, das stundenlang durch Computerlabyrinthe irrt. Umgekehrt würden so einem Camus ein paar Computerspiele bestimmt nicht schaden.

Ausdauer und Motivation lassen sich weder befehlen noch einstudieren. Diese Eigenschaften entwickeln sich ganz automatisch, wenn man etwas tut, das man aus eigenem Wunsch machen *möchte*. Die Erfahrung, dass es möglich ist, etwas zu erreichen, wenn man nur ausdauernd und hartnäckig genug dranbleibt, diese Erfahrung muss man wohl im Alter zwischen 7 und 13 und dort vor allem bei körperlichen Aktivitäten aus eigenem Antrieb gesammelt haben.

Im Sportunterricht und in den freiwilligen Trainingsstunden am Nachmittag sollen neben Ausdauer vor allem Muskelkraft, Geschicklichkeit, Wendigkeit, Geschwindigkeit und Reaktionsvermögen mit ausgeklügelten und wissenschaftlich erprobten Spezialübungen trainiert werden. Aber um diese sportlichen Fähigkeiten geht es Kindern gar nicht, wenn sie selbst spielen und selbst wenn sie so tun, als würden sie »trainieren«. Diese aus Erwachsenensicht so entscheidenden Lernziele des Sportunterrichts sind beim natürlichen kindlichen Spiel Nebenprodukte, die sich »einfach so« ergeben.

Rene Higuita, einer der bewunderten Torhüter der Fußballweltmeisterschaft 1990, führt seine Torwart-Qualitäten zum Beispiel darauf zurück, dass er als Junge in einem Stadtteil an einem relativ steilen Hang gelebt hat und Fußballspielen nur auf einer der abschüssigen Straßen möglich war. Wenn er, der Torwart, den Ball durchließ, musste er immer endlos den Berg hinunterrennen, um den Ball wieder zu holen.

Wichtig im selbst bestimmten Spiel der Kinder sind ganz andere Dinge, als Erwachsene glauben. Wichtig sind Phantasie, Gefühle, Eigeninitiative und Grenzerfahrungen: Kein Kind würde von sich aus Spaß daran haben, nur einfach schneller und schneller oder länger und länger zu laufen (das kommt im Jugendalter). Wenn Kinder tatsächlich versuchen, beispielsweise schneller und schneller zu laufen, dann stecken immer Spielphantasien dahinter, sei es zum Beispiel, dass sie »Olympiade« spielen und dabei versuchen, so schnell zu sein wie der Olympiasieger im 100-Meter-Lauf. Oder sie stellen sich vor, sie würden an einer »Polizisten-Ausbildung« teilnehmen, mit dem Ziel, schneller zu werden als der schnellste Verbrecher. Oder sie haben die Phantasie, dass sie vor einer Herde Büffeln weglaufen müssen. Oder sie spielen einfach »Training«, Fußball-Nationalmannschaftstraining zum Beispiel, wo es darum geht, wer den schnellsten Antritt und Spurt hat.

Die Erwachsenen verstehen diese Spiele meistens völlig falsch. Sie schließen daraus, dass die Kinder trainieren *wollen* und nehmen sie dann unter ihre Fittiche. Wenn aber die »Großen« dabei sind, die sowieso alles schon können und wissen, wird das Spiel auf einmal ernst und hat nichts mehr mit den ursprünglichen kindlichen Phantasien und Bedürfnissen zu tun. Dann ist Bewegung plötzlich etwas Fremdes, das nicht zu der Welt passt, in der man eigentlich lebt und mit der man sich, auch in den Körperspielen, auseinander setzt.

Schwer vorstellbar, dass Kinder in einem Ballettunterricht, einem Fußballtraining oder einer Tennisstunde auch nur annähernd das empfinden können, was zum Beispiel Albert Camus mit dem Palmwedel-Wind-Spiel verbindet:

Wenn Jacques dort hochaufgerichtet über diesem Park und diesem von Bäumen brausenden Plateau stand, unter dem Himmel, an dem riesige Wolken dahinrasten, fühlte er den vom äußersten Ende des Landes gekommenen Wind an dem Palmenzweig und an seinen Armen herabgleiten, was ihn mit einer Kraft und einem Jubel erfüllte, die ihn unablässig lange Schreie ausstoßen ließ, bis seine Arme und Schultern von der Anstrengung zermürbt waren und er am Ende den Palmwedel losließ, den der Sturm zusammen mit seinen Schreien mit einem Stoß davontrug. Und nachts, wenn er todmüde ... im Bett lag, lauschte er noch dem in seinem Innern heulenden und tobenden Wind, den er sein Leben lang lieben sollte. (Camus, S. 273 f.)

Schreien, Brüllen, Luftanhalten (beim Tauchen zum Beispiel), Pusten und vor allem natürlich erschöpft-befriedigende Atemlosigkeit sind entscheidende Elemente, die in den Erinnerungen an das Treiben in dieser Altersstufe immer wieder auftauchen.

Kinder von heute sind dagegen vor allen Dingen ruhig gestellt. Stimmlich und körperlich. Sie müssen still sitzen vormittags in der Schule und nachmittags an den Hausaufgaben, in ihren Kinderzimmern oder vorm Fernseher und Computer. Stundenlang.

Systematisch wird ihr alterstypischer Bewegungs- und Phantasiehunger unterdrückt und gleichzeitig von der Computerindustrie raffiniert ausgenutzt, um die Kinder an den Bildschirm zu locken. Hier nur eines von unzähligen Beispielen, die Spielanleitung zu »Ce 92 Nintendo«, für Kinder ab 8 Jahre und Erwachsene:

Flashback:

Im Jahre 2142 hat es Dich auf einen sonderbaren, fremden Planeten verschlagen. Dein Gedächtnis ist künstlich ausgelöscht worden, und Du mußt Dich zur Erde zurückkämpfen, um die einfallenden Mutanten-Streitkräfte in die Schranken zu weisen ...

Flashback, der definitive Überlebenstest mit:

- ⭑ *Rotoscoper Graphics*
- ⭑ *Fesselnder Science Fiction-Filmatmosphäre*
- ⭑ *Erstaunlich lebensnaher Animation und absolut realistischen Bewegungen*
- ⭑ *Eine einzigartige Mischung aus grafischem Abenteuer und blitzschneller Aktion*
- ⭑ *Ein atemberaubendes 16Mb-Spielerlebnis!*

Wen wundert es da eigentlich noch, dass den Kindern im wörtlichen und übertragenen Sinn die Luft wegbleibt und Asthmaerkrankungen bei Kindern ständig zunehmen? Oder dass sie vor lauter nach innen gedrückter Un-Ruhe nicht mehr ein noch aus wissen und nur noch zappelig und hyperaktiv sein können?

Die zunehmende Hyperaktivität unserer Kinder hängt sicher mit notorischem Bewegungsmangel zusammen, aber auch mit der hohen Konzentration, mit der sie vor den verschiedenen Bildschirmen sitzen. Vielleicht werden die Kinder aber auch deshalb so unruhig und zapplig, weil ihr Nerven- und Muskelsystem tatsächlich und auf Dauer zu wenig Sauerstoff erhält. Ich halte es für denkbar, dass kindliche Hyperaktivität zumindest zum Teil ein unterschwelliges Erstickungssyndrom ist. – Die übrigen gesundheitlichen Folgen von Bewegungsmangel sind bekannt: Dickleibigkeit, Haltungsschäden, fein- und grobmotorische Koordinationsstörungen.

Wenn Kinder aktiv spielen, haben sie keinen Hunger. Danach natürlich schon, aber bei normaler, regelmäßiger Ernährung werden gesunde Kinder nicht dick. Dick werden Kinder, die viel zu Hause sitzen und sich langweilen und die ihr Bedürfnis nach Aktion mit Hunger verwechseln. Kinder, die mit Freunden in natürlicher Umgebung spielen, trainieren auch ganz selbstverständlich alle Muskeln. Ob sie auf Felsen herumkraxeln, Steine anschleppen, mit denen sie einen Damm bauen, bei Schneeballschlachten lernen, geschickt auszuweichen, oder sich in Ringkämpfchen aneinander messen: Freies Spiel ist die beste Vorbeugung gegen Haltungsschäden. Auch die fein- und grobmotorische Koordination wird im natürlichen kindlichen Spiel ganz selbstverständlich und »nebenbei« geübt. Kinder, die viel miteinander im Freien spielen, können, ohne es je geübt zu haben, zum Beispiel problemlos rückwärts gehen und springen (was heute vielen Kindern enorm schwer fällt) oder sie lernen, wenn sie schnitzen, mit ihren Händen geschickt umzugehen oder, wenn sie zum Beispiel eine Vogeleischale nach Hause bringen möchten, diese ganz zart in die Hand zu nehmen.

Die Erwachsenen reagieren auf die zunehmenden »Körperstörungen« der Kinder auf ihre Weise. Sie haben sich mittlerweile viele kluge und kostspielige Mittelchen einfallen lassen, die unter ihrer Aufsicht fachmännisch verabreicht werden, zum Beispiel Ergotherapie, Motologie, Krankengymnastik, therapeutisches Schwimmen und Reiten usw. Da üben die Kinder dann nach festgelegten Standards jeden einzelnen Muskel zu betätigen und auch ganz brav »gesund« zu sein.

Würde man sie mehr zu freiem kindlichem Spiel gemeinsam mit Altersgenossen in freier Natur ermutigen, würden sie zwar wahrscheinlich zunächst eher lernen, damit fertig zu werden, in gewisser Weise »krank« zu sein, dabei letztlich aber mehr für ihre Gesundheit tun, als es in allen Kursen dieser Welt erreicht werden kann. Im freien kindlichen Spiel dieser Altersstufe geht es nämlich auch immer in irgendeiner Form darum, mit Schmerzen umzugehen: Aufgeschürfte Knie, blaue Flecken, Beulen, Blasen, verstauchte Gelenke, selbst blutige Nasen sind schmerzliche Erfahrungen, die in dieses Alter gehören und die in dieser Zeit normalerweise nicht so schwerwiegend sind wie beim ausgewachsenen Jugendlichen oder Erwachsenen und schneller und unkomplizierter heilen. Deswegen ist es vielleicht auch besser, wenn Erwachsene den Kindern beim Spielen nicht zuschauen, weil dieses Spielen aus Erwachsenensicht oft an der Grenze zum »Gefährlichen« liegt.

Wenn Kinder sich im Spiel wehtun, lernen sie aber mehrere wichtige Dinge: Zunächst ganz einfach, was es überhaupt bedeutet, sich wehzutun. Viele Kinder wissen heute nicht mehr, was es heißt, sich wehzutun, weil sie nirgendwo mehr anstoßen. Beim kleinsten Wehwehchen geraten sie in Panik. Weil sie selbst keine Erfahrung mit Schmerzen haben, können sie auch nicht einschätzen, wann sie einem anderen wehtun. So kommt es zu den unangemessen »brutalen« Übergriffen, wenn Kinder dann doch einmal aneinander geraten.

Sie lernen also zum einen ihre eigenen Grenzen kennen, zum anderen erfahren sie, wo die Grenzen des körperlich Zumutbaren beim anderen liegen (der Schlag gegen die Nase war beispielsweise entschieden zu viel). Kinder, die in diesem Alter nicht genügend körperliche Erfahrungen im Umgang miteinander sammeln konnten, werden im Jugendalter weder ihre Grenzen noch die der anderen einschätzen können. Jugendliche Gewalttäter, etwa zwanzigjährige »Skins« unserer Tage, denen auf gerichtsmedizinischen Fotos gezeigt wurde, welche Folgen körperliche Gewalt haben kann, sagten, sie hätten nicht geahnt, dass ein einziger Fußtritt in den Brustkorb oder der

Schlag gegen das Nasenbein sogar tödlich sein kann. Sie waren tatsächlich überrascht und erschrocken über die ernsten Auswirkungen dieser »Körperkontakte«, die sie für etwas »ganz Normales« gehalten hatten!

Schließlich lernen Kinder, die sich im Spiel mal wehtun, dass Schmerzen und »Krankheiten« durchaus auszuhalten sein können, nicht immer gleich mit Medikamenten behandelt werden müssen und auch nicht immer gleich Anlass für existenzielle Sorgen sind. Schmerzen in gewissem Maße aushalten zu können, erfordert Energie und Durchhaltevermögen, und die Erfahrung, dass man dazu in der Lage ist, gibt unbewusst Kraft, Gelassenheit und Zuversicht, womit später auch »schmerzliche« Lebenssituationen im übertragenen Sinn überstanden werden können.

Anmerkung

Motivation, Interesse, Neugierde und körperliche Entwicklung beziehungsweise sportliche Betätigung im Kindesalter werden in den Fachbüchern getrennt behandelt. Inwieweit selbst bestimmte Bewegungsspiele im Schulalter für die Entwicklung der gesamten Persönlichkeit wichtig sind, ist meines Wissens noch nicht erforscht.

Allerdings gewinnt in der Arbeit mit »schwierigen« Jugendlichen in Deutschland die so genannte wohnumfeldbezogene Erlebnis- und Abenteuerpädagogik immer mehr Bedeutung. Allmählich wird diese Arbeit auch auf Kinder ab 8 ausgeweitet. Eine Arbeitsgruppe in Marburg (bsj e.V. Marburg) hat sich um Veröffentlichungen und Diskussionen in diesem Bereich besonders verdient gemacht. Von ihr stammt auch die Veröffentlichung der lesenswerten Tagungsdokumentation zur Erlebnispädagogik: *Abenteuer – Ein Weg zur Jugend?*

Wo geht's lang?

Die soziale Entwicklung

In jeder Lebensphase lernt das Kind ein anderes wichtiges Ordnungsprinzip unserer Welt kennen. Der Säugling muss zuerst die Grundbeschaffenheit der Dinge auf der Welt begreifen: fest oder weich, kalt oder warm, trocken oder nass, essbar oder ungenießbar, vertraut oder fremd. Das Vorschulkind bekommt allmählich einen Begriff von Farben, Zahlen, Zeitmaßen, Lebensalter, von mein und dein. In der Lebensphase zwischen etwa 7 und 13 Jahren geht es darum, die grundlegenden sozialen Strukturen der Welt kennen zu lernen, sie auszuprobieren und zu begreifen.

Große Kinder beschäftigen sich sehr intensiv damit, herauszufinden, was »fair« ist und was »echt gemein«. »Das ist ungerecht« ist die ständig wiederkehrende Empörung in diesem Alter. Die Fragen nach dem sozialen Miteinander ziehen sich durch alles, was sie tun und interessiert: Kinder im Schulalter unterhalten sich darüber, was hinter Begriffen wie »Beleidigung«, »Ehre«, »Bescheidenheit« und »Angeberei« steht. Wenn sie miteinander spielen oder gegeneinander antreten, testen sie mehr oder weniger bewusst aus, was Unterdrückung, Betrug, Hinterhältigkeit, Treue, Verlässlichkeit und Anständigkeit ist. Sie wollen erleben, wie sich Vertrauen anfühlt, wie Verrat, wie Rücksichtnahme und Skrupellosigkeit, wie Verächtlichkeit und Bewunderung, wie Rache und Vergebung.

Die Bücher und Filme, die sie spannend finden, drehen sich fast immer um die Frage, was anständigess, faires und soziales Verhalten (und das Gegenteil davon) ist. Wenn sie Erwachsene beobachten (und das tun sie fast immer, wenn Erwachsene anwesend sind), wenn sie mit ihnen reden, arbeiten oder sie ärgern, geht es sehr oft darum, herauszufinden, wie sich Erwachsene im Umgang mit anderen Erwachsenen, Kindern und Tieren verhalten. Kinder sind außerordentlich empfindsam für die innere Haltung der Erwachsenen. Schon am Ton, mit dem Erwachsene über andere sprechen, bekommen Kinder untrüglich mit, welche Einstellung hinter ihren Worten steht: Wenn die Mutter über ihre Kollegin herzieht, spüren die Kinder, dass in ihren Worten Verächtlichkeit, Hochmut, aber auch Selbstbewusstsein mitschwingen. An der Art, wie ein Vater oder Lehrer über Ausländer redet, lernen Kinder, wie man als Erwachsener wohl über Ausländer zu denken »hat«.

Wie genau Kinder die innere Haltung von Erwachsenen erfassen und wie sie Erwachsene nach ihrem sozialen Verhalten einordnen, ist in vielen Lebenserinnerungen nachzulesen (aber auch jeder von uns erinnert sich an die eigenen »Nett-« und »Blöd-«Schubladen, in die wir als Kinder Erwachsene einsortiert haben).

Hier zwei Beispiele von Wladimir Lindenberg, der in einer russischen Adelsfamilie aufgewachsen ist, in der Gäste eine große Rolle spielten. Er war ungefähr 8 Jahre alt, als er folgende Beobachtungen machte:

Und da waren Bobiks liebste Gäste ... die nichts anderes waren als Kinder, die zufällig groß geworden waren. Sie brachten eine Atmosphäre von warmer Freundlichkeit mit ... Sie gingen auch zuerst zu dem Hundezwinger und sprachen mit den Tieren ... es war einfach herrlich, mit diesen großen Kindern zu spielen.

Das waren die einzigen Gäste, die »natürlich« waren, die nicht redeten wie die Papageie, die zuhörten, die freundlich blieben, auch wenn sie mit den anderen nicht einer Meinung waren, die nicht zankten und nicht versuchten, die anderen zu überschreien. (Lindenberg, S. 96 f.)

Dagegen die Beobachtung dieser Dame:

Die häßliche Kutusowa hatte offenbar jemanden zwischen ihren Zähnen, man fühlte es förmlich, wie sie seine Person, seine Ehre, seine intimen Verhältnisse zerbiß und zerkaute. Alle hatten Angst vor ihr, und man hörte ihr aufmerksam und devot zu, um sich in gutes Licht bei ihr zu stellen. Das nutzte absolut nichts, sobald sie sich umdrehte und einem anderen zuwandte, klatschte sie bereits über den Vorgänger. Onkel Iwan sagte zu Bobik: »Solche Leute hat man früher verbrannt.« Das fand Bobik großartig. Wie schade, daß man es jetzt nicht mehr tat. (Ebd., S. 155)

An diesen Zitaten wird deutlich, dass Kinder sich in ihrer moralischen Bewertung zum einen an dem orientieren, was sie selbst fühlen, dass sie zum anderen aber auch absolut offen und naiv dem zustimmen, was ein Erwachsener, den sie lieben und verehren, äußert.

Wenn Kinder Erwachsene beobachten und bewerten, orientieren sie sich an einem erstaunlich sicheren inneren Kompass, der ihnen anzeigt, was »richtiges«, menschliches Verhalten ist. (Ihr eigenes Verhalten können Kinder altersbedingt dagegen noch nicht so gut bewerten und beurteilen.) All das Schlechte, Unmoralische, Verletzende, Unmenschliche, Verächtliche, Rücksichtslose und Egoistische, was Kinder in der Erwachsenenwelt beobachten, bringt die innere Kompassnadel allerdings immer wieder heftig ins Rotieren. Wenn man aber zum ersten Mal in ein unbekanntes Gelände vordringt, muss man seine Kompassnadel fest auf Kurs halten, damit man sich nicht verirrt. Wenn man loszieht, um das verwirrende Gelände der sozialen Regeln und moralischen Werte überhaupt erst kennen zu lernen, braucht man zunächst klare, einfache und eindeutige Hinweise, die zeigen, wo's langgeht: Man muss sich an den beiden Polen »gut« und »böse« orientieren können.

Daher rührt die große Vorliebe der Kinder für Geschichten, in denen das Gute über das Böse siegt und in denen die Helden die moralischen Grundwerte ohne Wenn und Aber durchhalten. Ob Old Shatterhand oder Superman: Das Strickmuster ist schlicht und einfach, und es zeigt den Kindern: So ist es richtig, da geht es lang.

In der heutigen Vielfalt der Medien sind diese Grundmuster immer noch zu finden. Aber bei der Menge an Negativem, was da ununterbrochen auf die Kinder einstürzt, gewinnt es in ihrem Kopf die Überhand. Ehe sie sich überhaupt in der Welt der Werte orientieren können, sind sie bereits im Dornengestrüpp der Missachtung und Relativierung von moralischen Regeln verfangen. (Es gibt Untersuchungen, die festgestellt haben, dass viele Kinder bereits bis zum Schuleintritt am Fernseher über 1.000 Morde »miterlebt« haben – ganz zu schweigen davon, wie viel mehr es sind, bis die Kinder 12 oder 13 Jahre alt sind.)

Dazu kommt, dass auch die leibhaftigen Erwachsenen, mit denen die Kinder zusammenleben, zwar wundervolle moralische und soziale Regeln predigen, aber je genauer Kinder die Erwachsenen beobachten, umso deutlicher wird ihnen, dass es mit anständigem und fairem Verhalten bei denen auch nicht so weit her ist. Viele Kinder erleben ständig von den eigenen Eltern oder Lehrern, dass Demütigungen, Misshandlungen, auch Schläge scheinbar etwas »ganz Normales« sind. Kinder *müssen* deshalb austesten, welche Regeln denn nun wirklich im Umgang miteinander gelten. Deshalb verstoßen sie selbst immer wieder gegen alle Regeln. Sie wissen ja noch nicht, was wirklich »zu weit« geht und was gerade noch hinnehmbar ist. Sie probieren die Grenzen aus, indem sie die Erwachsenen provozieren und die Klassenkameraden (und andere Lebewesen) drangsalieren.

Um herauszubekommen, was die Erwachsenen noch »in Ordnung« finden und was schon »richtig schlimm« ist, erfinden Kinder die unmöglichsten Dinge. Wilhelm Busch hat in *Max und Moritz* ein Lied davon gesungen. Ein harmloseres Beispiel ist dieser originelle Einfall, den Max Kruse und seine Freunde um das Jahr 1864 herum in Berlin hatten:

Einen Witz hatten wir, der unser ganzes Stadtviertel in Aufregung versetzte. Wir konnten Kanonenschüsse nachmachen und das bewerkstelligten wir folgendermaßen: Unser Spielplatz war ... auch noch Holzplatz, und da gab es riesige vierzöllige Bohlen. So eine Bohle wurde nun mit Böcken und Stangen senkrecht aufgestellt, dann wurde sie langsam zum Kippen gebracht, und nun war das Kunststück, auf der fallenden Bohle so schnell und so hoch wie möglich hinaufzulaufen, dann gab's einen donnerähnlichen Knall auf dem Sandboden. Wir haben oft, wenn uns die blauen Kalitten (die Schutzleute) nicht vorher verscheuchten, 101 Kanonenschüsse abgegeben und alles in helle Aufregung versetzt über die glückliche Geburt eines Thronfolgers! (Kruse, S. 51)

Viele Erwachsene halten Regelverletzungen von Kindern für Anzeichen von Charakterschwäche. Um »Scheiß zu bauen«, muss ein Kind aber Ideen haben, Initiative entwickeln, eigenständig handeln können und nicht zuletzt Mut aufbringen.

Sind das nicht Eigenschaften, die unter Erwachsenen als Zeichen von Charakterstärke gelten?

Wo haben Kinder heute aber noch unbewachten Bewegungs- und Spielraum, um auf solche Ideen zu kommen wie Max Kruse und seine Kumpel? Müssen unsere modernen Kinder nicht mit ihrem Bedürfnis, auf eigene Initiative und eigenes Risiko gegen »Regeln« zu verstoßen, auf abgegriffene, phantasielose Aktionen zurückgreifen, wie Klingelstreiche, Rauchen, heimliches Fernsehen, Alkoholtrinken, Klauen (aus offenen Regalen, was kein »Kunststück« ist!)? Oder bleibt ihnen nur, damit die Erwachsenen wirklich einmal alarmiert reagieren und aufhorchen, gelegentlich »richtig brutal« zu sein? So wie die »Bösen« im Fernsehen? Und holen nicht viele die verpassten »Streiche« – in erheblich schärferer Form – nach, wenn sie »alt genug« sind?

Wenn sich Kinder »unmöglich« benehmen, regen sich viele Erwachsene maßlos auf und erheben heftige Vorwürfe. Sie gehen davon aus, dass das Kind doch wissen müsste, was Recht ist und was Unrecht. Dabei wird übersehen, dass hinter dem Fehlverhalten eines Kindes sehr oft die einfache Frage an uns Erwachsene steht: Geht das schon zu weit? Es wäre für alle Beteiligten viel einfacher, wenn es uns häufiger gelänge, auf diese Frage unaufgeregt zu reagieren und klar und deutlich, aber liebevoll zu signalisieren: So geht es nicht! Und die Kinder würden sich beruhigt trollen.

Wenn man herausfinden will, was im Zusammenleben von Menschen in Ordnung ist und was zu weit geht, sind gleichwertige Partner der beste Maßstab. In Gruppen und Grüppchen, Banden und Cliquen und in verschworenen Einzelfreundschaften entwickeln Kinder ihre eigenen Regeln und Gesetze und spielen mit Strenge und Nachsicht. Sie probieren aus, was für einen anderen noch zumutbar ist und wo die

Grenzen überschritten sind, sie erfahren im Zusammensein, welche Umgangsformen gut tun und welche schmerzen. Dabei lernen sie auch abzuwägen und nach und nach die persönliche Situation des Einzelnen zu berücksichtigen. Bis dahin aber ist es ein weiter Weg, an dessen Anfang ziemlich harte und gnadenlose, gelegentlich sogar grausame Prinzipien und Umgangsformen stehen können.

Kinder unter etwa 12 Jahren sind in ihren Wahrnehmungen und Aktionen noch sehr selbstbezogen und können ihr eigenes Verhalten nur aus der eigenen Perspektive sehen. Deshalb wirken manche Verhaltensweisen unter Kindern rücksichtslos und egoistisch. Erst im Jugendalter sind die meisten Menschen so weit entwickelt, dass sie sich in die Situation eines anderen hineinversetzen und die Gefühle und Probleme des anderen bedenken und verstehen können. Dazu muss man in der Lage sein, sich selbst zurückzunehmen und die Dinge aus einer »höheren« Warte anzuschauen, in der die Situation aller Betroffenen wie von außen betrachtet und analysiert wird. Kinder können das noch nicht, Kinder stecken mittendrin.

Wenn Kinder in Gruppen zusammen sind, »spielen« sie mit sozialen (und unsozialen) Verhaltensweisen. Da geht es darum, ob es einen »Bestimmer« gibt oder ob alle »gleichberechtigt« sind. Es geht um Macht und Unterdrückung, um das Dazugehören und Ausschließen. Sie probieren aus, wie man Konflikte lösen kann: Gilt das »Gesetz des Stärkeren«, das Wort des »Bestimmers«, zählt man aus, lässt man das Los entscheiden oder gelingt es in gemeinsamen »Beratungen«, einen Konsens zu finden?

Die sozialen Erfahrungen, die Kinder in ihren Gruppen (ohne Erwachsene!) sammeln, sind außerordentlich wichtig:

Zum einen spielen die Kinder nach, was sie in der Erwachsenenwelt beobachten. Damit probieren sie aus, wie sich die

Umgangsformen der Erwachsenen anfühlen und welche Konsequenzen sie haben. Im positiven wie im negativen Sinn: Unterdrückung oder gleichberechtigte Partnerschaft, Diskriminierung oder Annahme, Demütigung oder gegenseitige Achtung, Lösung von Konflikten durch Verhandlung oder durch Gewalt. Letztlich sind diese Erfahrungen auch die Grundlage für die staatliche Ordnung, die die Kinder als Erwachsene für richtig halten werden. Und natürlich dafür, wie sie später mit ihren eigenen Kindern umgehen werden. Vorbild sind die Erwachsenen, an denen sich die Kinder orientieren.

Zum anderen geben sich Kinder in ihren Gruppen eigene soziale Gesetze. Jede Spielregel ist so ein Gesetz. Damit machen Kinder ihre ersten Erfahrungen mit Recht und Gesetz. Sie lernen, was es für die Gemeinschaft heißt, wenn jemand ständig Regeln und Gesetze missachtet. Sie erfahren aber auch, wie lähmend und verkrampfend sich eine allzu engstirnige Regelauslegung auswirkt. Damit üben sie, mit Regeln und Gesetzen vernünftig, sozial und menschlich umzugehen. Das sind soziale Basiserfahrungen, die sich bis ins Erwachsenenleben auswirken (wie viele Erwachsene tun sich schwer damit, das rechte Maß zwischen engstirniger Gesetzesauslegung und allzu unbeschränkter Großzügigkeit zu finden!).

Im gemeinsamen Spiel lernen die Kinder auch ganz automatisch, dass es Situationen gibt, die man nur meistern kann, wenn man sich gegenseitig hilft. Wenn der unterste Ast eines Baumes, auf den man klettern möchte, zum Beispiel zu hoch ist, muss den ersten Kindern, die herauf wollen, von unten hochgeholfen werden. Und das letzte Kind muss sich darauf verlassen können, dass es nicht »hängen gelassen«, sondern dass es von den Freunden, die schon oben sind, hochgezogen wird.

Heutzutage geben moderne Unternehmen viel Geld aus, um ihren jungen Managern beizubringen, was Teamgeist bedeutet.

In teuren »Abenteuerseminaren« sollen sie die Erfahrung machen, wie es ist, wenn man ein Hindernis nur gemeinsam überwinden kann, wenn eine schwierige Kletteraufgabe nur mit gegenseitiger Unterstützung zu bewältigen ist. Immer mehr erwachsene junge Männer und Frauen haben noch nie solche Erfahrungen gemacht!

Vielleicht das Wichtigste, was Kinder im Umgang miteinander lernen müssen, ist, die Grenze der Verletzlichkeit bei anderen auszuloten. Leider ist es absolut unvermeidlich, dass sich die Kinder dabei körperlich und seelisch gegenseitig wehtun. Denn das Gespür dafür, wie weit man gehen kann, ist keineswegs angeboren. Das vergessen wir Erwachsenen so schnell. Die Grenzen des Zumutbaren zu kennen, ist aber eine der wichtigsten Grundbedingungen für soziales Verhalten.

In der folgenden Szene, beschrieben von Max Kruse, wird deutlich, wie viele Elemente des sozialen Umgangs in einem unbeaufsichtigten Spiel einer Kindergruppe gleichzeitig »bearbeitet« werden: Eine für heutige Verhältnisse riesige Gruppe von Kindern, die im Alter ziemlich weit auseinander liegen (zwischen 8 und 15), spielen zusammen. Das funktioniert, weil sich alle auf bestimmte Regeln verlassen können: Die Älteren nehmen auf die Jüngeren Rücksicht, und es werden sich nie zwei gleichzeitig auf einen stürzen. In dieser Gruppe gibt es klar bestimmte Positionen: Es gibt »Anführer« und »Gefolgsleute«, »Große« und »Kleine«.

Im Spiel ahmen die Kinder eine Form von »Konfliktlösung« nach, die sie von den Erwachsenen kennen: Etwa 1862 spielen sie in Berlin als »Indianer« »Kampf«. Dass es kaum ernsthafte Verletzungen gibt, hängt damit zusammen, dass die Kinder sehr wohl spüren und austasten, was dem Gegner noch zuzumuten ist und was zu weit geht. Das Wichtigste an diesem Spiel ist aber offenbar das Gemeinschaftsgefühl, diese Gewissheit, gemeinsam dieses Spiel durchgetragen und unbeschadet überstanden zu haben, weil sich alle an die gemeinsamen Regeln und an die unausgesprochenen »ethischen Normen« gehalten haben. Und das wird am Ende gefeiert:

Die ganz große Kinderschar der Nachbarschaft versammelte sich auf unserem Hofe, es waren an die 30 bis 40 Jungens, die da an gewissen Tagen zusammen kamen ... Ich verdanke die Ehre, mitmachen zu dürfen, wohl nur dem Umstand, daß mein Bruder Oskar einer der Häuptlinge war. Unsere Prärien lagen aber jenseits der Straße an der Spree ... Hier wurden furchtbare Schlachten geschlagen; die aufgestapelten Bohlen und Balken waren die herrlichsten Burgen, die belagert werden konnten, zuerst mit Flitzbogen und Wurfspeeren beschossen und dann mit Lanzen berannt: zum Schluß mit Tomahawk und Dolch im Nahkampfe genommen. Es ging nicht sanft zu bei dem Ringen, und man kann nur glauben, daß eine höhere Macht die Kinder schützte, besonders weil es gegen die Ehre gegangen wäre, Verwundungen die Eltern sehen zu lassen ... Nach den Kämpfen ging's dann wieder über die Straße in unseren großen Hof, und dort wurde ein Kriegstanz vollführt mit ohrenzerreißendem Gebrüll und Gepfeife und zum Schluß die Friedenspfeife geraucht (mit getrockneten Nuß- und Kastanienblättern gestopft) ... (Kruse, S. 24)

Harte Kämpfe im Alter zwischen 8 und 13, ohne dass etwas Ernsthaftes passierte: Das sind Erinnerungen von Männern auf der ganzen Welt und zu allen Zeiten!

Das ist kein Zufall. Abgesehen davon, dass die Körperkräfte noch nicht voll entfaltet und die Schläge noch nicht gar so gefährlich sind, spüren Kinder in diesem Alter normalerweise intuitiv, wie weit sie gehen können. Nie hätte ein Junge ernsthaft den anderen verletzen wollen, was mit den selbst gebastelten Waffen durchaus möglich gewesen wäre. (Ernsthaftere Verletzungen waren »Ausrutscher« oder Unfälle, die natürlich auch, aber überraschend selten passiert sind). Heute sind diese Auseinandersetzungen ins Jugend- und frühe Erwachsenenalter verlagert, wo zum Beispiel Hooligans gezielt gegeneinander antreten und sich teilweise schwer verletzen.

Wenn Kinder gegeneinander »kämpfen«, geht es darum, die Grenzen zwischen Spiel und Ernst kennen zu lernen. Die Worte von Erwachsenen und Lehr- oder Spielfilme können Kindern nur sehr abstrakt, sehr unpersönlich und deshalb nicht überzeugend vermitteln, wo die Grenze eines anderen überschritten wird. Wann der Punkt erreicht ist, wo man einem anderen wehtut, kann man nur im direkten Kontakt mit ihm spüren lernen. Und nur so können sich letztlich Taktgefühl und Einfühlungsvermögen bilden.

Kinder heute sehen nicht nur Gewalt, sondern auch viele andere Formen des sozialen Miteinanders vorwiegend am Bildschirm oder auf der Leinwand. Von *erleben* kann da keine Rede sein, denn beim Zuschauen bleibt man aus den sozialen Kontakten ausgeschlossen.

Kinder heute wissen tatsächlich nicht mehr, wie weh ein Tritt tut und dass eine Lippe sehr schnell blutig geschlagen ist. Sie glauben, dass ein ungezügelter Faustschlag oder ein kräftiger Fußtritt etwas ganz »Normales« sind, wenn man sich über einen anderen ärgert. Ahnungslos und unkontrolliert setzen sie dann diese Muster des »sozialen Umgangs« irgendwann unvermittelt ein, wenn sie meinen, sich gegen Gleichaltrige oder sogar Jüngere behaupten zu müssen.

Die Erwachsenen erschrecken über die »maßlose« Aggressivität der Kinder so sehr, dass sie Auseinandersetzungen in Form von Balgereien strikt untersagen. Stattdessen wäre es für die Jungen besser, wenn sie sich tatsächlich aufeinander einlassen könnten und zu ihrer Sicherheit von den Erwachsenen klare Regeln der Fairness für den »Kampf« bekämen. Wir hatten als Kinder zum Beispiel die klare Vereinbarung, dass beißen, kneifen, kratzen, spucken, treten, an den Haaren ziehen und boxen beim Streiten und Kämpfen nicht galten. Jeder kannte diese Reihe und alle hielten sich daran, auch wenn es manchmal zu heftigen Auseinandersetzungen kam – auch unter den Mädchen.

Alle natürlichen Kulturen kennen Kampfspiele mit festen Regeln, in denen Jungen und junge Männer körperliche Auseinandersetzungen üben und lernen, die Grenzen zwischen Spaß und Ernst einzuhalten. Aber welcher Junge traut sich denn heute bei uns noch einen kleinen Ringkampf zu? Sie haben ja selber das Gefühl, dass es unzulässig und gefährlich ist, sich körperlich und, im übertragenen Sinn, auch persönlich aufeinander einzulassen. Außerdem sind nicht wenige Kids schon mit 10 Jahren mit Messern und Ähnlichem bewaffnet, womit eine natürliche körperliche Auseinandersetzung kaum möglich erscheint. Umgekehrt »brauchen« heutige Kinder aus ihrer Sicht wahrscheinlich Waffen, weil sie keine Erfahrung im echten Kräftemessen haben und sich mit ihrer Bewaffnung vor den unbekannten, mithin gefürchteten Auseinandersetzungen schützen wollen. Darüber hinaus haben Waffen einen erstaunlichen Effekt: Man kann andere einschüchtern, ohne auch nur einen Finger zu krümmen, egal wie unsicher und ängstlich man sich insgeheim fühlt.

So weichen Kinder heute eher voreinander angstvoll aus, als sich aufeinander einzulassen. Und so lernen sie weder sich selbst noch die anderen kennen.

Auch Mädchen balgen gern miteinander, auch mit Jungen, die jüngeren lieber als die älteren. Auch Mädchen probieren untereinander die Grenzen der Verletzlichkeit aus. Allerdings spezialisieren sie sich offenkundig eher aufs Innere: Sie schießen offen oder versteckt ihre wohl gezielten Wortgiftpfeile ab und sind dann meistens überrascht, wie sehr sie ins Mark treffen. Auch das sind Erfahrungen, die für Kinder sehr schmerzlich sein können. Dennoch darf man nicht übersehen, dass ein Gefühl für seelische Verletzung ebenso wenig angeboren ist wie das Gefühl für die körperliche Schmerzgrenze. Und so können auch seelische Verwundungen nur im Umgang mit Gleichaltrigen, also gleichartigen Partnern erfahren werden. (Entsprechende »Übungen«, die besonders bei etwa zehnjährigen Mädchen an der Tagesordnung sind, finden Sie im Kapitel über die »Zehnjährigen«.)

Mir fiel immer wieder auf, dass Mädchen, die in einer großen Kinderschar und sehr un(an)gebunden leben konnten, die von sich sagen, sie seien »wie Jungen« gewesen, die so viel körperliche und räumliche Freiheit genossen wie die Jungen, mit denen sie zusammen spielten und balgten, von solchen »giftigen« Auseinandersetzungen nichts berichten.

Weil räumliche Freiheit und körperliche Auseinandersetzungen unter Kindern kaum noch möglich sind, werden dementsprechend die Verletzungen, die sich auch Jungen gegenseitig antun, offenbar »weiblicher«: Mobbing ist das neue Alarmwort in den Schulen und Kinder sind tatsächlich in ihrer Erfindungsgabe oft noch grausamer, als es sich viele Erwachsene vorzustellen wagen. Mit subtilen, giftigen, hinterhältigen Demütigungen wird ausprobiert, was der andere noch aushalten kann. Wenn das Mobbing dann in körperliche Gewalt gegen wehrlose Opfer ausartet, ist das Entsetzen bei den Erwachsenen groß.

Empörung hilft aber den Kindern nicht. Sie suchen ja nach Orientierung und überschreiten dabei – notgedrungen – immer wieder Grenzen. Sie machen so lange weiter, bis sie von den Erwachsenen ein klares »Stopp! Das geht zu weit!« bekommen. Sie wollen ja erfahren, was zu weit geht, sie wollen wissen, wie man sich aneinander messen kann, ohne sich ernsthaft zu verletzen, wie man rechtzeitig »Halt!« signalisiert, ohne wehleidig zu sein, wie man seelische Verletzungen, die passiert sind, wieder gutmachen kann, wie man am anderen Kritik übt, ohne ihn zu verletzen, und wie man streitet, ohne auszurasten. Dafür brauchen Kinder Hinweise von Erwachsenen.

Erwachsene neigen dazu, hauptsächlich die negativen, aggressiven Verhaltensweisen von Kindern zu sehen. Das ist unfair! Denn Kinder sind auch auf der Suche nach der anderen, der positiven sozialen Seite. Wenn sich Kinder anständig, fair, kameradschaftlich, höflich, einfühlsam, bescheiden und rücksichtsvoll verhalten, finden wir Erwachsenen das leider meistens selbstverständlich. Dabei vergessen wir, wie schwierig es ist, sich »sozial« zu verhalten! Und ganz besonders für Kinder, die sich noch nicht so gut in die Situation des anderen versetzen können. Weil soziales Verhalten meistens mit der Unterdrückung von eigenen Interessen zusammenhängt, gibt es immer viel mehr Gründe *gegen* anständiges, soziales Verhalten als dafür: Soll ich Miriam, die ihre Sammelbilder verloren hat, drei von meinen abgeben? Soll ich dem Lehrer, der vor der Klasse steht und drohend fragt, wer den Kracher in der Pause losgelassen hat, sagen, dass es Peter war, damit klar ist, dass ich so was nie tun würde und damit wir nicht alle nachsitzen müssen? Ist abschreiben lassen gut oder schlecht? Soll ich Ina, die ich nicht mag, die aber unbedingt mit mir spielen möchte, sagen, dass ich keine Zeit habe? Solche Fragen, aus Erwachsenensicht oft Lappalien, können für Kinder zu brennenden Konflikten führen.

Außerdem verkennen wir, dass Kinder erst langsam und im

Lauf der Entwicklung in soziales Verhalten hineinwachsen. Das Gefühl dafür, wann und in welcher Form es richtig und notwendig ist, sich für einen anderen einzusetzen, ihm zur Seite zu stehen, zu seinen Gunsten zu verzichten, entwickelt sich erst allmählich. Und noch schwieriger ist es, das richtige Gespür dafür zu bekommen, was man sich selbst zumuten kann, ab wann man auch an sich denken und einem anderen einen Wunsch abschlagen darf oder ihn sogar abschlagen muss, wenn er Unzumutbares verlangt. Das ist eine Frage, für die wir auch als Erwachsene noch immer nach der richtigen Antwort suchen.

Viele Versuche von Jungen und Mädchen, nett zu sein, einem anderen eine Freude zu bereiten, sich für etwas einzusetzen, was anderen dient, anderen zu helfen, verlässlich zu sein, verpuffen aus Sicht der Kinder, weil kein Erwachsener sie registriert oder, schlimmer noch, sie nicht ernst nimmt.

In vielen Lebenserinnerungen gibt es Episoden, in denen ein Kind versucht hat, etwas Besonderes zu tun, sich für etwas einzusetzen und dann durch die Reaktion der Erwachsenen schmerzlich enttäuscht wurde. Ein Beispiel dafür ist Simone de Beauvoir, die am Ende des Ersten Weltkriegs 9 Jahre alt war und sich zur Verfügung gestellt hatte, für belgische Flüchtlingskinder Geld zu sammeln:

Die Geldstücke regneten nur so in mein blumengeschmücktes Körbchen ... Doch eine Frau in Schwarz sah mich finster an: »Warum für die belgischen Flüchtlinge? Und die französischen?« Ich wusste nicht, was ich antworten sollte ... Andere Schwierigkeiten kamen noch hinzu. Wenn ich des Abends den Raum des »Foyer« (die Zentrale des Hilfskomitees) *betrat, wurde ich mit Herablassung zu meinem Erfolg beglückwünscht. »Da kann ich ja meine Kohlen bezahlen!«, sagte die*

Leiterin. (Sie hat tatsächlich nur die Hälfte des von Simone gesammelten Geldes weitergegeben; Beauvoir, S. 28).

Erwachsene ahnen meistens nicht, welche sozialen Kräfte sie mit ihren beiläufigen Missachtungen in den Kindern zerstören. Doch Kinder, die Gutes tun, die zugunsten eines anderen Kindes verzichten, die sich um andere kümmern, die versuchen, in kritischen Situationen freundlich zu bleiben statt auszurasten, hoffen so sehr, dass wenigstens *ein* geliebter Erwachsener ihre Anstrengungen wahrnimmt und seine Freude und Anerkennung darüber spüren lässt. Das würde schon genügen, um den Kindern zu signalisieren: Da geht's lang, das ist der richtige Weg.

Wir sind doch wer!

Gemeinschaft und Identität

Zu den Errungenschaften, die durch die soziale Reifung der Kinder möglich werden, gehört ein neues Gemeinschaftsgefühl. Das ist so wesentlich für die Entwicklung der Kinder, dass es ein eigenes Kapitel verdient.

Jüngere Kinder bleiben auch innerhalb ihrer Gruppe stets jeder für sich und sogar im gemeinsamen Spiel »nebeneinander«. Kinder ab etwa 9 Jahren stecken im Spiel dagegen gewissermaßen die Köpfe zusammen: Jeder nimmt jeden wahr und empfindet sich als Teil des alle vereinenden Wir. Das Gruppengefühl, das die größeren Kinder erleben und genießen, entspricht aber noch nicht dem Solidaritätsgefühl, das im Jugendalter so wichtig wird: Jugendliche steuern sozusagen als Einzelindividuen, aber fest eingehakt Arm in Arm auf ein gemeinsames Ziel zu, wobei sich jeder am anderen festhält und jeder den anderen mitzieht.

Für die etwa Neun- bis Zwölfjährigen dagegen ist zunächst nur wichtig, *gemeinsam* etwas zu erleben, *zusammen* etwas zu tun. Das allein schon ist ein grandioses Gefühl für die Kinder! Die Bildung von Gruppen, Cliquen, Banden wird folglich ab etwa 9 Jahren zunehmend zum wichtigsten Lebensinhalt der Kinder – oder sollte es zumindest werden können.

Das Wir-Gefühl, dieses einzigartige Erlebnis, Teil einer Gruppe zu sein, die durch das Gemeinschaftsgefühl zusammengeschweißt wird, ist für die soziale und emotionale Entwicklung des Menschen außerordentlich wichtig. Auf die Frage, weshalb die Freundesgruppe so wichtig sei, antwortete in einer neueren Untersuchung ein zehnjähriger österreichischer Junge:

Ja, weil ohne Liebe und Zärtlichkeit kann man ja nicht leben. ... Weil, wie da unsere ... die Frau Religionslehrerin gesagt hat, da waren zehn Kinder und die sind nur gefüttert worden und kein Körperkontakt, nichts, nicht einmal Sehkontakt und und die mehr als die Hälfte sind gestorben und die anderen sind ... nur mit Kraft haben sie halt weiterleben können.
Interviewer: *... Du hast gesagt, ja, mit Liebe und mit Zärtlichkeit ... kriegst das von Deiner Freundesgruppe?*
Kind: *Na ja, Liebe nicht so, aber Zärtlichkeit, also sie ... wir gehen schon miteinander zärtlich um. Also, nicht so »He, du, Trottel du!« oder so.*
Interviewer: *Ja. Und was ist zärtlich umgehen miteinander?*
Kind: *Ja, also, wir reden nett. Und wenn ein Streit ist, dann reden wir friedlich miteinander und nicht so »Ma, du hast mich dazu gebracht. Des bringt ja gar nix. Ergib dich« oder so.* (Wilk/Bacher, S. 322)

Zärtlich und liebevoll in dem Sinne, wie wir Erwachsenen diese Worte verstehen, geht es sicher auch unter Kindern nicht immer zu. Wichtig erscheint mir aber, dass dieser Zehnjährige die existenzielle Bedeutung der Freundesgruppe mit der menschlichen Zuwendung in der frühen Kindheit gleichsetzt. Es geht ihm offenbar um das Geborgenheitsgefühl, das in der Freundesgruppe erlebt wird, eben um dieses wichtige Wir-Gefühl.

Ein Gemeinschaftsgefühl kann wohl nur entstehen, wenn man sich nach außen abgrenzt. Das ist bei Erwachsenen, die sich mit ihrem Betrieb identifizieren, indem sie sich von der

Konkurrenz abheben, nicht anders – »Corporate-Identity« ist dafür das moderne Zauberwort.

So sind Erfahrungen des Mit- und Gegeneinander, der Zugehörigkeit und des Ausgeschlossenseins, von Freundschaft und Feindschaft Schlüsselthemen, mit denen sich Kinder dieses Alters fortwährend auseinander setzen. Kinder ab etwa 9 Jahren schaffen sich dieses Wir-Gefühl, indem sie mit großer Phantasie in sich geschlossene, verschworene Gemeinschaften bilden, die sich gegen einen Außen»feind« abgrenzen. Dort wo Kindern noch genügend freie Zeit und freier Raum zur Verfügung stehen, bilden sich auf wundersame Weise garantiert Kindergruppen, die sich zusammenschließen, um gegeneinander anzutreten. Außen»feinde« einer Kindergruppe können dabei auch Erwachsene sein oder Phantasie»feinde«, die im Spiel »bekämpft« werden.

Astrid Lindgren hat das Bedürfnis der Kinder zwischen etwa 8 und 12 Jahren nach Gruppen und Banden, nach Gemeinschaft und Auseinandersetzung in ihren Büchern immer wieder aufgegriffen und spricht damit den Kindern aus der Seele. In *Kalle Blomquist* geht es um den »Rosenkrieg« zweier »verfeindeter« Gruppen, der »Roten« und der »Weißen«:

Und die Weißen marschierten direkt auf die Roten zu.

Nun trafen sie sich. Nach dem Friedensvertrag hätte der Chef der Weißen sich jetzt dreimal vor den Roten verbeugen sollen und sagen: »Ich weiß, daß ich nicht würdig bin, den gleichen Boden zu betreten wie du, o Herr!« Der rote Chef sah den weißen auch besonders herausfordernd an. Da öffnete der weiße Chef seinen Mund, er sprach und sagte »Rotzbengel!«

Der rote Chef sah zufrieden aus. Er ging jedoch entrüstet einen Schritt rückwärts.

»Das bedeutet Kampf!« sagte er.

»Ja«, sagte der weiße Chef und schlug sich dramatisch an die Brust. »Jetzt herrscht Kampf zwischen der Weißen und der Roten Rose!« ...

Der Krieg der Rosen, der mit kurzen Unterbrechungen nun schon seit Jahren tobte, war nicht etwas, wovon man sich freiwillig ausschloß. Das gab Spannung und Inhalt für die Sommerferien, die sonst vielleicht etwas eintönig gewesen wären. (Lindgren, S. 115 u. 119)

Für Kinder gibt es heute kaum noch Gelegenheit, dieses Wir-Gefühl der Freundesgruppe, dieses genussvolle Sich-Abgrenzen gegen die anderen »live« zu erleben: Nur jedes vierte deutsche Kind hat zwei oder mehr Geschwister, für Kinderhorden ist kein Platz mehr, und Zeit, sich »einfach so« zu treffen, haben die Kinder sowieso nicht. Außerdem wehren die meisten Eltern entsetzt ab, wenn ein Kind mal auf die Idee kommt, nicht nur *einen* Freund, sondern gleich zwei oder drei mit nach Hause bringen zu wollen.

In der Schule oder im Sportverein kommen Kinder noch mit Kindern zusammen. Aber Gelegenheit, sich dort ohne Beteiligung von Erwachsenen zu rangeln und zu solidarisieren, gibt es so gut wie nicht. Wir-Erfahrungen in Abgrenzungen zu anderen beschränken sich bei modernen Kindern weitgehend darauf, dass die A-Klasse die B-Klasse blöd findet oder dass sich innerhalb der Klasse kleine Grüppchen bilden. (Mehr dazu später bei den »Zehnjährigen«.)

Unter Jungen scheint es zwar noch eher als bei Mädchen zu gelingen, sich nachmittags ohne Aufsicht von Erwachsenen zum Fußballspielen zu treffen oder in Kaufhäuser auszuschwärmen. Das Gefühl, eine richtige »Bande« zu sein, die wie Pech und Schwefel zusammenhängt und sich gegen alle Widrigkeiten behauptet, kann dabei allerdings trotzdem kaum entstehen.

Das tiefe Bedürfnis, mit anderen Freunden zusammen zu sein, bleibt für die meisten Kinder in den Industrienationen heute also unerfüllt. Jedes Kind verkrümelt sich einzeln, höchstens zu zweit, vor den Fernsehapparat oder an seine Computerspiele. Oder sie graben sich in Bücher ein, in denen Geschichten von Kindern erzählt werden, die noch Abenteuer in der Clique der Gleichaltrigen erlebten.

Glücklicherweise gibt es noch andere Spielarten von Wir-Gefühl. Aus dem Elternhaus heraus eröffnet sich zum Beispiel der Weg zum Gefühl der »Stammeszugehörigkeit«, das in diesem Alter ganz wichtig wird. Dort wo es noch Dorfgemeinschaften gibt, bildet sich ab etwa 8 Jahren ein Bewusstsein dafür, Angehöriger eines Volksstammes oder Mitglied eines bestimmten Dorfes zu sein.

In der modernen Welt gibt es eine große Vielfalt von »Stammeszugehörigkeiten«, die alle irgendwann im Lauf dieser Entwicklungsphase zum Bewusstsein kommen. Da ist zunächst einmal der Familienclan: Stamme ich aus einer alten Handwerkerfamilie oder aus einem Adelsgeschlecht, besteht die Familie um mich herum aus einem weit verzweigten Netz von Verwandten oder sind wir nur Mutter, Großmutter und ich? Dann gibt es die regionale Volkszugehörigkeit – ich bin, im Gegensatz zu meiner Cousine, die in Berlin lebt, Schwäbin –, das nationale Bewusstsein – ich bin Deutsche, Istafa ist Türke – und die Religionszugehörigkeit – meine Eltern sagen, ich bin evangelisch, meine Freundin aber ist katholisch, Max ist gar nichts und Istafa ist Moslem. Auch andere Zugehörigkeitsgefühle entwickeln sich in diesem Alter, zum Beispiel für einen bestimmten Fußballverein: Ich bin Dortmundfan, obwohl mein Freund und sein Vater zu Schalke 04 stehen. In den Ländern, in denen es viele private Schulen gibt, entwickelt sich neben der Klassenidentität (ich bin A-Klässler) auch ein besonderes Zugehörigkeitsgefühl zur Schule.

Das Gefühl der »Stammeszugehörigkeit« ist vielleicht für das Sicherheits- und Geborgenheitsgefühl eines Menschen ebenso wichtig wie das Gefühl, zu einer Familie zu gehören und ein Zuhause zu haben.

Auch beim Gefühl »Stammeszugehörigkeit« gilt, dass es sich nur in Abgrenzung zu anderen, nicht »dazugehörenden« Menschen bilden kann. Katholisch zu sein, ist erst dann ein Merkmal, wenn jemand auftaucht, der nicht katholisch ist. Wenn man in *diesem* Alter das stolze Bewusstsein haben *darf,* Türke zu sein oder Deutscher, Bayern- oder Bremenfan, Montessori- oder Waldorfschüler, und die Erwachsenen um einen herum deutlich vorleben, dass diese Unterschiede zwar zum Leben gehören, trotzdem aber nichts über die Qualität der einzelnen Menschen aussagen, dann wird man die aus der Abgrenzung gewonnene Sicherheit ein Leben lang in sich tragen, gleichzeitig aber spätestens von der nächsten Entwicklungsstufe an sein Herz für »andere« Menschen vorbehaltlos öffnen können.

Leider wird das natürliche Bedürfnis der Kinder dieses Alters, sich mit einer Gruppe zu identifizieren und so etwas wie »Nationalgefühl« zu entwickeln, von machthungrigen Erwachsenen immer und immer wieder übel missbraucht. In allen totalitären Systemen gab und gibt es Kinderorganisationen, die in geradezu teuflisch-genialer Weise das Gruppen- und Zugehörigkeitsbedürfnis der Kinder dieser Altersstufe ausnutzen, um die Kinder frühzeitig ideologisch auszurichten.

Die deutschen Erfahrungen mit totalitären politischen Systemen und ihren jeweiligen Jugendorganisationen haben dazu geführt, dass in Deutschland in besonderem Maße Vorbehalte gegenüber bestimmten Verhaltensweisen bestehen, die gerade für die Altersstufe der Acht- bis Zwölfjährigen besonders typisch sind: Viele Pädagogen finden »Bandenbildung« von Kindern ebenso Besorgnis erregend wie das aufkeimende Nationalgefühl bei sportbegeisterten Zehnjährigen. Hinter den Kämpfen der Jungen wird ebenso schnell mörderisches Aggressionspotenzial gewittert wie faschistisches Gedankengut bei den Intrigen der Mädchen.

Man kann eine natürliche Entwicklungsetappe nicht ohne spätere Folgen unterdrücken oder gar auslassen wollen. Kinder wachsen mit Sicherheit von allein aus entwicklungsbedingten »Verhaltensauffälligkeiten« heraus, wenn wir Erwachsenen so miteinander umgehen, wie wir es unseren Kindern anerziehen wollen.

Wenn Kinder nicht genügend unbefangene Erfahrungen im Umgang miteinander sammeln können, werden sie später versuchen, das Verpasste nachzuholen oder in ihrer Orientierungslosigkeit stecken bleiben: Dann wird es zum Beispiel nicht mehr mit einem »Lieblingsfeind« und begrenzten Auseinandersetzungen getan sein. Die Unsicherheit wird sich dann in Intoleranz, dauerhafter Abwehr oder sogar in handgreiflichem Hass gegen unsympathische oder andersartige Menschen äußern. Das enttäuschte Bedürfnis nach selbst entdecktem Wir-Gefühl wird sich in mangelndem Einfühlungsvermögen, fehlendem Gemeinschaftssinn oder in Eigenbrötlertum niederschlagen, vielleicht sogar in eine generelle Angst vor Menschen umwandeln. Oder umgekehrt in ein unersättliches Bedürfnis nach der Gesellschaft von Menschen münden, in deren Gegenwart man sich dennoch einsam fühlt. Die Unerfahrenheit im Umgang mit Gleichaltrigen wird bei den um ihre Kindheit Betrogenen dazu führen, dass sie als Erwachsene möglicherweise unsicher, gehemmt, isoliert, unnahbar und kontaktarm sein werden und sich mit abwehrenden Verhaltensweisen die anderen Menschen vom Leibe halten wollen – sei es durch Rückzug in die Einsamkeit oder durch Aggressionen.

Doch wer bin ich?

Die Entwicklung des Selbst

Ganz wichtig ist es für Kinder in dieser Altersstufe, zu erfahren, wo sie im Vergleich zu gleichartigen, also gleichaltrigen Menschen stehen. Es geht darum, die eigene Position innerhalb der Gemeinschaft der Gleichaltrigen zu definieren, herauszufinden, welchen Stellenwert man innerhalb der eigenen Generation hat. Zentrales Thema ist also die Entwicklung des Selbst-Wert-Gefühls oder des Selbst-Konzepts, wie es die Wissenschaftler nennen.

Nur im Zusammenspiel mit Altersgenossen können die Fragen beantwortet werden, die jedes Kind in dieser Lebensphase unbewusst umtreiben: Wer bin ich? Wer und wie sind die anderen Menschen, die mit mir in meiner Welt leben, die mich, mein Leben lang, als Teil meiner Generation begleiten werden? Wo stehe ich unter ihnen?

Kinder beginnen in diesem Alter, sich selbst, die Freunde und auch die Erwachsenen nach anderen Merkmalen zu unterscheiden als bisher. Zwar stehen, wie bei den jüngeren Kindern auch, in dieser Altersphase am Anfang noch Merkmale im Vordergrund, die man sehen und äußerlich wahrnehmen kann: Körpermerkmale im engeren Sinne (trägt eine Brille, ist dick, ist dunkelhäutig) oder im weiteren Sinne der Körperfähigkeiten (kann unheimlich schnell rennen, ist sehr stark). Allmählich aber treten auch innere Charaktereigenschaften in den Blickpunkt der Kinder: ist mutig, traut sich nichts, ist gewitzt, »blickt's keinen Meter«.

Albert Camus erinnert sich, wie er seine Kameraden und sich selbst wahrgenommen hat:

Mit einigen komplizierteren Regeln füllte dieses Tennis für Arme den ganzen Nachmittag aus. Pierre war der Geschickteste; schlanker als Jacques, auch kleiner, fast schmächtig, so blond wie er braun war, blond bis hin zu den Wimpern, zwischen denen sich seine geraden blauen Augen wehrlos darboten, etwas gekränkt, erstaunt, scheinbar linkisch, war er beim Spiel von präziser, gleichbleibender Geschicklichkeit. Jacques (Camus selbst) *dagegen gelangen unmögliche Paraden, und perfekt vorgelegte Schläge verfehlte er. Wegen seiner Paraden und Glanzleistungen, die die Bewunderung der Gefährten erregten, hielt er sich für den Besten und gab oft an.* (Camus, S. 55)

»Erster«, der Beste sein von allen, das ist es, was Kinder in diesem Alter anstreben. Aus Erwachsenensicht mag das zwar egozentrisch und selbstbezogen erscheinen, Kinder dieser Altersstufe können aber noch nicht einschätzen, wie ihr Verhalten auf andere wirkt. Sie müssen erst einmal einschätzen, wie sie selbst im Vergleich zu anderen sind. So testen sie in ihren ständigen Auseinandersetzungen, in ihren Wettspielen, Kämpfchen und Streitereien mit Schwester oder Bruder, mit Freund und Freundin und mit allen anderen Kindern ihrer Umgebung aus, wo die eigenen Stärken und Schwächen liegen.

Stärken werden bei sich selbst dick herausgestrichen, Schwächen beim anderen: »Ich bin der Stärkste.« »Ich bin schneller als du.« »Ich kann auf die Mauer klettern, du nicht.« »Hau mich ruhig, ich heul trotzdem nicht.« »Angsthase!«

»Mädchen sind Heulsusen.« »Jungen sind gemein.« – Wer kennt sie nicht, diese kulturübergreifenden Angebereien und Herausforderungen unter Kindern! Im Grunde legen sie mit ihrem Gehabe und in ihren Spielen aber nur unentwegt Messlatten an, um herauszufinden, wo sie und die anderen stehen, und zwar in allen Lebensbereichen:

Körperliche Veranlagungen
Bin ich eher groß oder klein; stark oder schwach; schnell oder langsam; geschickt oder ungewandt; ertrage ich es, wenn ich mir wehtue, oder bin ich empfindlich; was heißt es, Mädchen zu sein oder Junge?

Geistige Fähigkeiten
Begreife ich schnell oder bleibt mir vieles unverständlich; was kann ich mir leicht merken, was geht mir nicht in den Kopf; muss ich mehr Zeit als andere an den Schulaufgaben sitzen oder geht das nebenbei; kann ich argumentieren oder fällt mir das Reden schwer; wer von uns hat Ideen, wie man aus einer brenzligen Situation rauskommt; wem fallen Dinge ein, die man zusammen tun kann?

Der Umgang miteinander – soziale Kompetenzen
Gerate ich in Wut, wenn es nicht nach meiner Nase geht; bin ich leicht beleidigt; stecke ich eher ein oder teile ich aus; stütze ich andere oder brauche ich Stütze; gleiche ich eher aus oder stacheln mich Auseinandersetzungen an; kommen andere auf mich zu, wenn sie Probleme haben; werde ich meiner Körperkräfte wegen oder aus anderen Gründen geachtet und gebraucht; bin ich »Anführer« oder »Mitläufer«; kann ich Geheimnisse für mich behalten oder brauche ich immer jemanden, mit dem ich sie teilen kann?

Emotionale Aspekte
Kann ich mich für Dinge begeistern oder bin ich eher vorsichtig und zurückhaltend; bin ich jähzornig; was macht mir Spaß, was nicht; bin ich eher ruhig oder eher temperamentvoll; drücke ich mit aller Kraft durch, was ich mir in den Kopf gesetzt habe, oder lasse ich den Dingen ihren Lauf; fühle ich mich auf der Sonnenseite des Lebens oder ewig zu kurz gekommen; kann ich schwärmen, hassen, leidenschaftlich sein, oder bin ich weniger impulsiv; habe ich Angst vor meiner Angst oder fällt es mir leicht, sie zu überwinden?

Alle diese persönlichen Charaktermerkmale müssen wir in diesem Alter erfahren und kennen lernen, manche erwerben, manche ablegen.

Erwachsene helfen da viel weniger, als sie gemeinhin wahrhaben wollen. Notwendig ist dafür der Vergleich mit Gleichaltrigen, und nicht nur der Vergleich im engeren Sinn: Dazu gehört auch die Auseinandersetzung, die Abgrenzung und gegenseitige Ausgrenzung, manchmal auch harte Rückmeldungen. Das sind schmerzliche Prozesse, die aber in dieser Altersstufe, von Kameraden ausgelöst, weiterhelfen und schneller überwunden werden als später. »Schwächling«, »Feigling«, »Petze«, »Heulsuse«, »Mamakind« usw. sind Rückmeldungen, die tief treffen, mit denen sich Kinder untereinander aber auch zu innerem Wachstum anregen können, vor allem, wenn nicht immer sofort Erwachsene zur Stelle sind, die das gekränkte Kind entweder in seiner Kränkung bestätigen oder durch Tröstungsversuche wie »Nimm's doch nicht so ernst« alles nur noch schlimmer machen.

Kinder lernen in ihren Vergleichen aber auch, dass es nun mal Unterschiede unter Menschen gibt, dass man nicht alles mit dem Willen steuern kann und dass es Gründe dafür gibt, wenn jemand nicht so stark ist wie der andere. Im unbeaufsichtigten Umgang miteinander lernen Kinder in dieser Altersstufe nicht nur sich selbst, sondern auch den anderen als Menschen kennen, sie erfahren, wo seine Stärken liegen, was dem anderen Spaß macht, was ihm zuzumuten ist und wo seine Grenzen liegen.

Die Frage »Wer bin ich und wer bist du?« ist für Kinder diesen Alters untrennbar mit Statusdenken verbunden. Manche Erwachsene finden das ganz furchtbar, aber für Kinder ist es enorm wichtig, ob der Vater einen neuen BMW fährt oder einen älteren VW, ob man zu Hause einen oder mehrere Computer und Fernsehapparate hat. Bei jüngeren Schulkindern sind vor allem auch der Status der Eltern sowie die Größe und Einrichtung der Wohnung wichtig. Bei den älteren Kindern gleitet die »Bewertung« dann stärker zu »persönlicheren« Statussymbolen über wie Modebekleidung oder Fahrradmarke.

Diese Bewertungen sind insofern notwendig, weil Kinder ein Maß für die Einschätzung von Menschen brauchen. Da sie aber aufgrund ihres Alters innere Charaktereigenschaften noch nicht bewerten können und auch noch nicht begreifen, dass ein Kind nichts »dafür kann«, wenn die Eltern arm oder reich sind, oder dass die Nationalität nichts über die Qualität eines Menschen aussagt, stützen sie sich auf diese äußeren Merkmale.

Das ist nichts Neues, obwohl viele Erwachsene glauben, dass dies eine typische Erscheinung unserer modernen Konsumwelt sei. Jeder kann sich an die Zeit seiner eigenen Kindheit erinnern, als irgendwelche Äußerlichkeiten herangezogen wurden, um über die Qualität eines Kameraden zu richten. Grausam manchmal! Kinder ahnen aber noch nicht, wie sehr solche Bewertungen verletzen können.

Unsere Welt ist nun mal, ob wir das wollen oder nicht, in verschiedene soziale Schichten aufgeteilt. Ehe man das bewerten und auch dagegen rebellieren kann (typisch für das Jugendalter!), muss man die Unterschiede erst einmal wahrnehmen, ganz dick herausstellen und seinen eigenen Standort kennen lernen.

Entscheidend dafür, dass diese Bewertungen nicht auf Dauer bleiben, sind auch hier wieder vor allem das Vorbild der Erwachsenen und ihre korrigierenden Richtlinien, die sie den Kindern vermitteln müssen. Wenn Kinder sich nicht bedrängt, beschimpft und verurteilt fühlen – weil die Erwachsenen wissen, dass Kinder von selbst eines Tages so weit herangereift sind, dass sie Dinge wie auch Menschen aus einer anderen Perspektive sehen können –, werden sie ihre Ohren aufsperren, genau hinsehen, ob die Erwachsenen so denken, wie sie sprechen, und zu gegebener Zeit ihre Haltung ändern.

Und wie seid ihr?

Die Beziehung zu den Erwachsenen

Marion Gräfin Dönhoff, Herausgeberin der *Zeit*, ist in großer Freiheit und relativ unbehelligt durch »Erwachsenpädagogik« auf einem Gut in Ostpreußen aufgewachsen. Sie drückt ganz unverblümt aus, was sie als Kind von Erwachsenen hielt:

Wir waren im Grunde froh, daß man sich um uns verhältnismäßig wenig kümmerte, denn wir waren uns selbst vollauf genug. Auch hatten wir immer etwas vor. Unternehmungen, von Erwachsenen geplant, wären nur störend gewesen. (Dönhoff, S. 116)

Obwohl Altersgenossen für große Kinder die wichtigsten Kontaktpersonen sind, spielen die Erwachsenen im Leben der Kinder selbstverständlich eine ebenfalls sehr wichtige Rolle. Aus Sicht der Kinder gibt es gewissermaßen vier Kategorien von Erwachsenen:

Zunächst sind da die Eltern und die anderen zur Familie gehörenden, nahe stehenden Erwachsenen. Sie stehen bildlich gesprochen »hinter« den Kindern. Dann gibt es die Lehrer, die ihnen tagaus, tagein »gegenüberstehen«. Weiterhin spielen Erwachsene eine Rolle, denen die Kinder gelegentlich, aber immer wieder begegnen: Eltern der Freunde, Freunde der Eltern,

Verkäuferinnen, Arzt, Krankengymnastin, Hausmeister. Und schließlich haben die fernen und unerreichbaren Idole, die weit draußen in der Welt stehen, für große Kinder große Bedeutung.

Jede dieser vier Gruppen spielt für die Entwicklung der Kinder eine besondere Rolle.

Die Eltern sind wichtig, um den Kindern Rückhalt zu geben. Sie müssen dafür sorgen, dass das Elternhaus der Ort ist, wo sich das Kind in eine schützende Geborgenheit zurückziehen und Kräfte tanken kann. Eltern sind für regelmäßige und verlässliche Strukturen im Leben der Kinder zuständig und dafür, dass das Kind in seinen Grundbedürfnissen versorgt ist.

Leider ist das in unserer Gesellschaft nicht mehr selbstverständlich: Viele Kinder bekommen keine regelmäßige Mahlzeiten mehr, kennen keine festgelegte Zu-Bett-geh-Zeit, sehen fern, wann immer und so viel sie wollen – und sehnen sich im Grunde danach, dass es eine Regel gibt, die ihnen sagt, wann der Fernseher auszuschalten ist und was danach drankommt.

Auch wenn Kinder in ihrer Freizeit am liebsten weit weg von kontrollierenden Erwachsenen gemeinsam mit Freunden die Welt auskundschaften, ist es für sie außerordentlich wichtig, dass jemand zu Hause ist, der einfach »da« ist, wenn man ihn braucht. Untersuchungen haben gezeigt, dass Kinder, die zu Hause allein gelassen sind, weil ihre Eltern arbeiten, auch tatsächlich allein zu Hause sitzen bleiben. Kinder, bei denen wenigstens nachmittags jemand zu Hause ist, haben mehr Kontakte zu Freunden und haben auch mehr Zeit und Freiraum zum Spielen. Kinder sind eben doch noch überfordert, ihr Leben allein auf die Reihe zu bringen.

Die zweite Kategorie von Erwachsenen, die für Kinder eine zentrale Rolle spielen, sind die Lehrer, in und außerhalb der

Schule. Sie sollen den Kindern das beibringen, was man »fürs Leben braucht«: Lesen, Schreiben, Rechnen, mit Computern umgehen, Musikinstrument, Sport, Hobby.

Durch die Begegnung mit Lehrerpersönlichkeiten lernen die Kinder allerdings noch viel mehr: Sie bekommen Einblick in die sehr interessante, vielfältige Welt der menschlichen Charaktere. Kinder ab etwa 8 Jahren beobachten und bewerten ihre Lehrer sehr genau. Allerdings zunächst eher mit Intuition als mit Verstand. Lehrer sind einfach »blöd« oder »super«, »geil«, »ätzend« oder »scheiße«. Warum, können die Kinder noch nicht so genau sagen – die dazu notwendige Distanz und Kritikfähigkeit entwickelt sich erst ab etwa 13 Jahren.

Kinder haben einen sechsten Sinn für die Authentizität und Aufrichtigkeit von Erwachsenen. Sie spüren mit schlafwandlerischer Sicherheit die menschliche Kompetenz und Souveränität jedes Lehrers und jeder Lehrerin. Das ist auch meistens der tiefere Grund, ob ein Lehrer geliebt und geachtet oder abgelehnt oder sogar gehasst wird. Kinder möchten wissen, ob sie sich am Lehrer orientieren können, ob sie bei ihm Halt finden. Kinder lieben Lehrer, die ihnen klar und deutlich, aber ohne zu verurteilen zeigen, was sie für »fair« und was für »unfair« halten, was »echt gemein« ist und was man noch hinnehmen kann. Kinder spüren genau, ob sie eine Persönlichkeit vor sich haben, die man als Autorität akzeptieren kann, oder ob sie es mit einem innerlich unsicheren, in sich widersprüchlichen, letztlich schwachen Menschen zu tun haben, über den man sich nur allzu leicht selbst erheben und lachen kann (mehr darüber bei den »Acht-, Neunjährigen«).

Lehrer haben bleibenden Einfluss auf die Entwicklung von Menschen. Das kennt jeder aus eigener Erfahrung und das ist in zahlreichen Untersuchungen nachgewiesen.

Der folgende Lehrer hat zum Beispiel kraft seiner Persönlichkeit dazu beigetragen, dass aus einem schwierigen kleinen Jungen, der heute vermutlich als »hyperaktiv« eingestuft würde, ein bedeutender Schriftsteller geworden ist. Albert Camus schrieb über seinen Grundschullehrer:

In den anderen Klassen lehrte man sie wahrscheinlich vieles, aber ein wenig so, wie man Gänse mästet. Man setzte ihnen fix und fertige Nahrung vor und bat sie, sie gefälligst zu schlucken. In Monsieurs Germains Klasse fühlten sie zum erstenmal, dass sie existierten und Gegenstand höchster Achtung waren: Man hielt sie für würdig, die Welt zu entdecken. Und ihr Lehrer ließ es sich sogar nicht nur angelegen sein, ihnen das beizubringen, wofür er bezahlt wurde, er eröffnete ihnen sogar sein Privatleben, er lebte es mit ihnen, erzählte ihnen seine Kindheit und die Geschichten von Kindern, die er gekannt hatte, legte ihnen seine Ansichten dar und nicht seine Ideen, denn er war zum Beispiel antiklerikal wie viele seiner Kollegen und sagte im Unterricht doch nie ein einziges Wort gegen die Religion oder etwas, was eine Wahl oder Überzeugung betraf, aber er verurteilte um so vehementer, was indiskutabel war, nämlich Diebstahl, Denunziation, Taktlosigkeit, Unanständigkeit. (Camus, S. 168)

Und dass Strafen von einer so geachteten Person keineswegs als demütigend und verletzend erlebt, sondern als Orientierungshilfe angenommen werden, solange sie nachvollziehbar, konsequent und gerecht sind, wird in der folgenden Passage spürbar. Strafen wurden akzeptiert,

... weil die Unparteilichkeit des Lehrers absolut war, weil man vorher wußte, welche Übertretungen – immer die gleichen – die Sühnezeremonie nach sich zogen, und all jene, die die Grenze ... überschritten, ... wußten, was sie riskierten und daß der

Urteilsspruch mit herzhafter Gleichheit die Besten wie die Schlechtesten traf. (Camus, S. 173)

Viele Lehrer haben heute nicht mehr den Mut, Regeln aufzustellen und Konsequenzen zu ziehen, weil sie fürchten, damit gegen das Schulgesetz oder die Schulordnung zu verstoßen oder die Eltern gegen sich aufzubringen. Sie wälzen die unentbehrlichen Grenzziehungen entweder auf die Eltern oder gar den Staat ab. Da die Kinder aber auf der Suche nach Regeln sind, die in der Welt *außerhalb* des Elternhauses gelten, müssen die Menschen Antworten geben (und geben dürfen!), die dort unmittelbar dafür zuständig sind. Das sind nun mal in erster Linie die Lehrer. Dass die Hausaufgaben gemacht werden, sollte zum Beispiel spätestens ab der dritten Klasse möglichst eine Angelegenheit zwischen Lehrern und Schülern sein.

Polizei und andere staatliche Ordnungshüter sind andererseits für Kinder im Schulalter viel zu anonym und von der Zuordnung her viel zu weit weg, um die richtige Balance zwischen Recht und Unrecht, Angemessenem und Unmäßigem aufzuzeigen. Erst in der nächsten Entwicklungsstufe, im Jugendalter, werden staatliche Organe als Grenzwächter die angemessene und geforderte Institution sein.

Lehrer sind für die Entwicklung der Persönlichkeit der Kinder auch deshalb so wichtig, weil sie der ideale Gegenpart sind, an dem die Kinder ihre langsam wachsenden Persönlichkeitskräfte immer wieder messen können. In vielen Provokationen von Schulkindern steckt die unbewusste Frage an den Erwachsenen: Wie stark bist du? Kriege ich dich schon unter oder bist du noch stärker als ich? Behandelst du mich wie ein Baby, dessen »Kräfte« man nicht ernst nehmen muss, oder fühlst du dich durch mich ernsthaft herausgefordert, so dass du wirklich innerlich kämpfen musst, um mir nicht zu unterliegen? Kann ich mich noch an dir festhalten, oder bist du so schwach und nachgiebig, dass ich dich lieber links liegen lassen sollte und verachten muss? Wie wichtig dieses Kräftemessen für die Entwicklung der Kinder ist, wird oft übersehen, wenn Lehrer und Schüler im Clinch liegen.

Nicht jedes Kind braucht dabei die Auseinandersetzung mit jedem Lehrer. Kinder verteilen sich sozusagen die Arbeit. In jeder Kindergruppe gibt es die herausfordernden »Vorkämpfer«, die hinterhältigen »Antreiber« und die nur scheinbar unbeteiligten »Zuschauer«. Die sichtbare individuelle Auseinandersetzung zwischen dem einzelnen Schüler und dem Lehrer oder Erzieher ist nur das äußere Symptom für die Frage *aller* Kinder einer Gemeinschaft nach der persönlichen Souveränität und Kraft des Erwachsenen. Und die Antwort gilt in der Regel für alle.

Glücklich können sich die Kinder schätzen, die auf Erwachsene treffen, die sich erlauben, erwachsener, älter, ohne Zweifel »stärker« zu sein als das »schwierigste«, herausforderndste Kind und es trotzdem nicht ablehnen, demütigen oder erniedrigen.

Die dritte Kategorie sind Erwachsene, denen das Kind hie und da begegnet. In unserer Zeit sind Kontakte zu dieser Personengruppe normalerweise auf kurze Begegnungen begrenzt. Zur Kassiererin im Laden, zum Friseur, zur Kieferorthopädin kann ein Kind nur eine flüchtige, oberflächliche Beziehung aufnehmen.

Früher war das anders und in vielen Lebenserinnerungen spielen gerade die Menschen eine wichtige Rolle, die weder zur Familie gehörten noch beruflich mit Kindern befasst waren. Die »normalen« Erwachsenen eben, die im Dorf oder Stadtteil arbeiteten, die immer anwesend waren und zu denen man auf eigene Faust irgendwie Kontakt aufnehmen konnte: Der Schuster, der Schmied, der Bäcker, die Waschfrau, der Gärtner, der Kaufmann um die Ecke. Und im Umgang mit diesen Persönlichkeiten, Charakteren und Typen haben Kinder viel über menschliche Eigenschaften erfahren: über Humor und Nachsicht, über Wut und Strenge, über Verständnis und Hilfsbereitschaft, über Hilflosigkeit und Inkonsequenz. Die Kinder konnten selbst entscheiden, ob sie zu diesen Erwachsenen lieber auf Distanz bleiben oder näheren Kontakt suchen wollten. Dabei haben sie ihre Menschenkenntnis testen und schulen können.

Marion Gräfin Dönhoff beschreibt die Bedeutung dieser fern stehenden und zugleich nahen Menschen:

Auf solche Weise habe ich vieles gelernt. Beim Chauffeur Vergaser auseinandernehmen, in der Tischlerei hobeln und fugen ...

Im Osten konnte übrigens jedermann sich mit jedem Handwerk zurechtfinden; ein bißchen mauern, tischlern, klempnern konnte jeder auf dem Lande. Ein bei uns besonders beliebter Handwerker war der Tischler, Meister Klein. Bei ihm lernten die Brüder sachgemäß mit Holz umzugehen, am Schluß konnten sie sogar Fenster anfertigen. (Dönhoff, S. 85)

Diese selbst gewählten »Lehrmeister« waren häufig für die Kinder ganz persönliche Vertrauenspersonen, von denen sie sich beraten ließen, bei denen sie ihre Sorgen abladen konnten und denen sie ihre Schandtaten beichten durften, ohne Gefahr zu laufen, bei den Eltern oder Lehrern »verpetzt« zu werden. Sich persönliche Vertrauenspersonen zu schaffen, ist ein wichtiger Entwicklungsschritt, der vielen Kindern heute fehlt. Kinder bleiben heutzutage auf ihren seelischen Nöten so lange sitzen, bis ihre Verhaltensauffälligkeiten so unerträglich sind, dass Therapeuten eingeschaltet werden müssen.

Wirkliche Beziehungen können Kinder unserer Kultur fast nur noch zu Erwachsenen aufnehmen, die sich beruflich mit Kindern beschäftigen. Das verwöhnt und verdirbt zugleich. Und vor allem macht es unsicher: In unserer Welt müssen Erwachsene, die keinen pädagogischen Auftrag haben, Kindern als Menschen erscheinen, die nur unter ganz bestimmten Voraussetzungen angesprochen werden dürfen: Die Verkäuferin kann man nach T-Shirts fragen, den Arzt nach dem richtigen Medikament, der Handwerker kommt zwar ins Haus, aber nach getaner Arbeit verschwindet er als ebenso unbekannter Mensch wieder, wie er gekommen war.

Ich verstehe sehr gut, dass solche Kinder später Angst vor Fremden haben. Und ich verstehe, dass sich solche Kinder später in einer Ausbildungswerkstatt als Fremdlinge fühlen, »ohne Bock« herumstehen, sich anstellen, als hätten sie zwei linke Hände, und nur an ihren Feierabend denken.

Über Fernsehschirm und Zeitschriften pflegen moderne Kinder einen innigen, aber abstrakten »Kontakt« zu den für sie so wichtigen Menschen der »vierten Kategorie«, zu ihren Idolen. Anders als bei Jugendlichen, die ihre großen Vorbilder brauchen, um sich an ihnen zu orientieren, sind Idole für Kinder ab etwa 9, 10 Jahren hauptsächlich fürs Gefühl da. Obwohl sie unerreichbar fern stehen, fühlen sich die Kinder ihren Idolen seelisch eng verbunden.

Oft behaupten Erwachsene, dass Kinder heute viel eher anfangen, für Stars zu schwärmen, als früher. Das täuscht. Zwei Beispiele:

Janina David war 1940 10 Jahre alt:

Zu meiner großen Freude stellte sich heraus, daß Simon ein Film-Fan war, in Besitz von einer eindrucksvollen Sammlung von Filmmagazinen, die bis zu den Tagen des Stummfilms zurückgingen. Ich hatte ihn bald soweit, daß er mir erlaubte, seine Schätze anzusehen, und ich stürzte mich auf die Stars – Gloria Swanson, Pola Negri, Norma Schaerer, Garbo, Valentino, Navarro, Gable ..., die herrlichen Toiletten, märchenhaften Parties, der ganze Flitterglanz dieser Halbgötter, von deren realer Existenz ich eigentlich nie vollkommen überzeugt war, und deren Namen ich nie richtig aussprechen konnte. (David, S. 146)

Bertha von Suttner erlebte 1854 im Prinzip dasselbe, vielleicht nur etwas »altmodischer«:

Ich war an meinem elften Geburtstag zum erstenmal ins Theater geführt worden ... Nein, dieser George Brown ... Denn etwas Hinreißenderes als diesen Sänger – ich weiß sogar noch seinen Namen – Theodor Formes, der Eindruck muß also tief gewesen sein –, etwas Ritterlicheres hatte ich mir nie träumen lassen. So mußte der mir bestimmte Prinz aussehen ... (Suttner, S. 15 f.)

Wir Erwachsenen erinnern uns offenbar eher an unsere Schwärmereien im Jugendalter und vergessen, dass es davor schon eine Zeit gab, in der wir für einen Star des Sports, der Bühne, der Leinwand, der Musik oder der Highsociety Feuer und Flamme waren: Zwischen Franz Beckenbauer und Lars Ricken, Marlene Dietrich und Madonna, Jean-Paul Belmondo und Leonardo DiCaprio, den Beatles und den Spice Girls, Grace Kelly und Lady Di liegen Generationen von immer wieder neuen Stars, die schon Kinder zwischen 9 und 12 Jahren in ihren Bann ziehen. (Erinnern Sie sich, für wen Sie und Ihre Klassenkameraden in diesem Alter geschwärmt haben?)

Die Begeisterung für die Stars hängt wohl damit zusammen, dass sich ab etwa 8 Jahren nach und nach eine vollkommen neue Dimension von Gefühlen öffnet: Begeisterung, Verliebtsein, Verehrung, Sehnsucht, Kummer, Trauer, Empörung, Hass können jüngere Kinder noch nicht annähernd in der Tiefe und Intensität empfinden wie große Kinder. Die Phantasiebeziehung zu den Idolen gibt den Kindern Raum, ihre Gefühle sozusagen »ohne Gewähr« und »auf Probe« ausleben zu können. Weil die Kinder keine reale Beziehung zu ihren Idolen (und deren Gegenspielern) haben, können sie sich bis an die Grenze des Erträglichen in ihre Gefühle hineinsteigern, ohne jemandem zu nahe zu treten. Hysterische Begeisterung und Liebessehnsucht bis hin zur Ohnmacht bei den Konzertbesuchen der Mädchen und Empörung bis zum Ausrasten über den falschen Elfmeter bei den Jungen sind hier nur zwei Beispiele. Allmählich lernen die Kinder mit diesen Gefühlen umzugehen und sie zu zügeln.

Wer als Kind gelernt hat, Gefühle zuzulassen, sie aber auch zu beherrschen, der hat eine wichtige Grundlage, um als Erwachsener zu einer ausgeglichenen, offenen und begeisterungsfähigen Persönlichkeit zu werden.

Anmerkung

Seit Mitte der 90er-Jahre beschäftigen sich Fachleute aus Stadtplanung, Pädagogik, Sozialarbeit und Sozialwissenschaft, Medizin, Psychologie und Verwaltung mit der Frage, wie Kindern und Jugendlichen wieder mehr Kontakt zu Erwachsenen vermittelt werden kann, die *nicht* durch familiäre oder pädagogische Bindungen verpflichtet sind. Aus einem interdisziplinären Werkstattgespräch ging 1995 die »Tübinger Erklärung« hervor, in der es unter anderem heißt:

Kinder und Jugendliche brauchen neben Schule und Familie den leichten Zugang zur Wirklichkeit eines lebendigen Stadtquartiers, in dem sie Formen des Zusammenlebens unter Menschen, die sich nicht gegenseitig verpflichtet sind, erfahren und auch selbst erproben ...

Spielstraßen, Kinderhäuser, Schulen und Jugendtreffs sind ohne Anschluß an die Welt des Arbeitens und Wirtschaftens nicht in der Lage, die Neugier, die Lust der Selbstdarstellung und die Freude am eigenen Tätigsein zu befriedigen ... Notwendig ist eine Verbindung zwischen Wohnen, autofreien Plätzen, kleinen wirtschaftlichen Betrieben und Straßen mit nicht bedrohlichem Verkehr. (Tübinger Erklärung »Kinder brauchen Stadt«; vgl. auch die im Literaturverzeichnis genannte Veröffentlichung von Gabriele Steffen.)

Ich spüre das Leben in mir!

Die Entwicklung der Gefühle

Dieser Ausruf »Ich spüre das Leben in mir!« aus Astrid Lindgrens *Madita und Pims* ist wie ein Leitsatz für das Leben der großen Kinder. Leben ist fühlen.

Kinder, die die Möglichkeit haben, nutzen in diesem Alter jede Gelegenheit, die sie umgebende Welt in all ihren Fassetten sinnlich zu erleben. Ihre Suche nach Abenteuern und Erlebnissen ist in Wirklichkeit die Suche nach Gefühlen. Denn jedes Gefühl ist Ausdruck des eigenen inneren Lebens, des weiten emotionalen Horizonts, den man in sich trägt. Jedes Gefühl ist die wundervolle Bestätigung, ein einzigartiger, pulsierend-lebendiger Mensch zu sein. Jedes Erlebnis, mit allen Sinnen aufgenommen, erweckt in diesem Alter ganz tiefe, unverwechselbare, manchmal bekannte, oft ganz neue, jedenfalls durch und durch einzigartige Gefühle.

Bei kleinen Kindern lösen bestimmte Personen, Dinge und Ereignisse allgemeine, oft sehr intensive Gefühle aus: der Lieblingspullover, der am liebsten Tag und Nacht anbehalten werden will, der eklige Spinat, die allerliebste Erzieherin, das Furcht erregende Bild des Bösewichts, die Geborgenheit des Gutenachtrituals. Erst Jugendliche sind so weit gereift, dass sie »Stimmungen« bewusst erfassen können: die Laune des Freundes, das Brodeln eines Konflikts, die Atmosphäre in der Disko, die Schönheit einer Landschaft, die Stimmung eines Gedichts.

»Große« Kinder dagegen erleben am intensivsten Gefühle, wenn »etwas los« ist, also in Situationen, in denen etwas geschieht und in denen sie selbst aktiv dabei sind. Und unbewusst suchen sie bei allem, was sie erleben und tun, nach den dazugehörenden Gefühlsreaktionen, den eigenen und denen der anderen.

Wenn ein kleines Kind zum Beispiel einen Stock ins Feuer halten darf, dann reagiert es darauf entweder mit Angst und wendet sich ab, oder es nimmt unbekümmert den Stock und hält ihn selbstverständlich ins Feuer. Es findet die Situation einfach schön oder unangenehm, mehr nicht. Große Kinder dagegen sind »Feuer und Flamme«. Sie fuchteln mit dem glühenden Stock herum und »spielen mit dem Feuer«, indem sie mit dem Gefühl Angst jonglieren: Da sie sich der Gefährlichkeit der Situation durchaus bewusst sind, haben sie im Grunde Angst. Aber diese Angst können sie überwinden. Das wiederum ist aufregend und macht Spaß, und man fühlt sich stolz, weil man es schafft, nicht ängstlich zu sein. Gleichzeitig spielen Kinder in solchen Situationen mit den Gefühlen der anderen: Wie reagiert die Schwester, wenn ich ihr mit dem Stock vor der Nase herumfuchtle, findet sie das lustig oder macht ihr das Angst? Wie sehr? Was sagt Mama dazu? Lasse ich mich von ihrer Sorge und ihrem Ärger gegen mich beeindrucken oder fühle ich mich groß und stark und souverän, um trotzdem weiterzumachen? Oder begnüge ich mich damit, Muster in die schwarze Luft zu malen: Guck mal, wie toll das aussieht! Echt cool!

Noch ist nicht genau erforscht, welche Bedeutung das unmittelbare sinnliche Erleben der ganzen Bandbreite von möglichen Gefühlen in der mittleren Kindheit für die Entwicklung der Persönlichkeit hat. Viele Kindheitserinnerungen und die Beobachtung von Kindern, die in einer Welt aufwachsen, die ihre freie emotionale Entwicklung fördert, sprechen aber dafür, dass sich im Alter zwischen 7 und 13 Jahren entscheidet, wie emotional reich und differenziert oder wie gefühlsmäßig arm, oberflächlich und einseitig ein Mensch wird.

Wenn mir Erwachsene, Männer wie Frauen, von ihrer Kindheit erzählen, beobachte ich regelmäßig folgendes Phänomen: Sobald sie auf ihre, fernab von Erwachsenen erlebten Kindheitserlebnisse mit dem Freund oder der Clique zu sprechen kommen, erwachen sie förmlich zu sprühendem Leben! Da bleibt keiner zurückgelehnt im Sessel sitzen: Die Körperhaltung richtet sich auf, wird aktiv und erzählt allein schon ganze Geschichten von Glücksgefühlen und Hochstimmungen – und manchmal auch von Gewissensbissen, Beklommenheit und Enttäuschungen. Die Hände beginnen zu sprechen, meistens werden die Wangen rot und aus den Augen funkeln Feuerwerke von Gefühlen: Alte, tiefe, intensive Emotionen werden wach und – größtenteils – offenbar mit großem Vergnügen wieder erlebt. Auch die niedergeschriebenen Lebenserinnerungen spiegeln sehr oft die lebendige Intensität und die bunte Vielfalt der Gefühle, die in den Spielen und Abenteuern mit anderen Kindern weitab von Erwachsenen – oder gezielt gegen sie – in dieser Lebensphase erlebt wurden.

Offenkundig ist mit das Tiefste und Prägendste, was aus der Zeit einer erlebten, unabhängigen Banden- und Abenteuerkindheit bleibt, der Gewinn eines ganz persönlichen Repertoires von Gefühlen. Je mehr aufregende, spannende, fröhliche, beängstigende, ermutigende, traurige, tröstliche, niederschmetternde, erhebende, eklige, wonnevolle, gruselige, feierliche, wundersame, ehrfurchtsvolle Erlebnisse man »live« in dieser Zeit der Kindheit gehabt hat, umso reicher ist offenbar der Gefühlsschatz, den man sein Leben lang in sich trägt und als innere Lebendigkeit später einmal ausstrahlen wird. (Und die Computer- und Fernseh-Kids werden sich eines Tages nach dieser verpassten Lebensqualität sehnen, genauso wie ein Mensch, der nie ein Elternhaus kennen gelernt hat, sich ein Leben lang im Innersten nach häuslicher Geborgenheit sehnt.)

Wie es scheint, sind wir im Alter zwischen etwa 7 und 13 Jahren besonders empfänglich und fähig, grundlegende Lebensgefühle in ihrer ganzen Farbigkeit und in ihrer unterschiedlichen Intensität zu empfinden. Im Jugendalter ist es dafür zu spät, da hat das Spiel mit einem brennenden Stock keinen Reiz mehr. Das emotionale Loch aber schmerzt unbewusst ein Leben lang weiter, und die älter, aber nicht reifer gewordenen Menschen suchen vergeblich mit allen Mitteln, diese Leere zu füllen.

Emotionale Fähigkeiten kann man nicht »trainieren«, sie müssen beizeiten zum Leben erweckt, gepflegt und unterstützt werden. Darüber haben wir uns, zumindest was die Kinder im Schulalter betrifft, bisher noch zu wenig Gedanken gemacht.

In ihren Phantasien und Spielen, in ihrem Miteinander und Gegeneinander, in ihren Erkundungszügen, in allem, was sie planen und tun, »sammeln« Kinder, die natürlich aufwachsen können, neben praktischen Lebenserfahrungen vor allem auch Gefühle. In die Rolle eines anderen Menschen zu schlüpfen, bedeutet zum Beispiel, sich in erster Linie, gefühlsmäßig in eine andere Grundstimmung zu versetzen: Spielt man den grimmigen Hausmeister, muss man selbst grimmig-ärgerlich sein; spielt man die hysterische Tante, muss man selbst in die obere Tonleiter der Aufregung greifen, sonst stimmt die Stimme nicht; spielt man das widerspenstige Kind, muss man seinen abgelegten Trotz wieder aufleben lassen; spielt man den eitlen, gefeierten Star, wird man selbst innerlich abheben und vor Stolz platzen ...

Ein Kind in diesem Alter spielt nicht, es wäre ..., nein, es *ist* durch und durch die Person, in dessen Rolle es geschlüpft ist. Günter de Bruyn erinnert sich an die Gefühle, wenn er mit seinem Freund Hannes »Winnetou und Old Shatterhand« spielte:

Denn ***Winnetou*** *hatte ich nämlich nicht nur wieder und wieder gelesen, ich hatte ihn auch in endlosen Wiederholungen gespielt. Ich* ***war*** *der edle Apache mit dem leichten Bronzehauch auf der Haut,* ***mir*** *fiel das blauschwarz glänzende Haar über die Schultern, ich spürte ein schnelles Pferd unter mir, wenn ich über die Prärien jagte ... Auch Hannes, alias Old Shatterhand, ein Bleichgesicht und trotzdem Freund des Roten Mannes, mußte reden; der jeweils Nichtredende mußte das erstaunte Uff! Uff! und das zustimmende Howg! des indianischen Volkes intonieren; und das alles mußte ganz ernst geschehen; denn mit der leisesten Heiterkeit oder gar Albernheit war der Zauber dahin.* (Bruyn, S. 97 ff.)

Kinder schlüpfen am liebsten in die Rolle von starken, unbesiegbaren, kompetenten, erfolgreichen, bewunderten, gefeierten Erwachsenen. Während sie diese Rollen spielen, fühlen sie sich selbst stark und kompetent, sie spüren ihre Kraft zum Leben und erfahren, dass sie es, wenn auch erst als Erwachsene, mit dem Leben aufnehmen können.

Kinder spielen auch Gefühle durch, die für sie selbst eigentlich Furcht erregend sind – das Gefühl von Grausamkeit und Niedertracht zum Beispiel. Der Dubliner Roddy Doyle beschreibt das in einer winzigen Szene:

Auf den Straßen war Beton, und zwischen dem Beton war Teer, der war so hart, daß man ihn meistens gar nicht sah, aber blubberig war er toll. Oben war er alt und grau wie die Haut, die ein Elefant um die Augen hat, aber wenn man ihn mit dem Hölzchen anstach, war darunter frischer Teer, schwarz und weich wie ein Sahnebonbon, das du schon mal im Mund gehabt hast. Du stichst in den Blubber, und darunter ist der saubere weiche Teer. Ein Vulkan. In den Krater stößt du Kiesel; ein qualvoller Tod. (Doyle, S. 128)

In solchen Spielen bewältigen Kinder wenigstens teilweise die seelischen Belastungen, die ihnen aus der Erwachsenenwelt aufgebürdet werden. Dieses Phänomen wird in der Spieltherapie aufgegriffen. Wenn man mit Kindern spieltherapeutisch arbeitet, erfährt man unmittelbar, wie heilsam phantasievolles Spielen für verwundete kindliche Seelen ist und wie direkt Kinder im selbst erfundenen Spiel das bearbeiten, was sie belastet.

Es ist ein erstaunliches Phänomen, dass Kinder, die spielen, dass sie selbst böse und schrecklich sind, mit den dunklen Seiten ihrer Eltern (und denen anderer Erwachsenen, mit denen sie zuweilen zu tun haben) besser fertig werden. Leider »vergessen« Kinder im Spiel manchmal, ob ihr Spielpartner »in echt« lebt und leidet, oder ob es sich, wie bei dem Kieselstein, um ein Ersatzobjekt handelt. Wenn ein Kind selbstvergessen im Spiel einem Spielkameraden wehtut, müssen andere Kinder oder Erwachsene das »böse« Kind wachrütteln und allen Kindern gemeinsam deutlich machen, dass da unversehens eine empfindliche Grenze überschritten worden ist. In der Regel erschrecken die Kinder selbst darüber, dass sie sich zu etwas haben hinreißen lassen, was sie nicht wollten, und versuchen in Zukunft behutsamer mit ihren Kameraden umzugehen.

Kinder, die mit leblosen Gegenständen ihr »Bösesein« ausspielen können, werden deshalb keineswegs zu »bösen« Erwachsenen! Im Gegenteil: Aus der Erwachsenentherapie weiß man, dass Menschen, die im Spiel als Kinder nie so richtig »böse«, »bedrohlich«, »niederträchtig« und »gefährlich« sein konnten (oder durften), später oft unter emotionalen Hemmungen und Komplexen leiden.

Freies Spiel von Kindern außerhalb der Reichweite von Erwachsenen hat also auch eine vorbeugende und therapeutische Wirkung gegen seelische Auffälligkeiten und Verhaltensstörungen.

Eine der wichtigsten selbst gestellten Aufgaben im Umgang mit Gefühlen ist in diesem Alter die Auseinandersetzung mit der eigenen Angst. Viele Abenteuer tragen, versteckt oder offen, die Herausforderung von Angst in sich: Unheimliches, Gefährliches, und Kämpfe untereinander.

Dazu drei Erinnerungen von Max Kruse, der damals ungefähr 8 bis 10 Jahre alt war:

Das Unheimliche: Meine Entdeckungsreisen im schwärzesten Berlin machte ich mit Schusters. Bei Dunkelwerden zogen wir dann los, die langen geraden spärlich erleuchteten Straßen entlang. Um mich in die richtige Graulstimmung zu bringen, ging's zuerst zum großen Krankenhaus gegenüber dem kürzlich erst erbauten Bethanien. Nachdem wir uns ein bißchen angegrault hatten an den ab und zu fahrenden Wagen, unter denen natürlich auch manchmal Leichenwagen waren, gingen wir zu einem entlegenen kleineren Pavillon, wahrscheinlich war es eine Waschküche, denn der Schornstein rauchte oft. Für uns war er der Inbegriff des Unheimlichen; wenn Rauch zu sehen war, sagten die Jungens: »Da kochen sie wieder eine Leiche aus, dat Fett verkofen se denn« und das sagten sie mit Gesichtern und Gesten, daß einen schudderte. Nun faßte man sich fester unter, steckte die Köpfe dicht zusammen und zog in den entlegendsten Straßen und Winkeln umher, immer tollere Geschichten erzählend, bis man schließlich vor Angst zu rennen anfing, weil man meinte, die ausgekochten Leichen kämen hinter einem her. Schweißgebadet kam ich dann nach Hause.

Die Gefühle des Glücks und der Dankbarkeit, wenn ich wieder in die behaglichen hellen Räume unserer Wohnung kam und sich allmählich das Bewußtsein einstellte, daß ich in Sicherheit war, lassen sich im späteren Alter kaum nachfühlen. (Kruse, S. 16 ff.)

Das Gefährliche: *Das gefährlichste Wagestück, das wir uns ausgedacht hatten, war wohl das: an der Brandmauer unseres vierstöckigen Vorderhauses in die Höhe zu klettern ... Das Schlimmste war aber, daß die Steine zum Teil morsch waren und daß diese so schmale Klettermöglichkeit an der Ecke des Hauses lag. – Nun war in der Höhe der ersten Etage ein Büschel Gras in einer Ritze gewachsen und dieses zu erreichen war unser höchster Ehrgeiz. So einen Grashalm von dort oben zu haben, war für uns Jungens so viel wie für die Alten der Orden »Pour le mérite«. Der Aufstieg ging verhältnismäßig noch leicht, die Katastrophe trat ein, wenn beim Herabklettern der Fuß einen bröckligen Stein traf – und keinen genügenden Halt fassen konnte, und die Kraft nicht langte, die übernächste Stufe mit dem Fuß zu erreichen. – Dann klebte man da oben in seiner Todesangst wie die Fliege an der Wand und die einzige Hoffnung war, daß einer aus der inzwischen unten angesammelten Menge auf die Idee kam, die Feuerwehr zu holen ...* (Kruse, S. 44 ff.)

Heute brechen sich die Menschen vorwiegend im Erwachsenenalter beim Sport und mit risikovollem Autofahren die Knochen. Ob das besser ist ...?

Die schlimmste Geschichte, der Kampf: *Ein anderes Hauptfest für uns Jungen war die Keilerei auf dem Köpenickerfelde ...*

Zu der ersten dieser Keilereien hatte ich mich mit meinem Ritterhelm aus Blech und Schwert und Schild ausstaffiert, ich dachte wohl, daß es ein Spiel wäre, wie es unter uns Berlinern üblich war, mehr eine Art Manöver. Aber mein Aufzug erregte die Wut der Gegner derartig, daß alles auf mich zustürzte und ich unter den Knüppelhieben bei ohrenbetäubendem Gebrüll sehr bald blutüberströmt vom Kampfplatz getragen werden mußte. Mein schöner Ritterhelm war nichts mehr als eine unförmige Masse und die scharfen Blechränder hatten mir die Kopfhaut gründlich zerschnitten. Das nächst Mal zog ich mir einen alten Rock an und nahm einen festen Knüppel mit und hieb wie ein Berserker um mich und kehrte als Sieger heim, denn ich war ein kiebiger Junge. (Kruse, S. 58)

Die Frau und Mutter in mir erhebt energischen Einspruch gegen dieses Zitat: Es könnte den Anschein erwecken, ich würde Gewalt unter Kindern verherrlichen. Auch mich ängstigt und besorgt Gewalt unter Kindern, vor allem, wenn sie so abläuft, wie es Max Kruse hier schildert – so drastisch muss es wirklich nicht zugehen! Dass Mütter bei solchen Schilderungen gelassen bleiben, wäre unnatürlich – und damit rechnen die Jungs ja auch, sonst bräuchten sie ihre Kämpfe vor den Eltern nicht zu verheimlichen.

Der stolze Unterton, die strahlenden Augen, mit denen Männer aller Zeiten und Kulturen von derartigen gefährlich-verwegenen Auseinandersetzungen aus ihrer Kindheit berichten, darf aber auch nicht übersehen werden. Offenbar ist nämlich etwas anderes als die Beule, der blaue Fleck, sogar die blutenden Schnittwunden am Kopf an solchen Episoden erinnernswert: die Tatsache, dass bei diesen Kämpfen die eigene Angst kurz und klein geschlagen wurde!

Mit 15 Jahren geht das nicht mehr. Da kann man nur noch andere kurz und klein schlagen und die eigene Angst im Schutz der Schlägerbande, in die man sich geflüchtet hat, verstecken und mit Alkohol oder Drogen betäuben. Skins geben zu, dass sie panische Angst davor haben, beispielsweise von »Türkengangs« angegriffen zu werden. Jugendliche Gewalttäter berichten auch, dass ein kurzfristiges Hochgefühl von Stärke und Wichtigkeit aufkommt, wenn sie jemanden niedergeschlagen haben. Dieses Gefühl weicht aber schnell wieder dem überdauernden Grundgefühl von Ohnmacht, Furcht und Lebensangst. Natürlich wäre es zu einfach, die Ursachen jugendlicher Gewalttätigkeit allein darin zu suchen, dass im richtigen Alter die richtigen Erfahrungen im Umgang mit der eigenen Angst ausgeblieben sind. Dennoch mag es ein bislang zu wenig beachteter Mosaikstein sein.

Auch eine andere seelische Zivilisationskrankheit hat meines Erachtens damit zu tun hat, dass Menschen in ihrer Kindheit nicht genügend Gelegenheit hatten, im selbst bestimmten Spiel ihre Angst kennen und vor allem bewältigen zu lernen: Ich meine hier die scheinbar unbegründet auftauchenden Angstzuständen, die Phobien, die einen erwachsenen Menschen fast lebensunfähig machen können.

Der Umgang mit der eigenen Angst braucht zuweilen vielleicht einen ausreichend starken, ausreichend bedrohlichen Gegner. Waffen, echte zumal, stehen dem Kennenlernen der eigenen Kraft, des eigenen Mutes und der Überwindung von eigener Angst aber mit Sicherheit im Weg. Das zu wissen, ist für uns Erwachsene wichtig, denn wenn sich Jungen auf dem Schulhof balgen, mag das von außen gefährlich aussehen. Es ist aber allemal besser, Ringkämpfe zuzulassen (mit festen Regeln, um Verletzungen zu vermeiden) als mit Kindern konfrontiert zu werden, die sich aus Angst und Unsicherheit bewaffnen und sich gegenseitig mit stehenden Messern und anderen, wirklich gefährlichen Waffen bedrohen.

Andererseits: Erinnerungen von Männern, die bei den nationalsozialistischen Pimpfen oder in anderen militanten Jugendorganisationen zu »harten Männern« erzogen werden sollten, zeigen, wie grausam es für Kinder sein kann, wenn sie von Erwachsenen angehalten werden, gegeneinander zu »kämpfen«, um ihre Angst zu überwinden. Hier wird ganz deutlich: Es sind tatsächlich zwei ganz unterschiedliche Welten, die Welt der Kinder und die der Erwachsenen: Was gleich scheint, ist doch etwas vollkommen anderes! Kinder nehmen das offenbar feinfühliger und deutlicher wahr als Erwachsene.

Was noch dazukommt: Kinder in unserer Gesellschaft leben ihre eigenen Phantasien und Gefühle immer weniger im Spiel aus. In Büchern, Comics, Filmen und Computerspielen begegnen sie stattdessen der Phantasie von meist erwachsenen Autoren.

Früher waren Kinder, die »nur« gelesen haben, schlechter dran mit ihren Lebenserfahrungen, als Kinder, die sich mit anderen, »wer weiß wo« herumgetrieben und ihre Abenteuer erlebt haben. Heute scheinen die Kinder, die wenigstens noch lesen, die besseren seelischen Startbedingungen ins Erwachsenenleben zu haben.

Denn die Kinder unserer Zeit und Kultur wachsen zunehmend mit Computerspielen auf. Die meisten dieser Spiele sprechen mit psychologischer Zielgenauigkeit tatsächlich auch die alterstypische Abenteuerlust der Kids und die entsprechenden Gefühle an: die Spannung, ob es gelingen wird, den skrupellosen Feind zu besiegen und die »lebensgefährliche« Aufgabe zu meistern, oder ob man am Ende doch unterliegen wird. Mit im Spiel sind Gefühle wie Ehrgeiz, hoffnungsvolle Erwartung,

Stolz, Freude, Triumph und Enttäuschung, Ärger, Bangen, auch Häme. Frei entfalten können sich innerhalb solcher Spielschablonen aber weder Phantasie noch Gefühle.

In einem Videospiel – Kategorie »friedfertig« – muss beispielsweise ein Männchen einen Schatz vor Verfolgern in Sicherheit bringen. Das Kind lenkt das Männchen an unerwarteten Hindernissen vorbei und kommt schließlich an einen breiten Graben, der übersprungen werden muss. Das Kind steuert mit seinen beiden Daumen auf Knöpfchen drückend oder den Joystick führend das Männchen mit einem großen, genau platzierten Satz über den Graben – geschafft – und weiter geht die Jagd ... Das erleichterte, stolze Gefühl, den Graben erfolgreich überwunden zu haben (ein Leben mehr auf dem Konto!), den Verfolgern auch an diesem Hindernis entkommen zu sein, ist zweifellos für den Bruchteil einer Sekunde absolut überragend.

Die Gefühle aber, die ein Kind erlebt, wenn es in einem gut geschriebenen Buch mit dem Helden mitfiebert, der sich aus einer ausweglosen Situation nur retten kann, wenn er den Sprung über einen bedrohlich breiten Graben schafft, sind ausgedehnter, fesselnder, individueller und farbiger.

Dennoch kommen auch diese Gefühle nicht annähernd an das Erlebnis heran, das ein Kind hat, wenn es ganz real draußen über einen fast zu breiten Graben springt: Soll ich wirklich springen? Dann die Selbstüberwindung, die Schrecksekunde (ich schaff's nicht!), die Erleichterung, der Stolz, die beim Abstützen vielleicht schmutzig und nass gewordenen Hände ... Alle Gefühle zusammen summieren und vermischen sich zu dem einmaligen Gefühl, leibhaftig und erfolgreich diesen eigentlich zu breiten Graben »geschafft« zu haben.

Wie unendlich farbiger und kribbelnder ist nun wiederum die Gefühlsmischung, die aufkommt, wenn man sich mit mehreren Kindern gemeinsam im Spiel auf freiem Feld oder im Wald auf der »Flucht« vor einem imaginären Verfolger befindet und es schließlich unter dem Aufbieten aller Kräfte in aller Eile gelingt, dass sich alle, auch der Schwächste und Kleinste der Gruppe, »im allerletzten Augenblick« glücklich auf die andere Seite eines Baches retten und der Verfolger damit endgültig seine Macht verloren hat! Das ist unbestreitbar eine andere Lebensqualität, als sie Lesen allein oder Computerspiele jemals ermöglichen können.

Das Schönste am Leben kommt bei modernen Kindern zu kurz: die sinnliche, körperliche, emotionale Selbsterfahrung, die im Ausspielen der Phantasie kostenlos mitgeliefert wird. Schlimmer noch: Kinder werden von den Medien mit intensiven Emotionen bombardiert, die nicht aus ihnen selbst kommen und von denen sie sich nur allzu selten »freispielen« können. Und: Die Zeit, in der Abenteuerspiele echte, lebendige Gefühle hervorrufen, ist begrenzt. Für Sechzehnjährige hat es keinen Reiz mehr, so zu tun, als müssten sie sich vor einem Verfolger in Sicherheit bringen.

Im Lauf der Kindheit ins Spiel vertieft Gefühle zu erleben, Augenblicksstimmungen nachzuspüren und Phantasien fliegen zu lassen, ist eine Form von innerer Freiheit und Bewusstseinserweiterung, die meiner Ansicht nach eine ganz entscheidende Vorbeugung gegen spätere Suchtanfälligkeit ist: Wer nämlich als Kind nicht genug davon gekostet hat, sich im Spiel in andere Welten zu verlieren und dabei zu sich zu kommen, der wird das Bedürfnis danach ein Leben lang in sich tragen, aber nicht mehr befriedigen können. Als Ersatz bleiben dann Erlebnisse von »Bewusstseinserweiterung« unter Drogen und esoterische Grenzüberschreitungen durch dubiose Trancezustände und Ähnliches, die sich Sekten und zweifelhafte »Therapien« zunutze machen. Solche Erfahrungen machen im Erwachsenenalter aber nicht mehr frei, sondern im Gegenteil eher abhängig.

Der Gefühlsschatz, der im Lauf der Kindheit angesammelt wird, stammt in erheblichem Umfang allerdings auch aus Situationen, die im Zusammensein mit Erwachsenen entstehen – im Guten wie im Schlechten. Was gute, »stimmungsvolle« Situationen sind, muss man als Kind lernen, oder besser gesagt, »abschauen«: der Ton, wie man miteinander redet, die Art, wie der Geburtstag gefeiert wird, der Gutenachtritus, aber auch das gemeinsame Spielen, Toben und Herumalbern. Diese »guten« Stimmungen sind ein unendlich wichtiges Seelenfutter auch noch für große Kinder.

Wie wohltuend es für Kinder ist, wenn sie zum Beispiel gemeinsam mit den Eltern etwas Wichtiges herstellen dürfen, wird aus dieser Erinnerung von Ernst Rietschel spürbar:

Meine ganze Glückseligkeit konzentrierte sich in die Stollen, die erst am Heiligen Abend gebacken wurden, wo ich die im Jahre gesammelten Pflaumenkerne auszuklopfen hatte, die statt bitterer Mandeln benutzt wurden. Über das Glück dieser Arbeit ging nichts; ebenso zuzusehen, wie die Mutter den Teig bearbeitete und mischte, ihn dann zum Bäcker trug, von wo sie erst spät in der Nacht nach Hause zurückkehrte und die Wohnung mit dem süßen Dufte des Gebäckes füllte. Ich hatte keinen Schlaf empfunden und wachte mit dem Vater, der das Spätaufbleiben erlaubt hatte. (Zit. nach Rutschky, S. 36)

Es liegt nicht zuletzt an den Erwachsenen, dass Kinder gute Gefühle »sammeln« können: Geborgenheit, Verlässlichkeit, Zusammengehörigkeit, Verantwortlichkeit, Warmherzigkeit, gute Laune, Geduld, Humor, Achtung, Ehrfurcht. Je mehr sie davon bekommen, umso stabiler werden sie ihr Leben lang innerlich sein und umso mehr werden sie davon an ihre Mitmenschen und an ihre eigenen Kinder weitergeben können.

Besonders Gefühle, die einen »moralischen Touch« haben, scheinen in unserer Gesellschaft allerdings als sentimental und nicht mehr zeitgemäß zu gelten. Das Gefühl Ehrfurcht zum Beispiel, das aber nichts mit Furcht zu tun hat, sondern mit Gefühlen wie Achtung, Verehrung, Respekt. Heute beklagen sich viele Erwachsene darüber, dass Kinder so wenig davon haben. Offenbar begegnen moderne Kinder zu selten Situationen, in denen sie Ehrfurcht fühlen können: Ehrfurcht vor dem Schneeglöckchen, das sich durch die Eisdecke gearbeitet hat. Ehrfurcht vor den Eiern im Vogelnest oder den Tropfsteinen, die in Jahrmillionen ganz langsam gewachsen sind. Ehrfurcht vor der selbst gestickten Weihnachtsdecke der Großmutter.

Achtung und Respekt stellen sich nicht von selbst ein. Diese Gefühle lernt man durch Nachahmen. Ein Kind, das an seinen Lehrern und Eltern beobachtet, dass man vor Dingen, Personen und Leistungen Achtung empfinden kann, wird sich zwar womöglich in Gegenwart anderer Kinder gelegentlich darüber lustig machen (weil es damit die »Großen«, die Jugendlichen nachmacht). Auf Dauer aber wird dieses Kind doch nicht so ohne weiteres respektlos und unbedacht zerstören, was ein anderer geschaffen hat und wird Verständnis dafür haben, dass es Dinge gibt, die für andere Menschen große gefühlsmäßige Bedeutung haben: Kunstwerke oder heilige Stätten, religiöse Bräuche oder auch »nur« das Werkstück eines Klassenkameraden.

Eines allerdings müssen Erwachsene, die mit Kindern leben, immer bedenken: Gefühle wie Achtung, Respekt, Ehrfurcht und Verehrung unterliegen einem äußerst delikaten Gesetz: Man darf sie nie von einem Kind fordern! Man kann sie nur vorleben. Sie sind wie empfindliche Pflänzchen: Man muss sie behutsam gießen, aber antasten darf man sie nicht. Wenn das gelingt, empfinden Kinder unter 13 diese Gefühle aber offenbar als ausgesprochen aufbauend, warm und wohltuend. Im Jugendalter sieht man das anders. Dann muss man Achtung, Respekt und Ehrfurcht in bestimmten Situationen und gegenüber bestimmten Dingen und Personen auch mal über Bord werfen (dürfen).

Besonders – aber nicht nur – Mädchen suchen und finden wohltuende Gefühle, indem sie schöne Dinge anfertigen, den Tisch hübsch decken, Blumen richten, den Erwachsenen helfen, anderen eine Freude bereiten oder für kleinere Kinder und Tiere sorgen.

Und da wir gerade bei den Mädchen sind, eine kleine Bemerkung zu einer besonderen Form von weiblichem Gefühlsleben, das ab etwa 8 Jahren auftaucht: Für manche Mädchen wird ab diesem Alter das Weinen ein Teil des Seelenlebens. Heimlich weinen bis zur Genüge, bis zur entspannenden Erschöpfung, daran erinnern sich viele Frauen. Die Erfahrung, aus einem eigentlich unbedeutenden Grund zu weinen, weil die Seelenstimmung danach ist, dazu in einer Situation, in der man ganz allein für sich ist, hat offenbar etwas mit Reifung zu tun. Bei kleinen Kindern gibt es das noch nicht und bei alten Menschen so nicht mehr. (Gibt es dieses Weinen auch bei Jungen? Bisher hat mir davon noch kein Mann erzählt, und gelesen habe ich darüber auch noch nichts.)

Zurück zu den glücklichen Momenten: zum Basteln zum Beispiel. Wenn Kinder Dinge, die sie zum Spielen brauchen, selbst anfertigen müssen, sind sie deshalb keineswegs »arm dran«. Im Gegenteil. Max Kruse beschreibt anschaulich die Gefühle, die bei ihm mit diesem Basteln verbunden waren und die Kindern in unserer perfekten Kultur, in der es alles fertig zu kaufen gibt, kaum noch erleben:

... aber wie immer im Leben war die Vorbereitung dazu doch die Hauptsache. Das Schnitzen und Kleben von Speer und Schild, der Geruch von Kleister dabei, die furchtbare Unordnung im Zimmer und die Vorstellung beim Anblick des bunten, des Gold- und Silberpapiers, was da alles Herrliches entstehen konnte, war berauschend. (Kruse, S. 26)

Jungen und Mädchen gleichermaßen brauchen für ihren seelischen Reichtum in diesem Alter aber vor allem die Begegnung mit der Natur! Das hat nicht das Geringste mit Sentimentalität zu tun, wohl aber mit der Entwicklung von Kindern zu lebendigen, selbstsicheren, beweglichen und realitätsbezogenen Persönlichkeiten. Es gibt keinen Ersatz für das Gefühl, im Wipfel eines Baumes zu sitzen, der sich im Wind hin- und herbiegt, und von dort oben eine vollkommen andere Welt zu erleben, als man sie vom Boden her kennt. Nichts wiegt das Gefühl auf, irgendwo versteckt ein fein gepolstertes Lager zu haben, in dem man alle gemopsten Lebensnotwendigkeiten hortet, in das man sich hinein- und hinausstehlen muss, ohne gesichtet zu werden. Und nichts entspricht der unvergleichlichen Mischung aus Angst, Stolz und Glück am heimlich entfachten Feuer ...

Tatsächlich geht es den Kindern seelisch am besten, die ihre Phantasien und ihren Erlebnishunger in der freien Natur ausleben können. Wenigstens im Sommer am altbekannten Ferienort. Wie schon einmal angedeutet, werden die Kinder heutzutage jedes Jahr an einen anderen Ferienort gespült, zu dem sie keine Beziehung haben. Das verschärft ihre seelische Isolierung. Bis sie den Platz kennen und Freunde gefunden haben, müssen sie schon wieder weg. Auch in den Ferien gibt es für viele Kinder also keine Möglichkeit, im *eigenen* Spiel, in *eigenen* Abenteuern und Erlebnissen, mit *selbst gewählten* Freunden *eigene* Gefühle zu erleben. Das Leben, das noch ein Max Kruse leben konnte, bleibt für viele Kinder ein unerfüllter Traum:

Das Spiel war vom 8. bis 12. Jahre mein wirkliches Leben, alles andere war ziemlich gleichgültig, vor allem die Schule. Ich bin überzeugt, dass in diesem Zeitraum alles in mir geworden ist, was zu meinem künftigen Lebensberuf geführt hat. Die kindliche Phantasie macht aus allem das, was es für das Spiel sein soll und würde uns, wenn wir sie nicht mit Gewalt unterdrücken würden, in gerader Linie zu schöpferischen Menschen machen. (Kruse, S. 26)

Wo wachse ich hin?

Die Beziehung zur Entwicklung

Größer zu werden, ist für große Kinder ein wichtiges Lebensthema.

Kleine Kinder nehmen noch nicht bewusst war, dass sie sich entwickeln und verändern. In der Pubertät verändern sich in kurzer Zeit die Körpermerkmale, die den Erwachsenen vom Kind unterscheiden, da gibt es klare äußere Merkmale für Reifung und Entwicklung. Jugendliche sind »ausgewachsen«, haben die Strecke des körperlichen Wachstums hinter sich und wenden den Blick nach innen.

Für Kinder zwischen etwa 6 und 13 Jahren geht es vielleicht sogar in allererster Linie darum, größer zu werden, sich innerlich und äußerlich zu verändern: Alles ist im Fluss, es gibt immer wieder Neues, Unbekanntes, das herausfordert und reizt, und es gibt die ollen Kamellen, die abgelegt werden müssen, denen man allmählich und unabänderlich entwächst. Das heißt, Kindheit ist auch einfach aus dem Grund, dass man unablässig aus etwas heraus- und in etwas Neues hineinwächst, ein spannendes Abenteuer, eine Zeit voller Erfahrungen, Erlebnisse, Erprobungen.

Im Fernsehzeitalter werden Reifung, Wachstum und Veränderung für die Kinder allerdings kaum noch an sinnlichen und körperlichen Erfahrungen wahrnehmbar. Das Sitzen vor dem Fernsehapparat ist mit 2 Jahren genau dasselbe wie mit 18 oder

81, da ändert sich kaum etwas an der Körperhaltung, die Umgebung ist dieselbe, und ob man allein ist oder in Gesellschaft, ist letztlich auch nichts, worin sich Alt und Jung unterscheiden. Um die Tätigkeit »fernsehen« ausüben zu können, muss man sich nicht verändern, man muss nicht wachsen, auch nicht reifen.

Aber auch in den Lebensbereichen »ohne Fernseher« ist Entwicklung nur noch sehr indirekt zu spüren. Stellen wir uns eine ganz normale deutsche Familie des Jahres 1998 vor: Die Mutter ist 34 und arbeitet halbtags als Sekretärin. Der Vater ist 39 und arbeitet als Meister in einem Metall verarbeitenden Unternehmen. Sie haben zwei Kinder, nennen wir sie Jan und Petra, lassen wir sie 9 und 7 Jahre alt sein und in einer Dreizimmerwohnung in einem Mietshaus in einer Stadt Baden-Württembergs wohnen. Beide Kinder gehen in die Grundschule ihres Wohnbezirks, in die 1. und 3. Klasse. Nachmittags treffen sich die Kinder mit ihren gleichaltrigen Klassenkameraden zum Spielen. Kontakte mit zwölf- oder dreizehnjährigen Kindern sind ebenso selten wie Begegnungen mit Kindern, die 2 oder 3 Jahre alt sind. Fünfzehnjährige und ältere Jugendliche kennen die Kinder nur von weitem und aus Fernsehserien, Babys kennen sie nur fest eingepackt im Kinderwagen oder aus der Fernsehwerbung. Gelegentlich treffen sie in den Familien der Klassenkameraden zwar etwas ältere oder jüngere Geschwister, aber richtig zusammen sind sie auch mit diesen Kindern kaum. Die jüngeren Kinder gehen in den Kindergarten, die älteren dagegen sind schon in der weiterführenden Schule. Nur beim Fußballspielen, zu dem sich die Jungen aus der Nachbarschaft treffen, und bei dem Jan seit kurzem manchmal mitmachen darf, trifft er mit Jungen zusammen, die sogar schon 12 oder 13 Jahre alt sind. Sonst gibt es so gut wie keine Berührungspunkte zwischen Kindern der verschiedenen Altersstufen.

Selbstverständlich werden die Dinge des täglichen Bedarfs von den Eltern eingekauft: von der Zimmereinrichtung bis zum Spielzeug, von der Tiefkühlkost bis zu den Getränken, von den Äpfeln bis zu den Balkonpflanzen. Als fürs Kinderzimmer ein neuer Teppichboden besorgt wurde, ist der Vater mit den Kindern in den Baumarkt gefahren und hat dort alles bekommen, was er brauchte: die Auslegware, Spezialkleber, Teppichleisten, Nägel. Bei der Gelegenheit hat er den Kindern übrigens auch etwas zum »Selbermachen« gekauft: für Jan einen Flieger, der nur noch nach Anleitung zusammengesteckt werden musste, und für Petra das Bild eines jungen Kätzchens: »Malen nach Zahlen«. Petra war entzückt, denn das Bild auf der Vorlage erinnerte sie an das verspielte junge Kätzchen, das im vergangenen Sommer auf dem Bauernhof zwei Wochen lang ihre ganze Wonne gewesen war. Das Bild, das ihr der Vater gekauft hat, ist dennoch nie fertig geworden und Jans Flieger flog zwar wirklich ausgezeichnet, aber gerade deswegen war der Spaß am zweiten Tag auch schon wieder vorbei.

Nehmen wir dagegen John, 9 Jahre alt. Er lebt in einem Fischerdorf in der Karibik. Seine Eltern besitzen neben ihrer notdürftig zusammengebauten Hütte zwar ein kleines Fischerboot mit Außenbordmotor, auf das sie sehr stolz sind, dennoch ist es für sie sehr schwer, das Geld zusammenzubringen, das sie brauchen, damit die Kinder wenigstens in die Schule gehen können. Sie selbst können kaum lesen und schreiben, aber sie wissen, dass Schulbildung heutzutage für die Zukunft ihrer Kinder die wichtigste Lebensgrundlage ist. Es sind unbestreitbar keine idealen Startbedingungen für ein Leben im 21. Jahrhundert, die John in seinem Küstendorf mitbekommt.

Aus einem ganz wichtigen Grund möchte ich dennoch sein Leben neben das von Jan und Petra stellen. Denn John bekommt trotz aller Nachteile, die er hat, eine wesentliche menschliche Basiserfahrung mit, die seinen Altersgenossen in den wohlhabenden, technisierten Gegenden der Welt weitgehend fehlt: John erlebt in seinem Alltag unentwegt, was »Entwicklung« bedeutet. Zwar hat er »nur« zwei Geschwister, die 5 und 11 Jahre alt sind, aber weil seine Tante mit ihren drei Kindern von 1, 3 und 4 Jahren und die beiden jüngsten Schwestern seiner Mutter mit 13 und 15 Jahren im selben Haus leben, ist er in eine ununterbrochene Kette von Menschen zwischen Baby- und Erwachsenenalter eingefügt. Dazu kommen alle anderen Kinder und Jugendlichen des Dorfes, die sich tagtäglich und überall mehr oder weniger intensiv begegnen, nicht nur in der Schule. Es gibt keine Lücke zwischen den Generationen, jedes Kind hat engen Kontakt zu jüngeren und älteren Kindern. Jeder Mensch hat ständig vor Augen, wie er selbst einmal gewesen ist, und an den Älteren sieht er, wohin die Reise geht.

Jede Altersstufe hat ihre speziellen Aufgaben innerhalb der Familien- und Dorfgemeinschaft. John zum Beispiel taucht seit etwa einem Jahr nach Schnecken und Schwämmen, und er verdient sich ein paar Dollar, wenn er zum Vergnügen der Touristen den sinkenden Münzen nachtaucht, die sie ihm vom Boot aus ins Meer werfen. Sein älterer zwölfjähriger Bruder darf schon das Boot mit den Touristen an der Küste entlangsteuern. John wünschte, er wäre so alt wie er und dürfte auch schon selbstverantwortlich das Boot fahren. Andererseits ist er froh, dass er nicht mehr das Holz für das Feuer zu Hause sammeln muss, das können die kleine fünfjährige Schwester und die vierjährige Cousine inzwischen ganz gut allein.

Wie er erlebt jedes Kind in dieser natürlichen Gemeinschaft zurückschauend, wie sehr es schon gereift, gewachsen, groß geworden ist. Gleichzeitig sieht es, wie viel ihm doch noch fehlt, um »richtig« groß, erwachsen, reif oder gar weise zu werden. Kinder, die so heranwachsen, spüren intuitiv, dass Unvollkommenheit kein Makel ist. Das beruhigt. Der Vorsprung der Älteren aber spornt an und macht Mut.

Das Dorf, in dem John 1998 mit seiner breit gefächerten Kindergesellschaft lebt, ist nicht weltabgeschieden, und im Krämerladen gibt es alle Dinge des täglichen Bedarfs zu kaufen: Kosmetika, Kaugummis, Taschenlampen, T-Shirts, Comic-Hefte usw. Die Dinge aber, die wirklich wichtig sind zum Leben, die sie brauchen, auch wenn sie kein Geld für den Krämerladen haben, diese Dinge haben die Leute im Dorf aber noch selbst in der Hand: Sie pflanzen Mais und Bananen an, holen, je nachdem, was sie daraus zubereiten wollen, reife oder unreife Kokosnüsse von den Palmen (John ist ein ausgezeichneter Kletterer!) und gewinnen aus verschiedenen Pflanzen Fasern für allerlei Textilien. Sie halten Hühner und Schweine, die regelmäßig Nachwuchs haben, der heranwächst und wieder Nachwuchs großzieht. Außerdem gibt es im Dorf Hunde und Katzen zuhauf und in allen Altersstufen: Die neugeborenen blinden Hündchen gehören ebenso zum Leben wie die übermütigen jungen Welpen, die alles, was ihnen zwischen die Fänge kommt, zerbeißen, die ausgelassenen halbwüchsigen Hunde im »Flegelalter« und der träge Hundegreis, der den ganzen Tag im Schatten schläft. Die Kinder erleben, wie aus dem frechen, ausgelassenen Welpen eines Tages eine geduldige Hundemutter wird, die dennoch ihr Junges in die Schranken weist, wenn es zu weit geht. Werden und Wachsen ist allgegenwärtig in dieser dörflich-natürlichen Welt.

Doch nicht nur Menschen, Tiere und Pflanzen entwickeln sich, selbst an Sachen erleben die Kinder, die in dieser Umgebung aufwachsen, dass es nichts gibt, was von vornherein »fertig«, vollkommen, perfekt ist. Denn auch die Dinge haben ihre Entstehungsgeschichte, die jedes Kind von klein an kennen lernt: Ob die Fischer ein Netz knüpfen, dessen Seile sie zuvor aus den Sisalfasern gewonnen haben, ob ein alter Mann einen Holzlöffel schnitzt, ob Musikinstrumente hergestellt, Kleidungsstücke genäht, Feuer angefacht oder Maisfladen gebacken werden: Der Prozess vom unfertigen zum fertigen Produkt ist den Kindern, ob sie nun genau hinsehen oder nicht, immer vor Augen. Und wenn sie selbst anfangen, Dinge herzustellen, wenn sie nicht mehr nur zuschauen oder den Älteren zur Hand gehen, sondern selber etwas machen, dann erleben sie ganz unmittelbar, dass es Perfektion nicht auf Anhieb gibt – dass sie aber im Lauf der Zeit erreichbar ist.

Kinder in dieser Umgebung spüren, dass sie, wie alles auf der Welt, am Anfang unvollkommen sein dürfen. Und sie wissen, dass sie wachsen, dass sie, wie alles auf der Welt, allmählich reifer und »besser« werden. Und die Älteren wissen ebenso, dass sich Kinder von selbst entwickeln, wenn sie zur richtigen Zeit die passende Unterstützung, aber auch die notwendige Abgrenzung erfahren.

Diese urtümlichen Lebenszusammenhänge sind wohl ein Grund dafür, dass immer mehr Menschen aus den industrialisierten Regionen das »einfache Leben« in diesen »unterentwickelten« Ländern als Idylle empfinden und viel Geld ausgeben, um im Urlaub ein klein wenig davon mitzubekommen. Denn Wachstum und Entwicklung vermitteln unbewusst Zuversicht und Lebensfreude. Und danach scheinen sich viele Erwachsene in unseren hoch entwickelten Kulturen genauso zu sehnen wie unsere Kinder. Bei uns ist aber alles von Anfang an perfekt, fix und fertig. Das ist zutiefst entmutigend und nimmt die Lust auf Werden und Wachsen.

Wie tief das Bedürfnis unserer Kinder ist, Entwicklung begleiten und erleben zu dürfen, war am Tamagotchi-Boom zu erkennen. Tamagotchis vermitteln den Eindruck, dass sie wie

»echte« Lebewesen durch Pflege und Fürsorge wachsen. Aber auch und gerade diese Maschinchen gaukeln Entwicklung nur vor, denn sie leben, wachsen und verändern sich nicht wirklich. Trotz des vorgetäuschten Wachstums bleiben sie doch immer so, wie sie von Anfang an programmiert waren.

Und geschieht nicht Ähnliches mit den Kindern in den Industrienationen, wird nicht tatsächlich klammheimlich erwartet, dass auch sie von Anfang an perfekt und fix und fertig programmiert sind, sich auf Knopfdruck entwickeln und rundum funktionieren? Oder umgekehrt auf ewig so bleiben, wie sie gerade sind, so süß wie das junge Kätzchen vom Bauernhof, das in Petras Wahrnehmung nie erwachsen geworden ist? Wo gibt es noch die Herausforderung zur schrittweisen Entwicklung, wenn sogar Flieger nicht mehr selbst aus Papier gefaltet werden müssen und von Anfang an perfekt fliegen?

Was Kinder in unserer Gesellschaft erleben, ist nicht Entwicklung, sondern »Fortschritt« durch Korrektur, Lernen und Training. Dazu gehört, auch für die Kinder selbst, die Bewertung in Maßeinheiten, die von Erwachsenen erdacht sind: Wenn ein Kind in der 4. Klasse in Mathematik eine Drei hatte und in der 7. immer noch auf einer Drei steht, dann muss es den Eindruck haben, es habe sich in den drei Jahren nicht im Geringsten weiterentwickelt. Ist das nicht eine glatte Irreführung? Muss dieses Urteil nicht jedem Menschen die Zuversicht nehmen: Ich werde und wachse?

Ich glaube, dass viele Sorgen, die Erwachsene mit den so genannten Verhaltensstörungen von Kindern und Jugendlichen haben – und vielleicht auch einige der Probleme, die Erwachsene untereinander haben –, viel mehr, als wir bisher ahnen, damit zusammenhängen, dass Entwicklung als natürlicher und langwieriger Prozess nicht mehr erlebt wird. Die Folge ist, dass moderne Menschen keine Beziehung zum Phänomen Entwicklung mehr haben und ihnen das fehlt, was ich »Entwicklungszuversicht« nennen möchte.

Ein Beispiel, diesmal aus der Erwachsenenwelt: Viele Trennungen von Paaren gehen meiner Beobachtung nach zum einen darauf zurück, dass die Partner nicht ertragen, dass sich die Beziehung verändert hat, weil sich jeder von ihnen als Person inzwischen weiterentwickelt hat. Schlimmer ist aber, dass die meisten Paare nicht daran glauben, dass es auch in einer Beziehung eine Weiter-Entwicklung geben kann, dass Disharmonie nicht das Ende sein muss, sondern eine Durchgangsphase sein kann, so wie die Trotzphase oder die Pubertät in der Entwicklung des einzelnen Menschen.

Wenn Schwierigkeiten auftreten, erwarten die Menschen keine Veränderung mehr, sie glauben, so schrecklich, wie es jetzt gerade ist, wird es auf immer und ewig bleiben. Hoffnung besteht nur, wenn es wieder so werden könnte »wie früher« oder wenn ein radikaler Strich gezogen wird. Unvollkommenheit auszuhalten, haben wir offenbar genauso verlernt wie Geduld zu haben und zuversichtlich auf eine Weiterentwicklung zu vertrauen.

Dasselbe gilt für die Probleme mit den Kindern: Wenn es Schwierigkeiten gibt, dann sehen Eltern, Lehrer und Erzieher – und damit leider auch die Kinder und Jugendlichen selbst – darin oft einen Endzustand, die endgültige, nicht wieder gutzumachende Katastrophe, den Untergang der Welt. Aber genauso wie der Weltuntergang – entgegen aller Voraussagungen – bisher nicht eingetreten ist, haben trotz aller Probleme auch die »schwierigsten« Kinder noch eine Entwicklung vor sich – wenn wir sie ihnen zugestehen.

Dennoch erfahren selbstverständlich auch die Kinder der heutigen Zeit, dass sie größer werden: nicht nur an den Kleidern, aus denen sie immer wieder herauswachsen, und nicht nur an den wachsenden Anforderungen in der Schule. Allerdings sind das zwei wundervolle Messlatten für Wachstum, weil sie klar nummeriert sind: Wenn Größe 140 nicht mehr passt und man beim Kleiderkauf zum Ständer mit der Nummer 152 aufrücken muss, dann spürt man, dass man gewachsen ist, genauso, wie wenn man am ersten Schultag nach den Sommerferien nicht mehr in die 3., sondern in die 4. Klasse geht.

Bezeichnenderweise messen Kinder unserer Zeit ihr Wachstum auch am Umgang mit den Medien: daran, welche Sendungen, Filme, Computerspiele sie schon verstehen und verkraften können. Es gehört heute für etwa Zwölfjährige zu den so genannten Initiationsriten (damit sind Erlebnisse gemeint, die man erst bestehen kann, wenn man eine gewisse Reife erreicht hat), harte Sex-and-Crime-Filme anzuschauen. Wenn man das schafft, ohne gefühlsmäßig über die Maßen ergriffen zu werden, dann ist man »groß und stark«: eine moderne Messlatte für Reifung, die mit Sinneserlebnissen und Körperlichkeit, mit Wissen, Können und Geschicklichkeit, mit räumlichen und sozialen Veränderungen nur noch entfernt zu tun hat.

Moderne Kinder haben diese Medienmesslatte für sich selbst geschaffen, weil sie, wie überall und zu allen Zeiten, Merkmale für ihr eigenes Wachstum brauchen. Sie spüren selbst, dass Reifung Veränderung bedeutet, dass Wachstum damit zu tun hat, etwas hinter sich zu lassen und in neue Gefilde vorzustoßen.

Es geht – gerade im Empfinden der Kinder selbst – um die schrittweise Veränderung vom Unfertigen zum Fertigen, vom Unreifen zum Reifen, vom Laien zum Könner, vom Kind zum Erwachsenen!

Darum ist es gerade für Kinder dieser Altersstufe in meinen Augen so ein herber Verlust, dass sie weitgehend abgeschnitten sind von den Prozessen des Werdens und Wachsens, dass sie keine Orientierung für ihre eigene Entwicklung haben, weil sie, in Altersgruppen unterteilt, gewissermaßen in Weltraumkapseln, in denen es kein Wachstum gibt, isoliert durchs Leben fliegen.

Selbstverständlich kann die Lösung des Problems an der Schwelle zum nächsten Jahrtausend nicht die Rückkehr zur Großfamilie oder die Kopie eines mittelalterlichen Dorflebens sein, genauso wenig, wie es in unserer hoch entwickelten, technisierten Welt kein kompromissloses »Zurück zur Natur« geben kann. Aber ebenso, wie wir darüber nachdenken, wie man den Energieverbrauch verringern kann, ohne auf Elektrizität, Mobilität und technischen Fortschritt zu verzichten, so müssen wir auch darüber nachdenken, wie wir die Kinder auf den Boden zurückholen und wie wir ihnen wieder einen Zugang zu natürlichen Entwicklungsprozessen geben können, damit sie in ihrem tiefsten Innern erfahren: Ich bin lebendig, ich darf unvollkommen sein, ich werde und wachse, ich habe eine Zukunft! Und: Alles hat seine Zeit.

Teil II

Entdecker, Eroberer, Siedler, Experten und Aufständische

Die allgemeinen Lebensthemen, wie sie im Teil I beschrieben wurden, bleiben im Alter zwischen etwa 7 und 13 Jahren im Wesentlichen gleich. Innerhalb dieser Altersgruppe gibt es aber selbstverständlich entwicklungsbedingte Veränderungen: Der Unterschied zwischen Acht- und Zwölfjährigen ist offenkundig. Auch von einem Geburtstag zum anderen sind bei jedem Kind deutliche Veränderungen spürbar. Manchmal verwandeln sich Kinder sogar innerhalb von Wochen und sind in ihrem Wesen kaum wieder zu erkennen.

Veränderungen im Verhalten von Kindern werden oft auf äußere Einflüsse zurückgeführt: Wird das Kind schwierig, vermuten Pädagogen heute meistens, dass dahinter Probleme mit dem Elternhaus, der Schule, den Freunden oder den allgemeinen Lebensbedingungen stecken. Wird es ruhiger, ansprechbarer, führen die Erwachsenen diese Veränderungen meistens auf ihre Erziehungskünste zurück. Zuweilen stimmen diese Zusammenhänge, daran besteht kein Zweifel. Jede Veränderung im Werden und Wachsen der Persönlichkeit eines Kindes aber auf äußere, womöglich erzieherische Einflüsse zurückzuführen, hieße, dass man eine eigenständige Entwicklung aus dem Kind selbst heraus leugnen würde.

Leider ist die Überzeugung, dass die erziehenden Erwachsenen allein für das Verhalten des Kindes verantwortlich sind, aber weit verbreitet. Deshalb werden Kinder, wenn sie »schwierig« sind, von »verantwortlichen« Erwachsenen hin- und hergezerrt (das nennen die Erwachsenen dann »er-ziehen«) oder zur »Behandlung« geschickt. In »ruhigen« Phasen lehnen sich die Erwachsenen stolz zurück und denken, es sei alles in Ordnung, und verkennen dabei, dass dem Kind vielleicht ganz wichtige Grundlagen für seine gesunde psychische Entwicklung fehlen.

Mir selbst hat folgende Vorstellung von Entwicklung geholfen, bestimmte alterstypische Lebensbedürfnisse von Kindern und damit ihr entwicklungbedingtes Verhalten besser zu verstehen:

Glücklicher Säugling!
Dir ist ein unendlicher Raum noch die Wiege,
werde Mann, und dir wird eng die unendliche Welt.

In diesen Worten von Friedrich Schiller zeigt sich Entwicklung als ein Prozess, in dem sich der Mensch von einer kleinen, begrenzten und beschützenden Lebenswelt in eine größere Lebenswelt hineinentwickelt. So gesehen wird jede Welt eines Tages zu eng, weil der Mensch aus ihr »herausgewachsen« ist.

Zwischen der Wiege und der Welt aber liegen Welten! Nicht nur eine, sondern mehrere. Bis das neugeborene Kind körperlich, geistig, seelisch und sozial so weit ist, dass es in die Welt hinausgehen kann, wird es seine ganze Kindheit und Jugend brauchen, in der es nicht nur äußerlich, sondern auch innerlich wächst: in immer wieder neue Welten hinein, die größer werden, einen weiteren Horizont bieten, neue Perspektiven eröffnen und in denen die körperlichen und geistigen, aber auch die sozialen und emotionalen Anforderungen größer werden.

Jedes Mal ist die neue, größere Lebenswelt zu Beginn unübersehbar groß und erscheint grenzenlos. Allmählich wächst das Kind körperlich, geistig, sozial und emotional in sie hinein. Dann füllt es sie aus, indem es alle Möglichkeiten dieser Welt ausschöpft und zunehmend beherrscht, bis schließlich die

Grenzen, die vorher eine beschützende Notwendigkeit waren, zum Hemmnis für die weitere Entwicklung werden und durchbrochen werden müssen, um die daran anschließende, wieder größere und anspruchsvollere Welt neu zu entdecken, zu erobern, auszufüllen und wieder an Grenzen zu stoßen ...

Ganz am Anfang der Entwicklung ist dieser Prozess fast mit symbolischer Klarheit zu erkennen: Nach einer geborgenen Zeit der Schwangerschaft wird die Welt im Mutterleib eines Tages zu eng und nur noch hinderlich für die weitere gesunde Entwicklung. Mit der Geburt tritt das Kind dann in eine neue Welt ein, die Körper, Geist und Seele vollkommen neu fordert. Der normale Zeitpunkt hierfür liegt überall auf der Welt etwa in der 40. Schwangerschaftswoche, obwohl manche Kinder »zu früh« und andere »zu spät« zur Welt kommen. Normalerweise erfolgt der Übergang ganz natürlich, wenn die Zeit dazu reif ist, das heißt wenn die Entwicklung diesen Schritt erfordert. Er kann von außen weder beliebig beschleunigt noch hinausgezögert werden (auch nicht mit Medikamenten, die Wehen hemmen oder fördern!).

Wenn das Kind auf die Welt gekommen ist, ist es zwar »auf der Welt«, aber sein Lebensraum ist noch längst nicht »die Welt«. Die Welt des Säuglings ist aus unserer Erwachsenensicht winzig klein, aus der Perspektive des Neugeborenen aber unendlich groß. Das Kind wächst, erwirbt und übt die Fähigkeiten, die zu seinem Alter und zu seiner Lebenswelt passen, und wird eines Tages so weit herangereift sein, dass es gleichsam über die Gitterstäbe des zu eng gewordenen Kinderbettchens hinüberklettert und in die Welt des Kleinkindes vorstößt. Aus der Welt des Kleinkindes wächst es weiter in die Welt des großen Kindes hinein, aus dieser in die Welt des Jugendlichen, bis auch diese Welt zu eng werden und der junge Mensch in die Welt des Erwachsenen eintreten wird.

Damit ist die Entwicklung der Persönlichkeit selbstverständlich noch nicht abgeschlossen. Auch als Erwachsener brauchen wir für unsere Weiterentwicklung immer wieder breitere Entfaltungsmöglichkeiten in neuen, anspruchsvolleren Lebenswelten mit einem größeren Radius, die ein paar Jahre früher für unsere Fähigkeiten und unseren Entwicklungsstand noch einige Nummern zu groß gewesen wären.

Und ist nicht sogar im Lauf der Menschheitsentwicklung etwas Vergleichbares geschehen, indem die Menschen, wenn es ihnen zu eng, zu bekannt geworden war in ihrer vertrauten Welt, aufgebrochen sind zu neuen Ufern: geistig, kulturell, räumlich und sozial? Und war die Erweiterung dieser Horizonte nicht immer begleitet von schmerzlichen Grenzüberschreitungen und heftigen gesellschaftlichen Erschütterungen?

Die Größe und die Anforderungen der jeweiligen natürlichen Lebenswelt entsprechen dem Entwicklungsstand des Menschen: Es ist ebenso schädlich, sogar lebensbedrohend, zu lang in einer zu klein gewordenen Lebenswelt festgehalten zu werden, wie zu früh in eine zu große, unübersichtliche, überfordernde Lebenswelt hineingestoßen zu werden.

Ob beim Eintritt in die Schule, bei der Ankunft an einem unbekannten Ferienort, in einem neuen Wohngebiet oder – in weit größeren Zeiträumen – im Lauf der historischen Entwicklung: Wenn Menschen in einen neuen Lebensraum kommen, scheinen sie sich im Prinzip immer nach folgendem Muster zu verhalten:

- Wenn der Durchbruch in die neue Lebenswelt erfolgt ist, tritt wie im Moment einer Entdeckung ein Augenblick der Besinnung und Beruhigung ein: Die neue Welt, deren Ausmaße unübersehbar scheinen, wird zunächst einmal vom Rand aus taxiert, beobachtet, und erste Schritte werden probiert. Das geht bei manchen ganz schnell, andere bleiben länger in dieser Rand- und Beobachterposition stehen und lassen die Forscheren den nächsten Schritt tun:

- die Welt erobern und ihre Grenzen suchen: Man muss feststellen, welche Möglichkeiten diese neue Welt bietet, welche Regeln und Gesetze dort herrschen und dazu gehört unabdingbar, dass die Grenzen zunächst missachtet werden. Erst dadurch können sie wahrgenommen werden und müssen, auch zum eigenen Schutz, erfahren und abgesteckt werden.
- Dann lässt man sich innerhalb der abgesteckten, Sicherheit gewährenden Grenzen sozusagen häuslich nieder. Aus der so gewonnenen Geborgenheit heraus werden dann
- die Möglichkeiten der neuen Lebenswelt aufgegriffen, zunehmend beherrscht und ausgeschöpft, bis man alles kennt und kann und
- zwangsläufig an die Grenzen stößt, die jetzt als Einengung erlebt und mit aller Gewalt durchbrochen werden müssen.
- Es öffnet sich eine neue, größere, kompliziertere Lebenswelt, die nun auf dieselbe Weise wieder entdeckt, erobert, abgegrenzt, erschlossen, ausgefüllt, durchbrochen wird ...

Im Entwicklungsprozess scheint jeder dieser Schritte verknüpft zu sein mit charakteristischen unbewussten Lebenseinstellungen, Gefühlen und Verhaltensweisen, die sich in den verschiedenen Entwicklungsphasen jeweils auf einer höheren, breiteren, differenzierteren Ebene wiederholen. Die Altersangaben sind dabei immer nur grobe Anhaltspunkte:

- In den neuen Lebensraum eintreten, ihn **entdecken** (im Alter von etwa 1 ½, 7, 14 Jahren):
  »Wo befinde ich mich?« »Die Welt steht mir zur freien Verfügung.«

Aufgeschlossenheit, Offenheit, Gefühl der Unbegrenztheit, positive Aufbruchstimmung.

- Den neuen Lebensraum **erobern** und seine Grenzen ausprobieren (im Alter von ca. 2 ½, 8/9, 15/16 Jahren):
»Wo sind die Grenzen?« »Welche Regeln und Gesetze gibt es hier?« »Wo finde ich Halt?« »Bin ich in der Lage, das Leben in dieser neuen Welt zu meistern?«
Drang zu expansivem Verhalten, Missachten aller Regeln, chaotisches Hin und Her, die eigenen Grenzen nicht kennen, Überschätzen der eigenen Fähigkeiten, Maßlosigkeit, Strukturlosigkeit, Desorientierung und existenzielle Ängste.
- Den neuen Lebensraum strukturieren, hineinwachsen, ihn »**besiedeln**« (im Alter von ca. 3/4, 10/11, bei natürlichen Entwicklungsgegebenheiten ab etwa 17 Jahren):
»Ich finde meinen Platz.« »Ich weiß, wo ich stehe, wohin ich gehöre.«
Weitgehende Anerkennung der Grenzen, Ausschöpfen aller Möglichkeiten innerhalb der Lebenswelt, Motivation weiterzukommen, Sicherheit, Zufriedenheit.
- Souverän mit den Möglichkeiten der Lebenswelt umgehen, die Lebenswelt **beherrschen** (im Alter von ca. 5, 12, 19 Jahren):
»Ich beherrsche die Welt.« »Ich bin aus eigener Kraft lebensfähig.«
Spielen auf der Klaviatur der Fähigkeiten, Kompetenz, Lebensenergie, Eigeninitiative.
Geistig haben sich bereits neue Horizonte eröffnet, die den nächsten Schritt ermöglichen:
- An die Grenzen stoßen, gegen sie aufbegehren und **Grenzen durchbrechen** (gegen Ende des ersten Lebensjahres, mit etwa 6, 13, Anfang bis Mitte 20):
»Mir wird's zu eng!« »Ich weiß es besser!«

Sich in der eigenen Haut beengt fühlen, mit dem Kopf durch die Wand gehen, Auseinandersetzungen mit der Autorität suchen, Übertreten aller Regeln und Normen, unbändiger Freiheits- und Unabhängigkeitsdrang, zu viel Kraft haben, Unausgeglichenheit, innere Unruhe, Aufbruch zu neuen Ufern.

Bei jedem seelisch gesunden Kind gibt es diesen Wechsel zwischen Erkunden, Grenzen-Ausprobieren, Mit-sich-und-der-Welt-zufrieden-Sein und Grenzen-durchbrechen-Müssen. Allerdings sind manche Kinder darin aktiver als andere, die eher in einer Beobachterrolle bleiben, aber dennoch innerlich die Veränderungen der Altersgenossen mitmachen.

Wenn Erwachsenen bewusst wäre, dass dieser Wechsel ganz natürlich und notwendig ist, dann würden sie sich die ruhigen, »angenehmen« Phasen nicht immer als Erziehungserfolg zuschreiben, um bei der nächsten schwierigen Phase aus allen Wolken zu fallen. Die schwierigen Zeiten könnten sie wiederum als natürliche Entwicklungsprozesse, als ganz normale, sogar notwendige Verhaltens*auffälligkeiten* und nicht gleich als alarmierende Verhaltens*störungen* verstehen und annehmen und mit den Kindern beziehungsweise Jugendlichen entsprechend umgehen.

Das betrifft vor allem den Umgang mit Grenzen, der den meisten Eltern, Erziehern und Lehrern ungeheuere Schwierigkeiten und Gewissensnöte bereitet. Wenn man weiß, dass Grenzerfahrungen zwei ganz unterschiedliche Bedürfnisse zugrunde liegen, kann man als Erwachsener auch entsprechend handeln: In Zeiten des »kopflosen« Grenzen-Suchens (bei Acht- und Neunjährigen zum Beispiel) wird man ohne schlechtes Gewissen Halt geben und unverrückbare Grenzen setzen können, in Zeiten des An-die-Grenzen-Stoßens – weil sie zu eng geworden sind – (bei etwa Dreizehnjährigen zum Beispiel) dagegen wird man zuversichtlich eher Grenzen öffnen und mehr, aber nicht grenzenlos alles zulassen können.

Eltern, Erzieher, Lehrer und Berater, die wissen, was natürliche, alterstypische Verhaltensschwierigkeiten sind, werden auch differenzierter mit echten Entwicklungsproblemen umgehen können und Kinder, die auf ihre Weise Hilferufe senden, eher verstehen und ihnen kompetenter helfen können.

Um die natürlichen Lebensbedürfnisse und die entsprechenden entwicklungsbedingten Verhaltensweisen eines Kindes erkennen zu können, muss man wissen, an welchem Punkt der Entwicklung ein Kind gerade steht. Dazu braucht man Vergleiche, Maßstäbe, an denen man sich orientieren kann. Solche Maßstäbe haben im Umgang mit Kindern aber ihre Tücken: Die Gefahr ist groß, dass Eltern und Erzieher das Kind zu eng daran messen. Wenn das Kind die »normgerechte« Entwicklungsstufe noch nicht erreicht hat, geraten Eltern leicht in Panik und denken, ihr Kind sei nicht »normal«. Dabei gleichen sich im Lauf der Entwicklung Unterschiede meistens aus. Eltern, deren Kind offenkundig schon »weiter« ist, als es für sein Alter »normal« ist, geraten dagegen in Gefahr, ihr Kind zu überfordern, weil nicht alle Entwicklungsbereiche gleich weit entwickelt sind. Bei hoch begabten Kindern zum Beispiel erlebt man immer wieder, dass sie geistig zwar weit voraus sind, aber in ihrer emotionalen Entwicklung, in ihren seelischen Bedürfnissen noch genauso klein und schutzbedürftig sind wie ihre Altersgenossen.

Dennoch gibt es im Großen und Ganzen entwicklungstypische Lebensbedürfnisse und Verhaltensweisen, die besonders häufig bei Kindern eines bestimmten Alters auftreten. Wie es scheint, treten diese alterstypischen Verhaltensweisen in allen

Kulturen etwa zum selben Zeitpunkt auf: Überall und zu allen Zeiten beginnen Kinder mit etwa einem Jahr zu laufen und zu sprechen, überall auf der Welt findet man besonders unter den Zwölfjährigen Kinder, die sich für stark genug halten, das Leben selbst in die Hand zu nehmen.

Je weiter die Entwicklung fortgeschritten ist, umso stärker wirken sich Erziehungs- und Umwelteinflüsse aus. So sind Jugendliche bei uns oft bei weitem nicht so selbständig und lebensgewandt wie ihre Altersgenossen in anderen Kulturen. Das hängt damit zusammen, dass Jugendlichen in unserer Gesellschaft eine eigenständige Lebensführung aufgrund der Schulpflicht und der schlechten Arbeitsaussichten beinahe unmöglich gemacht wird. Das hängt aber vielleicht auch damit zusammen, dass sie im Alter zwischen 7 und 13 nicht die Lebensbedingungen hatten, um sich altersgemäß entwickeln zu können, und sie nicht die Lebenserfahrungen sammeln konnten, die in dieser Lebensphase natürlicherweise »dran« gewesen wären.

Entwicklung ist immer ein Zusammenspiel von Innen und Außen. Aber so wie man vereinfachend sagen kann, dass Maiglöckchen im Mai blühen, auch wenn sie im einen Jahr schon im April in voller Blüte stehen und im anderen Jahr Mitte Mai noch kaum Knospen entwickelt haben, so kann man auch in der Entwicklung des Menschen für bestimmte Erscheinungen Altersangaben machen, die sich an dem Alter orientieren, in dem diese Phänomene *meistens* auftreten. Man darf dabei aber nie vergessen, dass es ganz natürliche Schwankungen nach oben und nach unten gibt und dass die Entwicklung der verschiedenen Persönlichkeitsbereiche nicht immer genau parallel verläuft. Und selbstverständlich ist Entwicklung ein schleichender, fließender Prozess, in dem sich verschiedene Entwicklungsphasen überlagern. Ein Kind kann gleichzeitig Züge eines »Siebenjährigen« und eines »Achtjährigen« haben.

Wo befinde ich mich?

Die »Siebenjährigen«

In allen Kulturen werden die Kinder, wenn sie ungefähr 7 Jahre alt sind, von den Erwachsenen anders behandelt und gefordert als in den Jahren davor. Offenbar stehen Menschen in diesem Alter generell an einer Schwelle zwischen »klein« und »groß«, und offenbar bleibt diese Veränderung auch den Mitmenschen nicht verborgen.

Mit etwa 6 Jahren beginnen Kinder von sich aus ihren Lebensradius ganz konkret auszuweiten. Auch wenn sie schon früher im Schlepptau älterer Geschwister herumgestreunt sind, Streifzüge außerhalb der Sichtweite der Eltern also nichts Neues für sie sind, so fühlen sie sich trotzdem meistens erst mit etwa sechs, sieben Jahren sicher und stark genug, auf eigene Initiative, aber wenn möglich in Begleitung von anderen Kindern, eigenständig ihre Umgebung auszukundschaften. Das Lebensgefühl, das dahinter steckt, ist neu. Bei den vielen Kindern in unserer Gesellschaft, die keine älteren Geschwister haben, ist oft auch die Entdeckung der Nachbarschaft, das Erkunden fremder Gärten oder Wohnblocks, das Herumstreunen in weniger vertrauten Straßen, das Spielen in der freien Natur, sofern sie nah beim Elternhaus liegt, eine neue, aufregende Erfahrung.

Eltern spüren und nutzen die neuen Fähigkeiten und Kräfte ihrer Sprösslinge überall auf der Welt: Sie trauen ihnen zu, allein vertraute Wege zu gehen (zunächst zum Kindergarten, dann zur Schule) oder kleine Aufträge selbständig zu bewältigen (allein zum Bäcker zu gehen, oder, in anderen Ländern, dem Vater das Essen aufs Feld zu bringen).

In der modernen Gesellschaft werden Kinder in diesem Alter in eine vollkommen neue, fremde, große Welt hineingestellt, die über weite Entwicklungszeiträume hinweg lebensbestimmend sein wird: die Schule.

Der chilenische Schriftsteller Pablo Neruda erinnert sich:

Das Gymnasium war ein Gelände von ungeahnten Ausmaßen für meine sechs Jahre. Alles verhieß Geheimnisse. Der Physiksaal, dessen Zutritt mir verwehrt war, angefüllt mit betörenden Instrumenten, Retorten und Reagenzgläsern. Die ewig geschlossene Bibliothek ... (Neruda, S. 14)

Ein kleines, angesichts der Dimensionen wieder winzig kleines Kinderherz, das da staunend vor dieser riesigen, neuen, faszinierenden Welt steht und sie erst einmal nur auf sich wirken lässt ... So ähnlich müssen sich viele Kinder fühlen, wenn sie in die Schule gekommen sind.

Viele Eltern erleben die Wandlung ihres Kindes vom unbändigen »Sechsjährigen«, das am Ende der Kindergartenzeit mit seiner seelischen Energie »aus allen Nähten zu platzen« schien, zum stolzen, staunend-offenen, gleichwohl verhaltenen Erstklässler mit großer Verwunderung. Wo vor kurzem noch ein Lebensgefühl von Eingeengtsein und überschießender Kraft vorzuherrschen schien, wird jetzt in der Ausstrahlung vieler Kinder etwas spürbar, was man vielleicht in die Worte fassen könnte: »Die Welt ist grenzenlos offen und sie steht mir zur freien Verfügung.«

Es scheint, als gelte für die Kinder ein ungeschriebenes Gesetz: aufschauen zu den Großen (Schülern), beobachten, was sie tun und treiben, versuchen sie nachzuahmen, werden wie sie. Noch zaghaft, versuchsweise, am Rand. Denn noch ist man nicht aufgenommen in die Gemeinschaft der Schulkinder, noch ist man unabstreitbar der kleine, unerfahrene, nichts ahnende »Erstklässler«, der seinen Weg in diese Welt der großen Kinder erst finden muss.

Jeder von uns kennt die Situation, neu zu sein in einer Gemeinschaft. Jeder hat schon einmal in solchen Situationen die widerstreitenden Bedürfnisse des Dazu-gehören-Wollens und der Unsicherheit, Gehemmtheit, die aus dem Fremdsein entstehen, gespürt. Jeder weiß, dass es im Grunde zwei mögliche Verhaltensweisen auf diese unangenehme gespaltene Situation gibt: sich zurückhalten, beobachten und warten, bis man von den anderen angesprochen und in die Gemeinschaft aufgenommen wird, oder aktiv auf die anderen zugehen und alle Unsicherheiten überspielen. Eine souveräne Gelassenheit im Stadium des Neuseins ist selten. Retter in der Not sind meist Menschen, die sich ebenfalls als Neulinge erweisen: Zu ihnen findet man schneller Kontakt, Neulinge halten sich in dieser ungemütlichen Situation bereitwillig aneinander fest.

So ähnlich ist auch die Situation der Erstklässler, der Neuankömmlinge in der Welt der größeren Kinder: Da ist einerseits der Stolz und die Erleichterung, die »alte« Welt endlich hinter sich gelassen und den Schritt in die neue Welt getan zu haben. Andererseits aber ist eben alles noch fremd und groß, weit weg, unerreichbar, unverständlich und unüberschaubar.

Und genau so, wie wir es auch als Erwachsene kennen, verhalten sich manche Kinder überheblich und großspurig, so als wüssten sie schon alles und als könnte ihnen keiner etwas vormachen. Sie verbergen damit nur ihre Unsicherheit und ihren sehnlichen Wunsch, nicht neu und fremd zu sein. Andere dagegen werden über die Maßen schüchtern, brav, angepasst. Sie lauern im Innern darauf, »gern gehabt«, angenommen und aufgenommen zu werden. Und oft kann man beobachten, dass Kinder beide Verhaltensweisen, so widersprüchlich sie auch sind, in sich vereinigen.

Auch wenn in Deutschland die Kinder überwiegend sechs Jahre alt sind, wenn sie in die Schule kommen, sind sie doch keineswegs alle gleich weit entwickelt. (Deshalb ist es wenig sinnvoll, so entscheidende Entwicklungsschritte wie die Einschulung an Geburtsdaten festzumachen.) Zwar stehen alle Schulanfänger gemeinsam an der Schwelle zu einer neuen Lebenswelt mit neuen geistigen, emotionalen und sozialen Horizonten. Aber die einen haben einen Teil der neuen Welt schon längst betreten und können beispielsweise schon lesen, während die anderen sich noch längst nicht dafür interessieren, was hinter dem rätselhaften Gewirr von Buchstaben steht. Und während das eine Kind schon am Ende der Kindergartenzeit zu einer echten Zusammenarbeit mit einem anderen Kind in der Lage war, mag das andere noch zu Beginn der 2. Klasse nicht dazu fähig sein, sich anderen bei der gemeinsamen Arbeit mit-zu-teilen und die Vorschläge der anderen aufzugreifen.

Dennoch steht die Mehrzahl der Kinder zwischen 6 und 7 Jahren an einem Neubeginn. Nicht nur die Schule und die Umgebung des Elternhauses ist neuer Lebensraum mit all ihren Neuheiten, Herausforderungen und Versprechen. Auch im Innern der Kinder, in der Art des Denkens, der Art, Dinge zu sehen und seelisch zu verarbeiten, in den Beziehungen zu den anderen Menschen öffnen sich vollkommen neue Perspektiven, wenn auch nicht schlagartig und nicht bei allen Kindern gleichzeitig.

Die neuen Perspektiven im geistigen Bereich

Ein Kleinkind kann vielleicht auswendig lernen: »Drei und zwei ist fünf«, so wie es auswendig lernt: »ABC, die Katze lief im Schnee.« Dabei ist die Drei das eine, die Zwei das andere und die Fünf das Nächste. Es könnte genauso gut heißen: »Drei und fünf ist zwei«, kann ja sein, warum nicht! Irgendwann zwischen 6 und 8 Jahren »sieht« das Kind auf einmal regelrecht, dass Drei und Zwei, wenn sie zusammen auftauchen, immer irgendwie etwas mit Fünf zu tun haben und dass in Fünf immer Zwei und Drei drinstecken. Das ist bei den Fingern nicht anders als bei der Familie mit Papa und Mama und Michi und Lina und Anja. Wenn man das entdeckt hat, dann ist es völlig egal, ob man gefragt wird, was »fünf weniger zwei« ist, oder ob man gefragt wird, was »fünf weniger drei« ist. Das muss man dann nicht mehr auswendig lernen, das ist einfach offen-sichtlich.

Ein Kind, das diese neue Art, mit Mengen und Zahlen umzugehen, entdeckt hat, wird einen riesigen Spaß entwickeln, mit Mengen und Zahlen zu jonglieren, zu »spielen«. Für ein Kind dagegen, dem sich diese andere Perspektive noch nicht eröffnet hat, werden Zahlenspiele, Rechenaufgaben und Mengenlehre ein absoluter Graus sein. »Anders« zu denken kann man nämlich nicht beigebracht bekommen, das kann nur jeder für sich selbst entdecken, wenn die Zeit dazu gekommen ist. Man kann höchstens darauf aufmerksam gemacht werden, dass man die Dinge auch anders sehen kann.

Zur Entwicklung des Denkens hat es viele wissenschaftliche Untersuchungen gegeben, die besonders von Jean Piaget (1896-1980), dem großen Pionier der Entwicklungspsychologie, angeregt worden sind. Er hat zum Beispiel herausgefunden, dass ein Kind – erst! – mit etwa 7 Jahren begreift, dass die

Menge Wasser, die es aus einem schmalen hohen Glas in eine flache Schale schüttet, keineswegs weniger geworden ist, obwohl es doch so aussieht, weil das Wasser in der Schale tiefer steht. Auch wenn beim Umschütten nichts danebengeht, glauben jüngere Kinder fest daran, dass in der Schale viel weniger Wasser ist als vorher im Glas. (Oft vergessen wir Erwachsenen, dass Kinder wirklich noch ein bisschen »dumm« sind, wenn sie klein sind. Wir setzen Fähigkeiten voraus, die noch nicht da sein können.) Siebenjährige werden ein wenig »schlauer«, sie wissen zum Beispiel, dass die Menge Ton dieselbe bleibt, ob ich nun eine große oder viele kleine Kugeln daraus forme. Sie können im Kopf behalten, dass alles wieder so werden kann wie vorher: Auch wenn der Ton im Moment geteilt ist, kann man ihn wieder zu einem Klumpen formen. Egal was man daraus macht, es bleibt gleich viel Ton. Und wird das Wasser wieder ins hohe, schmale Glas zurückgeschüttet, wird dieses wieder so voll sein, wie es vorher war (wenn nichts danebengeht ...). Das ist eine Form von abstraktem Denken, die jetzt neu ist und von den Kindern entdeckt, ausgetestet und genossen wird.

Auch dieses Denken entwickelt sich weiter. So können die meisten Kinder erst mit etwa 8 Jahren begreifen, dass die Erde um die Sonne kreist (und nicht umgekehrt). Um zu verstehen, dass die Erde sich dabei auch noch um sich selbst dreht, muss man wieder ein Stückchen reifer sein. Kleine Kinder, auch die meisten Siebenjährigen, sind dazu noch nicht in der Lage.

Ein ganz wichtiger Schritt im Alter zwischen 6 und etwa 8 Jahren ist in unserer Kultur das Lesenlernen. Lesen ist wahrhaftig der Schlüssel zu einer anderen Welt! So wie zu Beginn des Lebens das Greifen und dann das Laufen, so erschließt das Lesen eine vollkommen neue Dimension des Lebens. In unserer Welt wimmelt es nur so von geschriebenen Botschaften, die sich schlagartig entschlüsseln, wenn man lesen gelernt hat und darüber hinaus das Gelesene verstehen kann. Denn geschriebene Botschaften umfassen eine viel weitere Welt als die, mit der es das Kind bisher konkret zu tun hatte.

Zugegeben, wenn Mama vorliest, dann hat man es auch mit einer Welt zu tun, die nicht konkret vorhanden ist, aber immerhin ist Mama da, die notfalls »dolmetschen« kann, die als Überbringerin der Botschaft auch noch einen persönlichen Bezug zum Vorgelesenen herstellt. Wenn man selbst lesen kann, erschließt man sich ganz selbständig die weite Welt, ohne dass jemand anderer die Auswahl trifft und entscheidet, was vorgelesen wird und was nicht. Man stößt dabei zwar auf viel Unverständliches, aber diese Rätsel gehören dazu und sie werden sich im Lauf der kommenden Jahre allmählich lösen.

Fernsehbilder öffnen Kindern heute schon sehr früh den Zugang zu weit entfernten, nicht konkret fassbaren, für sie unverständlichen Welten. Wie sehr die Inhalte, aber auch die spezielle Symbolik von Fernsehbildern, die uns Erwachsenen ohne weiteres verständlich sind, das Fassungsvermögen von Kindern überfordern – oder fördern? –, darüber zerbrechen sich zur Zeit eine Menge von Wissenschaftlern die Köpfe. Klar ist, dass Schrift noch immer ein wichtiges Kommunikationsmittel ist, das Kindern erst zugänglich wird, wenn sie über ein bestimmtes Maß an Abstraktionsfähigkeit verfügen.

Lesenkönnen macht auch »größer«: Wenn man zum Beispiel nach Hause kommt und einen Zettel vorfindet, auf dem die Zeichen stehen: ICH BIN BEI EVA, KOMM BITTE RÜBER, MAMA, heißt das ja nicht nur, dass Mama bei der Nachbarin ist, sondern dieser Zettel sagt darüber hinaus – und das ist viel wichtiger: Mama kann mir jetzt etwas mitteilen, auch wenn sie nicht da ist. Und ich weiß dann, was ich zu tun habe und brauche mich nicht zu beunruhigen. Das wiederum beruhigt Mama, und deshalb kann sie ihren Sohn oder ihre Tochter auch ein Stückchen mehr loslassen.

Lesen können heißt Denken können. Oder ist es umgekehrt, kommen Kinder deshalb mit 6, 7 Jahren in die Schule und lernen dort lesen, schreiben und rechnen, weil sie jetzt anders, abstrakter denken können?

Es hat groß angelegte Versuche gegeben, Kindern schon im Kleinkindalter (ungefähr mit 3 Jahren) Lesen und Schreiben beizubringen. Mit Erfolg. Die Kleinen konnten lesen und mit Einschränkung, weil sie feinmotorisch noch nicht weit genug entwickelt waren, auch schreiben. Der Vorsprung, mit dem sie in die Schule kamen, war aber nach wenigen Jahren dahin: Denken und verstehen konnten diese Kinder auf die Dauer doch nicht besser als ihre Altersgenossen, die erst mit 6 Jahren lesen und schreiben gelernt hatten.

Offenbar ist die Einschulung mit 6 Jahren aus der Perspektive der (meisten) Kinder »richtig«: Sie sind reif für eine neue Welt mit neuen Horizonten, und die brauchen sie jetzt auch, um sich gesund und harmonisch weiterentwickeln zu können.

Die neue Perspektive in den sozialen Beziehungen

Wenn ein Kindergartenkind sagt: »Inge ist meine Kindergärtnerin«, steckt dahinter das Gefühl: *Inge ist meine ganz persönliche, eigene Kindergärtnerin.* Dass außerdem noch andere Kinder in Inges Gruppe sind, ist für die persönliche Beziehung zwischen dem einzelnen Kindergartenkind und der Erzieherin ziemlich nebensächlich.

Schon in der 1. Klasse sagen die meisten Kinder dagegen von sich aus: »Frau Schütz ist unsere Lehrerin.« Dieser Aussage liegt ein vollkommen neues Beziehungsgefühl zugrunde: *Ich und die anderen Kinder in meiner Klasse, wir alle gemeinsam haben eine Lehrerin, Frau Schütz, die zu uns allen gehört, ich bin Teil einer Gemeinschaft.* Das ist im sozialen Empfinden eine völlig neue, viel weitere Dimension!

Diese neue Dimension wird auch in der Beziehung zu den Eltern spürbar. War beispielsweise Auflehnung, Ungezogenheit, Unfolgsamkeit bisher ein Kräftemessen und Grenzen-Ausprobieren, das die Zweisamkeit von Mutter oder Vater und Kind nicht wirklich aufbrechen konnte, so wird schon bei manchen Erstklässlern die »Ungezogenheit« zum wirklich aufbegehrenden, distanzierten Widerspruch. Das Bedürfnis (und die Fähigkeit!), zu den engsten Bezugspersonen auf Distanz zu gehen, ist neu und unverkennbar. Das Kind entdeckt nämlich, dass es außer der eigenen Mutter, die bisher zweifellos die einzig echte, wirkliche Mutter auf der ganzen Welt war, durchaus noch andere Mütter mit anderen Erziehungsstilen gibt.

Um diese für uns Erwachsenen so banale Wahrheit zu erfassen, muss man die Fähigkeit entwickeln, die eigene Situation ein bisschen von außen anzusehen und mit anderen zu vergleichen. Ist das nicht ein enormer Schritt im Vergleich zu vorher? – Die Fachleute sagen, das Kind verlässt jetzt seinen kleinkindlichen Egozentrismus.

Auch im sozialen Umgang mit den Freunden macht sich diese neue Perspektive bemerkbar. Wenn es zum Beispiel darum geht, dass man sich mit einem Freund zum Spielen verabredet hat, aber nicht mehr so große Lust hat hinzugehen, gilt für Kinder unter etwa 7 Jahren ganz einfach das »Gesetz«: »Was man versprochen hat, muss man auch halten.« Das ist eine »Erfindung« von Erwachsenen, die für anständige Kinder genauso verbindlich ist wie die Regel: »Nach dem Spielen und vor dem Essen Händewaschen nicht vergessen.« Was das alles mit dem anderen Kind zu tun hat, interessiert kleine Kinder nicht und sie können es auch noch nicht verstehen.

Mit ungefähr 7 Jahren »sehen« die Kinder plötzlich von sich aus auch das andere Kind, wenn sie mit dem Gedanken spielen, ihr Versprechen, zum Spielen zu kommen, nicht zu halten. Ganz bildlich stellen sie sich vor, wie es vielleicht am Fenster steht und vergeblich wartet. Das ist eine neue Fähigkeit, denn auf einmal spürt das Kind, dass es dem anderen durchaus etwas ausmacht, wenn es sitzen gelassen wird.

Der nächste Schritt kommt dann mit etwa 9 Jahren: Da fangen die Kinder an, sich zu überlegen, was der andere wohl über sie denkt, während er am Fenster steht, wütend ist und wartet. Sie stellen sich vor, dass er wahrscheinlich zu sich sagt: Mit der treulosen Tomate will ich nie wieder spielen, der ist nicht mehr mein Freund, wenn er sein Versprechen nicht halten kann. Kinder verstehen also erst mit ungefähr 8, 9 Jahren, dass man sich letztlich selbst schadet, wenn man nicht zuverlässig ist und sein Versprechen nicht hält. Siebenjährige sind dafür noch zu jung.

Gerade im Alter zwischen etwa 7 und 10 Jahren entwickelt sich das soziale Verständnis der Kinder in vieler Hinsicht enorm. (Monika Keller hat dazu mit ihrem Buch *Moralische Sensibilität* eine neuere, aufschlussreiche Untersuchung veröffentlicht.) Deshalb ist es für Kinder ja so wichtig, dass sie viel zusammen sein und oft miteinander spielen können. Sie brauchen sich gegenseitig, um sich zu entwickeln und innerlich zu wachsen.

Freundschaften sind zunächst in der Regel Einzelfreundschaften. Freundschaften, die wechseln oder von denen es gleichzeitig mehrere nebeneinander gibt. Oft haben die verschiedenen Freundschaften ganz spezielle Aufgaben: Mit dem einen Freund kann man vortrefflich Fahrrad fahren, mit dem anderen unbekannte Gefilde auskundschaften, mit der einen Freundin kann man wundervoll Verkleiden spielen und mit der anderen ausgiebig Klingelstreiche machen ... Gleichaltrige Klassenkameraden haben dabei einen unschätzbaren Vorteil: Man wird von ihnen weder über- noch unterfordert, was man von Lehrern, älteren oder jüngeren Kindern nicht unbedingt behaupten kann.

Noch ist es auch selbstverständlich, dass Mädchen und Jungen zusammen spielen. Sie beginnen aber zu entdecken, dass sich auch ihre Generation in zwei Teile teilt, dass Kinder Jungen *und* Mädchen sind. Natürlich wissen auch Kindergartenkinder, dass es Jungen und Mädchen, Männer und Frauen gibt. Untereinander fühlen sich die Kinder aber noch als Einheit. Für Siebenjährige hat die Erkenntnis, ich gehöre zur Gemeinschaft der Mädchen, Micha und Olli gehören zu den Jungs, einen ganz neuen Stellenwert. Das ist, wie wenn aus einer großen Seifenblase auf wundersame Weise zwei werden.

Siebenjährige machen das zum Thema. Überall auf der Welt, wo Jungen und Mädchen gemeinsam in die Schule gehen, gibt es das Pausenspiel »Jungen fangen Mädchen« und »Mädchen fangen Jungen«. Überall beginnen sich die Jungen in einer Ecke und die Mädchen in der anderen zusammenzurotten. Überall fangen Jungen an, Mädchen zu ärgern, ihnen Stifte wegzunehmen, sie an den Haaren zu ziehen, und überall empören sich die Mädchen zutiefst über die gemeinen Jungen. Dennoch und gerade so spielen sie zusammen.

Die neuen Perspektiven und die Gefühle

Wenn man entdeckt, dass alle Dinge auf der Welt zwei Seiten haben, wird das Leben zwar spannender, aber keineswegs einfacher. Ein Beispiel mit Gummibärchen:

Ein Kindergartenkind, das sich ein Gummibärchen aussuchen darf, mag vor der Entscheidung stehen, ob es das gelbe oder das rote wählen soll. Es wird sich für das entscheiden, von dem es sich mehr »angelacht« fühlt, es wird das nehmen, das einfach »schöner« aussieht.

Bei etwa Siebenjährigen kann die Entscheidung erheblich komplizierter werden. Etwa so: Rot ist zwar meine Lieblingsfarbe, aber das rote Gummibärchen schmeckt nach Kirsche, und Kirsche mag ich nicht so gern wie Ananas. Aber Ananas ist gelb und Gelb gefällt mir nicht. Entscheidend ist, welches Gefühl stärker wiegt: Rot ist wunderschön! Oder: Ananas schmeckt einfach am allerbesten! Aus diesem Widerstreit der Gefühle scheint es zuweilen keinen Ausweg zu geben, und manche Kinder stehen in diesem Alter ständig und »stundenlang« vor immer neuen schwierigen Entscheidungen.

Oft geht die Verwirrung der Gefühle sogar noch weiter. Besonders wenn andere Kinder im Spiel sind. Nehmen wir eine Geburtstagsfeier, bei der sich jedes Kind ein Gummibärchen aussuchen darf: Soll ich Rot nehmen, oder Gelb, Kirsche oder Ananas? Allerdings hat Micha gerade ein rotes Gummibärchen genommen und da ich Michas Freund sein will, sollte ich vielleicht doch lieber auch das rote nehmen, Kirschgeschmack hin oder her. Und natürlich macht Sabine es genauso und Christian und Olli und ... alle. Bis alle roten Gummibärchen weg sind und Micha, mit dem alle gut Freund sein wollen, bei der nächsten Runde entscheidet, welche Farbe als Nächstes genommen wird. Die Situation hat sich unvermittelt gewendet. Es geht nicht mehr um Gummibärchen, nicht mehr um die Gefühle, die mit Rot oder Ananasgeschmack zusammenhängen, sondern um soziale Gefühle, die mit Freundschaft, Gemeinschaft, mit Dazugehören oder Ausgeschlossensein zu tun haben. So kommt es, dass Kinder ab etwa 7 Jahren in einer zunächst vollkommen harmlosen, unverfänglichen Situation mir nichts, dir nichts außer Rand und Band geraten können, weil sie eine andere, unerwartete Gefühlsseite der Situation entdeckt haben. Ist das nicht phänomenal?

Was können Erwachsene tun?

All das Neue, das jetzt möglich wird, fasziniert, fordert heraus, regt an – und kostet Kraft!

Siebenjährigen, die an der Schwelle zu einer neuen, großen fremden Welt stehen, tut es besonders gut, wenn sie mit Erwachsenen zusammenleben, die ihnen zeigen, wie die Dinge auf der Welt hergestellt werden und wie sie funktionieren.

Wenn Kinder Eltern haben, die gelegentlich Brot selbst backen, die dem Kind eine Puppe und die dazugehörenden Kleider nähen, vielleicht auch die Schuhe dazu anfertigen und für den Teddy einen Rucksack, die gemeinsam mit den Kindern töpfern, einen kleinen Teppich für die Puppenstube weben, mit ihnen kochen und backen und sie an den handwerklichen Arbeiten im Haus beteiligen, erleben die Kinder unbewusst, dass man alles, was wirklich notwendig ist, notfalls selbst herstellen kann und dass man nicht zur Passivität und zum Konsum verurteilt ist. Das ist eine sehr ermutigende Lebenserfahrung!

Dazu gehört allerdings, dass die erziehenden Erwachsenen Geduld, Gelassenheit und Zuversicht aufbringen. Sie müssen lernen, Kinder Dinge selbst machen zu lassen und es auszuhalten, dass dabei manchmal etwas schief geht. Entscheidend für das Kind ist, dass es die Erfahrung machen kann: Das, was ich tu, ist wichtig und nicht nur »aus Spiel« – wenn es zum Beispiel einige Maschen an dem Pullover, den die Mutter strickt, selbst stricken darf, oder wenn es an dem Stuhl, den der Vater streicht, eine Seite ganz allein anmalen darf. Sich auszuprobieren, dabei Fehler machen zu dürfen und sich dennoch von den

Erwachsenen ernst genommen zu fühlen, ist in diesem Alter so wichtig wie vitaminreiche Kost. (Ein Tipp: Wenn Sie finden, dass sich Ihr Kind ungeschickt anstellt oder zu langsam ist, dann versuchen Sie das, was das Kind gerade tut, mit der linken Hand zu machen, falls Sie Rechtshänder sind. Dann spüren Sie, wie es Ihrem Kind gerade geht.)

Kinder, die dazu ermutigt werden, praktische Dinge selbst anzupacken, werden sich in den nächsten Jahren selbtsicherer mit der Welt auseinander setzen und mit mehr Phantasie, Geschick und Improvisationsgabe spielen und werken.

Siebenjährige können aber sehr gut ohne Erwachsene spielen. Erfahrungsgemäß finden sie noch ganz allein die Beschäftigungen, die sie in ihrer geistigen, körperlichen und sozialen Entwicklung weiterführen. Sie tun, wenn sie in einer anregend-natürlich-geschützten Umgebung allein oder gemeinsam spielen, normalerweise genau das Richtige, um ihr seelisches Gleichgewicht wiederzufinden und zu Kräften zu kommen. Voraussetzung ist allerdings, dass die Kinder am Nachmittag, an den Wochenenden und in den Ferien genügend Freiräume haben, in denen sie ohne Anleitung durch Erwachsene und ohne von Kassetten, Fernsehbildern, Computerspielen über die Maßen festgehalten zu sein, zu zweit oder zu dritt auf Entdeckungsreise gehen können.

Selbstverständlich müssen Kinder, sobald sie ihre eigenen Wege gehen, auf die Gefahren, denen sie in der Welt begegnen können, aufmerksam gemacht werden. Für den Umgang mit dem Straßenverkehr ist das inzwischen fast selbstverständlich. Jedes Kind lernt, wie es richtig über eine Straße gehen muss. Nur wenige Kinder aber erfahren von ihren Eltern und Erziehern, wie man zum Beispiel richtig mit Feuer umgeht, wie man richtig klettert oder wie man Unfälle an natürlichen Gewässern vermeidet.

Vielleicht wissen wir Erwachsenen selbst nicht mehr, worauf es ankommt, und ziehen es daher vor, den Kindern einfach alles zu verbieten, was aus unserer Sicht gefährlich sein könnte.

Besser als Verbote aber sind praktische Hinweise, die man Kindern ab 6, 7 Jahren mit auf den Weg geben kann, am besten, indem man sie ihnen konkret zeigt. Einige Beispiele:

- Wenn man klettert, darf man nur entweder eine Hand oder einen Fuß »loslassen«, weil man immer drei feste Haltepunkte braucht: also immer zwei Füße und eine Hand oder zwei Hände und einen Fuß.
- Wenn man auf einen Baum klettert, darf man nur auf dicke Äste treten und nur möglichst nah am Stamm, weil sie außen brechen können.
- Auf einen gefrorenen See darf man nur gehen, wenn schon Erwachsene drauf sind (weil sie schwerer sind).
- Wenn keine Erwachsenen da sind und man nicht sicher ist, dass das Eis hält, darf man nur einen Schritt weit vom Ufer auf das Eis gehen (und bei Tauwetter müssen alle Kinder deutlich gesagt bekommen, dass das Eis nicht mehr betreten werden darf, auch wenn es so aussieht, als wäre es noch fest).
- Nie in ein Wasser springen, das man nicht gut kennt: Man kann nicht wissen, was unter Wasser ist und woran man sich verletzen kann.
- Feuer darf man nur im Freien machen, und über dem Feuer darf nur der Himmel sein (also nie unter Bäumen, im Lager oder einer Scheune).
- Wenn man etwas anzündet, dann muss es auf einem Untergrund liegen, der nicht brennen kann: zum Beispiel Erde, Blech oder Steine.
- Wenn etwas Brennendes wegfliegt (Funken), kann es ande-

res anzünden. Deshalb darf man kein Feuer machen, wenn es windig ist oder trockenes Gras und Blätter in der Nähe sind.

- Im Wald nur mit Hilfe von Erwachsenen Feuer machen.
- Wenn man etwas anzündet, muss man es auch ganz sicher wieder ausmachen. Feuer auszumachen ist oft schwerer, als es anzuzünden. Manchmal reicht pusten nicht, dann muss man die Glut austreten oder sie mit Wasser löschen.
- Wenn ein Kind im Haus etwas anzünden möchte (ein Streichholz, eine Kerze), muss immer ein Erwachsener in der Nähe sein, der helfen kann, wenn etwas passiert.
- Wenn man mit spitzen Gegenständen spielt (mit Speeren, Pfeilen, Stöcken), darf man sie nie in die Richtung werfen oder schießen, in der andere Kinder oder Erwachsene sein können.
- Auch mit Spielzeugpistolen oder -gewehren soll man nie auf Menschen zielen.
- Wenn Kinder rausgehen, sollten sie am besten immer mindestens zu dritt sein, damit einer Hilfe holen kann, wenn mal etwas passiert, und der andere beim vielleicht verletzten Kind bleiben kann.

Ich weiß, dass vielen Erwachsenen bei solchen Regeln die Haare zu Berge stehen, weil sie fürchten, man würde die Kinder geradezu ermuntern, Feuer zu machen oder sich anderweitig in Gefahr zu bringen. Aus Kindersicht ist das anders: Kindern leuchten diese Regeln im Allgemeinen ein. Sie fühlen sich durch solche »Tricks« einerseits ernst genommen, andererseits aber spüren sie die Sorge und die ernsthafte Warnung der Erwachsenen. Danach richten sie sich allemal eher als nach Verboten. Mit diesen Regeln werden die Gefahren klar benannt und die Kinder fühlen sich in die Verantwortung genommen. Dadurch bringen sie sich und andere erfahrungsgemäß weniger in Gefahr, als wenn ahnungslos und ohne dass die Erwachsenen etwas ahnen, damit beginnen, mit »Gefährlichem« umzugehen. Sie *müssen* sich aber von diesem Alter an mit den Risiken der Welt auseinander setzen und lernen, Gefahren zu beherrschen. Da tun Erwachsene gut, die einem sagen, wie man das macht.

Bei aller aufkeimenden Selbständigkeit sind siebenjährige Erstklässler aber noch eindeutig zu klein, um ihr Leben selbst zu organisieren. Sie sind überfordert, ihre Nachmittage und Wochenenden so zu planen, wie sie es sich im Tiefsten ihrer Seele wünschen. Ohne die Unterstützung von Erwachsenen bleibt ihnen in unserer Gesellschaft tatsächlich oft nichts anderes übrig, als sich zu Hause mit Fernsehsendungen, Computer- oder anderen vorgefertigten Spielen zu begnügen. Das ist kein Leben. Kein Kinderleben!

Aufgrund dieser Erfahrungen starteten die Eltern der Klasse unserer jüngsten Tochter vor Jahren einen gemeinsamen Versuch: Von der 1. Klasse an wurde den Kindern ganz bewusst Gelegenheit verschafft, in ihrer Freizeit mit den Freundinnen und Freunden möglichst viel in freier Natur zu spielen, möglichst selbständig, nur locker und von ferne beaufsichtigt von Erwachsenen.

Trotz der Berufstätigkeit und der starken Beanspruchung vieler Elternpaare war das möglich. Es gab bei gutem Wetter samstags vor- oder nachmittags einen festen Treffpunkt an einem bestimmten Waldspielplatz. In Fahrgemeinschaften wurden die Kinder, die wollten, hingebracht und dann bewusst weitgehend sich selbst überlassen. Die Eltern waren zwar in Rufweite (und lernten sich bei ausgiebigen Schwätzchen am Sandkasten, in dem die kleineren Kinder spielten, näher kennen), aber sie hielten sich mit Aktivitäten zurück, es sei denn, sie wurden von den Kindern direkt zum Spielen aufgefordert (was selten vorkam).

Die Kinder haben diese Freiheit in der Gesellschaft der Klassenkameraden an einem Ort, den sie zunehmend in Besitz nehmen konnten, und natürlich die Möglichkeit, ausgiebig in der freien Natur spielen zu können, außerordentlich genossen. Und am Montag hat der Lehrer es genossen, dass die Kinder ausgeglichener und aufnahmefähiger waren als in anderen Klassen.

Darüber hinaus wurde es für Eltern und Kinder selbstverständlich, dass sich nachmittags häufig mehrere Kinder zum Spielen bei den Familien einfanden, die bereit waren, zwei oder drei, ab der 2. Klasse auch noch mehr Kinder aufzunehmen. Voraussetzung war auch, dass diese Familien einigermaßen naturnah wohnten und Mutter oder Vater zu Hause waren. Der Ansturm war für die Gastgeber weniger schlimm als befürchtet, weil die Kinder sehr bald selbständig spielten: Immer gab es »Wichtiges« zu erledigen und zu erleben, Abenteuer mussten gesucht und bestanden werden, und wenn sie nicht rauskonnten oder -wollten, liefen drinnen intensive Theaterproben, wurde gebastelt, gespielt, Lager gebaut, gebacken. Auch das Aufräumen wurde bald als Abschluss des Nachmittags zum anerkannten gemeinsamen Ritual.

Bis sie etwa 12 Jahre alt und dem Spielalter entwachsen waren, konnten diese Kinder noch wirklich weltvergessen miteinander spielen und ihre Abenteuer bestehen. Weltfremd sind sie darüber wahrlich nicht geworden! Trotz ihrer manchmal überbordenden und anstrengenden Lebhaftigkeit, die auch im Unterricht zu spüren war, fanden vor allem die Lehrer, dass sie weniger »verhaltensauffällig«, offener, angstfreier, selbstsicherer und fröhlicher waren als viele ihrer Altersgenossen.

Für unsere Jüngste gab es in diesem Zusammenhang in der 4. Klasse einen für sie deutlich spürbaren Bruch, als wir nach Berlin umzogen: Hier spielten die Klassenkameradinnen im Verein Hockey oder Tennis, sie gingen reiten oder zum Schwimmkurs, lernten oft zwei Musikinstrumente und waren tagaus, tagein vollauf und »sinnvoll« am Gängelband der Erwachsenen beschäftigt. Aber sie taten sich schwer, ihren spontanen Fähigkeiten, ihrer Phantasie und Improvisationsgabe zu trauen, geschweige denn sie auszuleben. Sie konnten nicht mehr spielen und die Welt war ihnen unheimlich. Einige Kinder sind zum Beispiel nie auf einen Baum geklettert, weil sie fanden, das sei zu gefährlich ...

Auch wenn man Kinder in diesem Alter getrost sich selbst überlassen kann, um gemeinsam mit Freunden zu spielen, brauchen sie eine erwachsene Bezugsperson, die da ist, wenn Material gebraucht wird oder wenn der Magen knurrt, jemanden, der die Zeit im Auge behält, der tröstet und hilft, wenn es Kummer gibt oder gar Verletzungen (die bei natürlichem Spiel durchaus vorkommen, aber nur sehr, sehr selten so dramatisch sind, wie es Eltern immer fürchten).

Erwachsene müssen darauf achten, dass die grundlegenden Dinge des Lebens abgesichert sind und zuverlässig weiterlaufen: Das Frühstück vor der Schule wird nicht von selbst zur festen Gewohnheit, und auch die Mittags- und Abendmahlzeit kann man einem Kind nicht allein überlassen. Es muss jemand da sein, der auf die richtige, zum Wetter passende Kleidung achtet und darauf, dass die Zähne geputzt und die Hausaufgaben gemacht werden, der mit ruhiger Bestimmtheit das Kind zur rechten Zeit ins Bett schickt und ihm, wenn es krank ist, zur Seite steht. Leider sind diese für die Lebenskräfte von Kindern so wichtigen Hilfestellungen in unserer Gesellschaft in allen sozialen Schichten keine Selbstverständlichkeit mehr.

Es ist zwar unglaublich, wie viel Kraft Kinder aufbringen können, um Versorgungsmängel von sich aus, so gut es geht, abzufangen. Es ist aber auch schmerzlich zu sehen, wie viele Kinder wirklich darunter leiden – und es meistens tapfer verstecken! –, dass sie so früh in diesen Dingen sich selbst überlassen und in diesem Sinn in eine für sie noch viel zu große Welt hinausgestoßen werden.

Das andere Extrem aber ist auch problematisch: Hausaufgaben, die mehr von den Eltern als von den Kindern erledigt werden (müssen?), Mütter, die ihren Kindern die Schultasche packen, anstatt sie zu fragen, ob denn alles eingepackt ist, die das Zimmer aufräumen, regelmäßig die Schmutzwäsche einsammeln, den Tag bis in die letzte Minute durchplanen usw. Zum Großwerden gehört auch, selbst Verantwortung übernehmen zu lernen für die Dinge, die man selbst verantworten kann. Das sind die Dinge, die ohne gravierende Schäden auch einmal danebengehen oder vergessen werden können – ist es so schlimm, wenn mal eine Hausaufgabe falsch gemacht, das Turnzeug mal vergessen wird?

Wenn Kinder größer werden, wenn sie sich weiterentwickeln und verändern, wenn sich ihre Bedürfnisse, Möglichkeiten, Horizonte und Perspektiven erweitern, dann müssen vor allem die Erwachsenen ihren Umgang mit dem Kind und ihre Beziehung zu ihm verändern. Dann müssen *sie* eine Schwelle überschreiten! *Sie* müssen von Zeit zu Zeit ihr Verhalten sehr bewusst umstellen und dem gewachsenen Kind anpassen. *Sie* sind es, die lernen müssen, ihrem größer gewordenen Kind anders, neu, auf einer – etwas – höheren Ebene zu begegnen und es als reiferen Menschen anzusprechen, es altersgemäß zu fordern, ohne es dabei zu überfordern, ihm neue Freiheiten zu gewähren, ohne es zu verstoßen, ihm Sicherheit zu geben, ohne es einzuengen.

Wo sind die Grenzen?

Die »Acht-, Neunjährigen« oder die »kleine Pubertät«

Der Patrick rennt zur Zeit rum wie eine legiche Henn« (wie ein Huhn, das dringend ein Ei legen möchte und auf der Suche nach einem Legenest kopflos herumirrt). Mit diesem fassungslosen Stoßseufzer charakterisierte eine schwäbische Heimerzieherin in einem Beratungsgespräch den neunjährigen Patrick. Sie war ziemlich ratlos angesichts seiner Rastlosigkeit, seiner Unausgeglichenheit – sie sprach von »Unausgegorenheit« –, seiner Unfähigkeit, sich auf eine Sache zu konzentrieren und etwas zu Ende zu bringen. Seine ständigen Provokationen, seine altklugen Erziehungsmaßnahmen ihr gegenüber, seine rebellischen Versuche, alle Gruppenregeln über den Haufen zu werfen und die anderen Gruppenkinder gegen die Erzieher aufzuwiegeln, machten sie wütend. Gleichzeitig erlebte sie ihn aber als schutzloses, Geborgenheit suchendes Kind, das sich aber vor lauter innerer Unruhe nirgendwo anlehnen und niederlassen konnte.

Patrick war – und ist vermutlich heute noch – ein Mensch, der alle Entwicklungsphasen und -krisen besonders gründlich und extrem durchlebte und durchlitt.

Die Erzieher kannten ihn und seine tief begründeten Verhaltensstörungen seit geraumer Zeit. Aber die Veränderungen, die in den vergangenen Wochen immer deutlicher an ihm zu spüren waren, mussten andere Ursachen haben. Er steckte spürbar in einem entwicklungsbedingten Gärungsprozess.

Als wir ein knappes Jahr später gemeinsam in einem Teamgespräch auf seine Entwicklung zurückschauten, waren wir überrascht, wie sehr sich Patrick zwischen seinem 9. und 10. Geburtstag verwandelt hatte: Zwar war er immer noch sehr »schwierig« und eine echte erzieherische Herausforderung, aber von »Gärung«, »kopflosem Herumirren« konnte beim Zehnjährigen keine Rede mehr sein. Das pädagogische Geschick der Erzieher allein konnte diese Wandlung nicht bewirkt haben.

Max und Steffen wuchsen am Rand eines kleinen Dorfes auf, waren seit Kindergartentagen eng befreundet und hatten weidlichen Auslauf. Eines Tages vermisste Steffens Vater seine Säge. Weil er sie dringend brauchte, um einige Äste abzusägen, machte er sich auf den Weg zum Lager der beiden Jungs, von dem er wusste, dass es im nahe gelegenen Wald in einer versteckten Erdkuhle eingerichtet war. Die Jungs waren nicht da. Als der Vater in das Lager »eingebrochen« und so behutsam wie möglich hineingekrochen war, entdeckte er nicht nur seine inzwischen angerostete Säge, sondern zu seinem Entsetzen eine kleine Feuerstelle, und zwar unter den trockenen Brettern und Ästen des Lagers im zur Zeit sehr trockenen Wald. Außerdem fand er eine erstaunliche Sammlung ziemlich frischer Zigarettenkippen – seiner Marke!

Auf dem Heimweg purzelten die Gedanken und Gefühle des armen Mannes nur so durcheinander: Wenn die Hütte Feuer gefangen hätte ... Hat sie aber nicht: Konnten die Jungs doch schon so sicher mit Feuer umgehen? Verlassen durfte er sich auf keinen Fall darauf. (Jetzt erst fiel ihm auf, dass sie einen

Eimer voll Wasser in einer Ecke stehen hatten.) Dabei wussten beide Jungs ganz genau, dass sie allein kein Feuer machen durften, das war ihnen regelmäßig eingeschärft worden, immer wenn die Väter Feuer gemacht hatten. Dann das mit dem Rauchen – wenn die jetzt schon damit anfingen! Er war immerhin schon 12 gewesen, als er seine erste Zigarette geraucht hatte. Er ärgerte sich, dass Steffen ihm seine Zigaretten geklaut und er es nicht einmal bemerkt hatte. Was würde seine Frau sagen? Sie hätte ja gefälligst auch etwas besser auf den Sohn aufpassen können! Sollte er mit ihr überhaupt über seine Entdeckung reden? Dann würde sie bestimmt wieder damit anfangen, dass *er* mit dem Rauchen aufhören solle, weil das ungesund und außerdem ein schlechtes Vorbild für die Kinder sei. Sollte er die Jungs zur Rede stellen oder das Ganze einfach ignorieren? Immerhin ließ sich nicht verbergen, dass er die Säge aus dem Lager geholt hatte und die Kippen gesehen haben musste (jetzt fühlte er sich plötzlich als der Missetäter!). Aber vielleicht würden die Jungs das Verschwinden der Säge gar nicht bemerken, so ordentlich waren sie nicht. Wenn sie ihn aber mit der Säge hantieren sähen? Vielleicht wäre es vernünftig, sich zu beeilen, um fertig zu sein, bevor Steffen nach Hause käme? So ein Unsinn, so weit käme es noch, dass er vor seinem Sohn kuschte! Eine Tracht Prügel gehörte ihm, sonst nichts, damit wäre der Fall erledigt. – Wäre er das? Mit Prügeln konnte man Steffen nicht beikommen, das stand fest ... Wenn sich der Junge doch nur an das halten würde, was man ihm sagt! Seit er in der 2. Klasse ist, hat er überhaupt keinen Respekt mehr vor dem Vater. Der einzige Mensch, dem er vorbehaltlos glaubt, scheint die Klassenlehrerin zu sein, und mit der kann man ja nun nicht darüber reden, dass Steffen und Max heimlich Feuer machen und rauchen ...

Irgendwann, während er die Bäume stutzt, ordnen sich seine Gedanken: Er hat die Säge geholt, weil sein Sohn sie nicht zurückgebracht hat. Dabei hat er entdeckt, dass Steffen und Max Dinge tun, die eindeutig verboten sind. Wollten sie vielleicht sogar insgeheim dadurch, dass sie die Säge nicht zurückgebracht haben, irgendwann »entdeckt« werden? Jedenfalls wird er, sobald die zwei Halunken auftauchen, beiden gemeinsam klar und deutlich sagen, was er weiß und was er von ihren Taten hält. Er hat zunehmend das Gefühl, dass es genügen könnte, das Geheimnis der beiden aufzudecken, die Grenzen wieder klar zu ziehen und ihnen die Köpfe zurechtzurücken. Eine »Bestrafung« kommt ihm in dieser Situation merkwürdig fehl am Platz vor – er wüsste auch gar nicht, wie er die Jungs bestrafen sollte. Eher so etwas wie »reden von Mann zu Mann« könnte passen ... Wahrscheinlich haben die beiden sich überhaupt nicht klargemacht, dass ein Feuer im Dach ihrer Bude nicht so einfach mit einem Eimer Wasser von unten zu löschen wäre, bestimmt haben sie nur an das Feuer am Boden gedacht. Einerseits halten sie sich schon für so groß und erwachsen, andererseits haben sie eben doch noch nicht den Überblick. Wenn er sie dazu bringen würde, sich die unbedachten Folgen ihrer Spielchen auszumalen, dann wäre das bestimmt mehr wert, als wenn er sie beschimpfte ...

Florian suchte Grenzen auf andere Weise. Er war der »gescheite« Sohn eines Lehrerehepaares. Vater und Mutter legten großen Wert auf gesunde Lebensweise und darauf, dass im Alltag alles seinen organisierten Gang ging. Sie waren froh, dass Florian gut in der Schule war und er ihnen auch sonst keinen Kummer bereitete.

Als er 8 war, irritierte er seine Eltern allerdings zunehmend: Jeden Besucher, der sich eine Zigarette ansteckte, klärte er eindringlich über die Gefahren des Rauchens auf. Als bei der Geburtstagsparty seines Freundes die Kinder jede Menge Bonbons bekamen, gab er zu bedenken, dass Süßigkeiten schlecht für die Zähne seien. Beim Autofahren achtete er peinlich darauf, dass der Fahrer nicht etwa bei Gelb über die Ampel fuhr. Den ganzen Tag fragte er die Erwachsenen, was erlaubt sei und was verboten, was richtig und was falsch: Dürfen am Tag die Scheinwerfer am Auto eingeschaltet sein? Dürfen Eltern ihren Kindern erlauben, überhaupt nicht in die Schule zu gehen? Darf man Zigarettenkippen auf den Gehweg werfen?

Es wurde den Eltern zunehmend unangenehm und oft genug auch außerordentlich peinlich, dass sich das Interesse ihres Sohnes nur noch darauf zu konzentrieren schien, den Erwachsenen einen Spiegel vorzuhalten und ihnen zu zeigen, wo sie anders handelten, als zumindest Florian es von ihnen erwartete. Als Eltern der 68er-Generation sahen sie voll Grauen ihren Sohn schon als den bürokratischsten aller Verwaltungsrichter im angestaubten Talar kleinkariert Recht sprechen.

Inzwischen ist Florian längst erwachsen – und nicht Jurist geworden. Er raucht zwar nicht, isst aber mit Vergnügen Weißbrot und leidenschaftlich gern Gummibärchen. Er trinkt mit Freunden sein Bierchen, riskiert den Strafzettel beim Falschparken, ärgert sich über engstirnige Bürokratie und ist ein durchweg toleranter und normaler junger Mann geworden – nur in manchen Bereichen ist er etwas pedantisch geblieben.

Sven und Markus dagegen missachteten alle Anstandsregeln gezielt – was man in diesem Fall durchaus wörtlich nehmen darf: Sie pinkelten vom Balkon herunter und probierten dabei nicht nur aus, wer weiter konnte ...

Lydia und Petra mussten sich, mangels naturgegebener »Wasserpistolen«, etwas anderes überlegen. Zuerst versuchten sie es mit spucken. Die Zielgenauigkeit ließ aber sehr zu wünschen übrig (der kleinste Luftzug ist mächtiger als das genaueste Zielen), außerdem bekommt man ziemlich schnell einen unangenehm trockenen Mund. Also gingen die beiden zu Schimpfwörtern und Beleidigungen über, die sie aus dem Fenster brüllten. Als das keinen Spaß mehr machte, weil sich die Passanten entweder nicht darüber aufregten oder so empört waren, dass sie drohten, den Eltern Bescheid zu sagen, wählten sie eine anonymere und direktere Form: Sie riefen irgendwelche Leute an und beleidigten diese am Telefon. Sehr bald wechselten sie dann zu den nun keineswegs mehr zufällig gewählten Nummern der Klassenkameraden, bevorzugt der Jungen, und damit änderte sich auch der Inhalt der anonymen Botschaften. Es waren ihre ersten Intrigen, indem sie gezielt – meistens frei erfundene – Mitteilungen über Liebschaften und Hassgefühle zwischen den Klassenkameraden verbreiteten ...

Im Alter zwischen 8 und 10 gärt es. Der Mensch befindet sich, ähnlich wie im Alter von etwa 15 Jahren oder während des Trotzalters, in einem inneren Um- und Ausbau, der vielleicht unter Erwachsenen nicht so bekannt, aber für die Entwicklung des Kindes enorm wichtig ist: Die äußeren und inneren Lebensgrenzen müssen neu bestimmt und die innere Ordnung muss neu gefunden werden.

Während eines Um- und Ausbaus herrscht Chaos: Nichts ist am gewohnten Platz, alles ist durcheinander, provisorisch. Aber trotz der Strapazen, die man aushalten muss, ist die Zeit des Umbaus gleichzeitig voller Verheißung, voller Vorfreude, voller Visionen einer neu geordneten, den neuen Bedürfnissen angepassten Lebenswelt. Das ist ungefähr die Grundstimmung, die jedes Kind mehr oder weniger ausgeprägt irgendwann in der Zeit zwischen dem 7. und 10. Geburtstag, meistens im Alter zwischen 8 und 9 Jahren durchlebt.

Rudolf Steiner beschrieb das 9. Lebensjahr als die Zeit der »Rubikon-Überschreitung«. Der Rubikon war im Römischen Reich ein bedeutsamer Grenzfluss. Unter Missachtung jahrhundertealter Gesetze und Regeln überschritt Cäsar eines Tages mit seinen Truppen diesen Fluss und löste damit einen Bürgerkrieg, eine Revolution, einen Prozess staatlicher Umformung aus.

Verbotenes

Kein Zweifel: Dieses Bild trifft zumindest teilweise die Situation der Acht-, Neunjährigen: Sie sind aufsässige kleine Revolutionäre, die Grenzen heimlich oder herausfordernd überschreiten, wo sie nur können. Der große Unterschied zwischen Acht-, Neunjährigen und Cäsar ist aber der, dass Cäsar definitiv nicht zurückgehalten werden wollte. Acht-, Neunjährige verlieren sich, wenn sie nicht gehalten werden. Sie stellen die *Berechtigung* der Grenzen im Grunde nicht in Frage. Sie stellen die Grenzen vielmehr auf die *Probe*. Und sie wollen die Welt von einer anderen Seite aus kennen lernen.

Ein typisches Beispiel für eine Grenzüberschreitung in die Welt der Erwachsenen ist in unserer Kultur das Rauchen. In Gesprächen, die ich mit Erwachsenen zum Thema Grenzüberschreitungen in der Kindheit führte, berichtete die Mehrzahl derer, die jemals geraucht haben, dass sie mit 12 oder mit 13 die erste – verbotene – Zigarette geraucht hätten. Mit erstaunlicher Übereinstimmung sagten aber einige andere: »Das war ungefähr in der 2. Klasse, also mit etwa 8 oder 9 Jahren.« Fragte ich bei denen nach, die spontan 12 oder 13 Jahre genannt hatten, ob das wirklich die allererste Raucherfahrung war, kam häufig eine andere Erinnerung zum Vorschein: »Nein, es stimmt, als ich zum ersten Mal geraucht habe, war ich 8« (oder 9, selten 7). Und dann kam die beschämt-belustigte Geschichte dieser allerersten, allerheimlichsten, inzwischen fast vergessenen Pfeife oder Zigarette, die irgendwo im sicheren Versteck gemeinsam mit dem Freund oder der Freundin »geraucht« worden ist. Im Schlepptau von älteren Kindern wurde auch schon mal mit 7, sogar 5 Jahren gepafft. Auffallend ist, dass kaum jemand sagte, er sei 10 oder 11 Jahre alt gewesen. Und kein Einziger sagte, er habe mit 8 »angefangen zu rauchen«. Nein, mit 8 war das Rauchen noch ein kleiner, harmloser, heimlicher Streich.

Gerade am Symbol Rauchen wird deutlich, dass Grenzüberschreitungen in der Kindheit je nach Alter zwei verschiedene Signale beinhalten: An der Schwelle zur Pubertät mit 12, 13 Jahren hat das Rauchen eine vollkommen andere Bedeutung als bei Acht-, Neunjährigen: Zwölfjährige drücken mit ihrer Grenzüberschreitung aus: »Ich finde mich schon so groß, dass ich jetzt auch rauche!« Damit wollen sie signalisieren, dass sie dabei sind, die Kinderwelt zu verlassen und sich anschicken, endgültig in die Welt der Jugendlichen einzutreten. Bei Achtjährigen heißt rauchen: »Ich rauche, *weil* es verboten ist« – und im Grunde kein Zweifel daran besteht, dass es in den nächsten Jahren bei diesem Verbot bleibt. Sie tun ganz bewusst etwas, von dem sie genau wissen, dass sie es bestimmt nicht tun dürften, weil sie noch zu jung dafür sind. Sie überschreiten also eine Grenze, von der sie eigentlich zurückgehalten werden wollen.

Dahinter steht der Wunsch, dass es den Erwachsenen nicht egal sein soll, wenn man in diesem Alter Grenzen, die zu weit draußen liegen, die »zu weit gehen«, überschreitet. Achtjährige stellen mit ihrem Verhalten unbewusst die Frage, ob die Erwachsenen sie zurück-*halten* und zurecht-weisen würden, wenn sie die Grenzüberschreitung entdeckten. In ihrem Verhalten sprechen sie ohne Worte die zentrale Frage ihres Lebens aus: Wie weit kann ich gehen – wie weit lasst ihr mich gehen, ehe ihr mich zurückhaltet? Wie weit ist die Welt und wo endet sie, in der ich mich frei, ungefährdet, eigenverantwortlich bewegen kann?

Nun werden wahrscheinlich die meisten Kinder, die mit 8 Jahren rauchen, keineswegs entdeckt und zurechtgewiesen. Und sie werden trotzdem nicht zu Gewohnheitsrauchern. Offenbar kommen sie selbst »zur Vernunft«. Woran liegt das?

Es gibt ja durchaus Kinder, die nicht von allein zur Vernunft kommen und tatsächlich mit 8 Jahren anfangen, regelmäßig zu rauchen. Straßenkinder zum Beispiel. Ich habe auch Kinder aus verwahrlosten Familienverhältnissen erlebt, die mit 8 Jahren zwar heimlich, aber regelmäßig geraucht haben. Offenbar werden eher solche Kinder zu Gewohnheitsrauchern, die kein sicheres Zuhause, das heißt keinen Halt durch erwachsene Bezugspersonen haben. Kinder aus sozial problematischen Verhältnissen, die regelmäßig geraucht hatten und mit 9, 10 Jahren in Familienheimgruppen aufgenommen worden sind, hörten von selbst auf zu rauchen, ohne dass das Thema Rauchen von den Erziehern besonders angesprochen worden wäre.

Ralf zum Beispiel war aus desolaten Verhältnissen heraus mit 9 Jahren ins Heim gekommen. Er war 13, als wir uns in der Therapie begegneten. Nach der ersten Kennenlernphase probierte er aus, wie weit er sich mir gegenüber öffnen konnte, und erzählte mir von allerhand Schandtaten. Ich fragte nach dem Rauchen. Darauf sagte er mit einer umwerfend herablassenden Abgeklärtheit und mit einer verächtlichen Handbewegung, die meine offenkundig völlig danebengegriffene Frage in die Kategorie der Kindergartenthemen verwies: »Rauchen? Das habe ich mir schon mit 10 abgewöhnt!«

Offenbar hatte auch er mit der Aufnahme in die Heimgruppe die Erfahrung gemacht, die ein anderer Junge einmal ungefähr so beschrieb: Hier in der Gruppe gibt es zwar ärgerliche Regeln und Grenzen, an die ich mich leider halten muss, aber ich fühle mich hier sicher und aufgehoben, weil jemand da ist, den es interessiert, ob ich die Regeln beachte oder nicht, dem es nicht egal ist, was ich tue, dem ich wichtig bin, an den ich mich halten kann.

Wenn Kinder Verbotenes tun, stellen sie allerdings nicht nur die Regeln und Grenzen der Erwachsenen auf die Probe. Etwas zu tun, das verboten ist, erfordert immer auch eine Entscheidung *gegen* eine innere Stimme, die sagt: »Tu's nicht, das ist verboten«, und *für* die andere innere Stimme, die sagt: »Tu's doch, es macht Spaß, und außerdem schaffst du's.« Sich für die Stimme zu entscheiden, die eigenständig, in eigener Verantwortung gegen die Regeln handeln will, ist eine nicht zu unterschätzende Willensleistung – auch wenn das die meisten Erwachsenen überhaupt nicht gern hören. Wie im Trotzalter und wieder in der Pubertät, ist das Überschreiten von Grenzen auch eine wichtige Übung der Willenskraft und der Eigenverantwortlichkeit. Kinder müssen ihre Kraft, etwas eigen-willig zu tun, erfahren, und suchen sich dafür passende Gelegenheiten.

Trotzdem erfährt man seine eigene Kraft letztlich aber nur, wenn man auf eine Gegenkraft stößt: Im Fingerhakeln mit den Erwachsenen wollen die Kinder letztendlich spüren, dass die Erwachsenen doch noch die Stärkeren, die Weiterentwickelten, eben die Erwachseneren sind, die das Kind im Zweifel immer noch halten können. Diese Erfahrung ist für jedes Kind, und sei es noch so aufsässig und schwierig, sehr beruhigend.

Herzloses

Die folgende Form von Grenzüberschreitung erscheint für uns erwachsene Vernunftmenschen besonders unverständlich und verwerflich. Ich erwähne sie, weil sie in vielen Lebensberichten in erstaunlicher Regelmäßigkeit auftaucht – nicht nur aus früheren Zeiten und von Menschen, die auf dem Land aufgewachsen sind. Vielleicht hat sie ja für die Entwicklung von Kindern eine größere Bedeutung, als wir wahrhaben wollen, und wenn wir wissen, dass ihr Auftreten kein Grund zur Panik ist, können wir gelassener und sicherer damit umgehen. Ich spreche von den Plünderungen von Vogelnestern und anderen »Spielen« und »Versuchen« mit Tieren. Meistens werden diese Erlebnisse von erwachsenen Erzählern mehr gebeichtet als geschildert. Kopfschüttelnd sehen sie auf ihre Untaten zurück, die sie aber doch, ganz ungeniert, im Alter von 8, 9 Jahren begangen haben.

Siegfried von Vegesack, der auf einem baltischen Gut gemeinsam mit einem gleichaltrigen Cousin aufgewachsen ist, schreibt:

Da plötzlich stürzte Boris mit wildem Geschrei, den Speer schwingend, in einen Cyrenenbusch, und gleich darauf schoß ein rostbrauner Hahn mit gesträubten, zerzausten Federn schrill krächzend über den Rasen. Das war eine aufregende, grausame Jagd. Manchmal setzte sich sogar der gereizte Gockel mit aufgeplusterten Flügeln zur Wehr. Nur dieser abgehetzte, cholerische wütende Hahn war der Feind – die anderen Hähne und Hühner wurden niemals gejagt. (Vegesack, S. 102)

Auch Günter de Bruyn, in Brandenburg aufgewachsen, berichtet von einer ähnlichen Geschichte:

Die Wasserratte, die von Wolfgang gesichtet wurde, hatte bei zehn Verfolgern, die mit Stöcken, Bogen und Katapulten bewaffnet waren, keine Chance zu entkommen; sie flog ans Ufer, wurde in eine Sandkuhle getrieben und mußte jeden Versuch, den Kreis, den ihre Peiniger um sie gebildet hatten, zu verlassen, mit Stockhieben bezahlen, die immer von der Mahnung begleitet wurden: Schlagt sie nicht tot! (Bruyn, S. 28)

Auch moderne Stadtkinder kennen solche Spielchen, mit denen sie ausprobieren wollen, wie weit sie bei Tieren gehen können: die Katze, die im Puppenwagen festgebunden wird, der Wellensittich, dem die Schwanzfeder abgeschnitten und wieder angeklebt wird, das Meerschweinchen, das in die Badewanne mitgenommen wird ...

Diese »Tierversuche« der Acht-, Neunjährigen haben einen vollkommen anderen Charakter als die der drei- bis fünfjährigen Kleinkinder: Kleine Kinder »misshandeln« Tiere aus einem gedankenlos-neugierigen Manipulationsdrang heraus. Wenn ein Vierjähriger einer Fliege die Flügel ausreißt, dann ist das für ihn im Grunde nichts anderes, als wenn er einem Gänseblümchen die Blütenblätter auszupft: Er will sehen, wie Gänseblümchen und Fliege hinterher aussehen, was sich verändert. Er will jedenfalls nicht in erster Linie erkunden, wie die Fliege wohl auf seine »Operation« reagieren wird, er tut es nicht, um festzustellen, wie weit er bei der Fliege gehen kann. Genau aber diese Frage steht mehr oder weniger bewusst hinter den Ideen der Acht-, Neunjährigen, die sehr wohl »wissen«, was sie tun, aber nicht wissen, ob sie damit noch im vertretbaren Rahmen liegen oder schon die Grenzen des Zumutbaren überschreiten.

Marion Gräfin Dönhoff spricht es direkt aus:

Es gab fünf Hennen und einen Hahn. Sie waren noch nicht lange da, als wir auf den Gedanken kamen, auszuprobieren, was wohl passiert, wenn wir den Hühnern Brot zu fressen geben, das in Alkohol getränkt ist.

Der Effekt war verblüffend ... (Dönhoff, S. 149)

Kinder begegnen in diesen Spielen und Experimenten jenem schaurig-verlockenden, abstoßend-lustvollen Gefühl, das bei Erwachsenen, zum Sadismus verzerrt, so furchtbar außer Kontrolle geraten kann.

Warum werden aber nicht alle Menschen, die in ihrer Kindheit solche Erfahrungen gesammelt und diesen zwiespältig-faszinierenden Gefühlen begegnet sind, später zu Sadisten, Tierquälern, Schlägern oder Kriegsfanatikern? Wahrscheinlich, weil sie als Kind am Ende doch begriffen haben, dass sie die Grenze zur Misshandlung eines Lebewesens überschritten haben. Weil es nicht bei dem Gefühl des »sadistischen Vergnügens« geblieben ist, sondern weil sie zusätzlich ein anderes tief gehendes Gefühl erlebt haben: die Betroffenheit darüber, dass sie sich schuldig gemacht haben, dass sie zu weit gegangen sind. Dabei haben sie nicht nur gelernt, Grenzen wahrzunehmen, sondern auch, sie zu respektieren. Diese Klärung hilft ihnen später, zwischen Menschlichkeit und Unmenschlichkeit zu unterscheiden und die eigenen sadistischen »Bedürfnisse«, die irgendwo in uns allen schlummern, aus Achtung vor dem anderen zu unterdrücken.

Die Berichte von oben gehen nämlich wie fast alle anderen vergleichbaren Geschichten weiter.

In von Vegesacks Erzählung hatte der geachtete Hauslehrer der beiden Jungen Wind von der Sache bekommen:

Aber furchtbar waren seine Augen, als er einmal Boris und Aurel zu sich ins Zimmer rief.

»Was habt ihr getan?« fragte er und seine Stimme bebte.

»Den alten Gockel gejagt«, antwortete Boris.

»Und warum habt ihr das getan?«

»Weil wir Krieg spielten«, sagte Boris unbekümmert.

»Ist das ein ritterlicher Kampf: ein armes, wehrloses Tier zu jagen?« Die schwarzen Augen loderten so, daß die Jungen den Blick zu Boden schlagen mußten. Dann hörten sie eine tonlose, eindringliche Stimme:

»Ich strafe nie. Euer Gewissen wird euch selbst strafen. Denkt mit aller Kraft an die grausamen Qualen, die ihr dem unglücklichen Tier zugefügt habt, und betet zu Gott, daß er euch verzeiht!«

Der Gockel wurde nie mehr gejagt ... (Vegesack, S. 106 f.)

Bei Günter de Bruyn gerieten die Jungen zunächst noch tiefer in den Taumel der Grausamkeiten, die *Lust*, wie es de Bruyn nennt. Doch dann heißt es:

Da sprang meine Schwester, die mich bei Beginn der Rattenjagd schon beiseite gezogen hatte, mit hysterischem Kreischen auf Wolfgang zu, warf ihn, der sich nicht wehrte, ins Gras, zerrte an seinen Haaren und schrie: »Hört auf! Hört endlich auf!« ...

Zu den Sagen aus Heldenzeiten, die ich in den Jahren danach meinem Freund Hannes erzählte, gehörte diese Geschichte nicht. Auch meine Geschwister erwähnten sie nie, und mir gelang zeitweise, sie zu vergessen ... (Bruyn, S. 28)

Und auch bei Marion Gräfin Dönhoff erlebten die Kinder die Konsequenz ihres Experiments:

Groß aber war unser Entsetzen, als Frau Olschewski am Abend erschien und meiner Mutter berichtet, sie habe den kostbaren Hahn schlachten müssen, weil er plötzlich krank geworden sei. »Wieso denn krank?« – »Er zitterte und torkelte immerfort hin und her.« Wir machten uns schleunigst aus dem Staube. (Dönhoff, S. 149)

Glücklicherweise brauchen nicht alle Kinder derartige Grenzerfahrungen im Umgang mit Tieren, um tierliebe, einfühlungsfähige, menschlich handelnde Erwachsene zu werden. Irgendwo sitzt ein Kompass, der auch ohne Test ganz zuverlässig funktioniert – wenn er nicht zerstört wird. Käme nämlich ein Erwachsener zu solchen »Kinderspielen« dazu und signalisierte er den Kindern mit oder ohne Worte: »Macht nur weiter, mir ist es egal, was mit dem Tier passiert«, wäre das *auch* für die Kinder grausam, weil sie damit ihre Orientierung vollends verlieren würden.

Die Grenzen zwischen Gebrauch und Misshandlung im Umgang mit Tieren – und den Mitmenschen – sind in verschiedenen Kulturen außerordentlich unterschiedlich gezogen. Fest steht aber, dass Kinder etwa im Alter von 8 Jahren versuchen herauszubekommen, wo diese Grenzen in den Köpfen der Erwachsenen und nach den Regeln der Kultur, in die sie hineinwachsen, verlaufen.

Aber wo liegen diese Grenzen in der »Fernsehkultur«, aus der so viele Kinder heute ihre Maßstäbe nehmen? Was ist, wenn aus dem Fernsehgerät – und damit aus der Erwachsenenwelt – unentwegt die Botschaft kommt: Gewalt gegen andere gehört dazu, sie ist ganz normales Verhalten? Wer bricht bei diesen alltäglichen Grausamkeiten den fürchterlichen Bann, wenn die Kinder als ohnmächtige Zuschauer in die Lust der Grausamkeiten gezogen sind? Und wer wirft sich mit hysterischem Kreischen auf den Fernsehapparat und schreit: Hört auf, hört endlich auf!?

Respektloses

Achtjährige fühlen sich groß, stark und übermächtig. Sie haben trotz der Orientierungslosigkeit, in der sie sich befinden, normalerweise ein ausgeprägtes Selbstbewusstsein – noch! Ab etwa 12 Jahren beginnt es dann zu wackeln. Ohne Selbstbewusstsein könnten sie jetzt aber Grenzen überhaupt nicht suchen, geschweige denn überschreiten!

Wenn man groß, stark und mächtig wird, geraten die Menschen, die man bisher für die einzig Großen, Starken und Mächtigen hielt – die Eltern –, in einen unabwendbaren »Schrumpfungsprozess«. Und der muss gelegentlich abgetastet und überprüft werden: Acht-, Neunjährige benutzen dafür – unbewusst – zwei Methoden:

1. Obwohl vermutlich der größte Teil der Missetaten von Acht-, Neunjährigen *nicht* von Erwachsenen entdeckt wird, gehen die Kinder irgendwann an einem Punkt doch zu weit, so weit, dass die Erwachsenen auf ihre Übertreibungen, Untaten und Regelmissachtungen aufmerksam werden *müssen*. Dann erwarten sie eine Stellungnahme der Erwachsenen. In Bruchteilen von Sekunden kann sich dann entscheiden, ob der betreffende Erwachsene von Stund an geachtet oder missachtet wird. Unerwartet mit der Situation konfrontiert, kann sich nämlich kein Erwachsener verstellen, und die Kinder können genau ausloten, wie es um seine Entschiedenheit, Grenzen zu ziehen, um seinen verständnisvollen Humor, seine persönliche Betroffenheit und seine Souveränität bestellt ist. Diese Methode eignet sich besonders gut, um die »neuen« Bezugspersonen, nämlich die Lehrer, auf den Prüfstand zu stellen.

2. Acht-, Neunjährige haben das unwiderstehliche Bedürfnis, die bislang als Autorität geachteten Erwachsenen (das sind in der Regel die Eltern) von ihrem Podest zu stürzen: Sie fangen an zu erkennen, dass die ehemaligen Halbgötter erstens durchaus fehlbar und zweitens angreifbar sind. Sie glauben ihnen sicherheitshalber deshalb gar nichts mehr. (Dafür stehen die Lehrer jetzt hoch im Kurs.)
   So ist es: Sie selbst überschreiten zwar munter Regeln und Grenzen, aber an die Erwachsenen legen Acht-, Neunjährige strenge moralische Maßstäbe an! Sie beobachten ihre Eltern haargenau und rügen unverhohlen deren »Unarten«. Kaum ein Vater oder eine Mutter entkommt den Erziehungsversuchen und der unerbittlichen Kritik der eigenen Kinder, die natürlich genau die wunden Punkte ihrer Eltern treffen.
   Kritik ist unangenehm. Folglich reagieren die meisten Eltern verärgert und unwirsch auf ihre ewig unzufriedenen »Motzkis« und liefern ihnen damit nur einen weiteren Anlass zur Kritik ... Eine unglücklicher Zirkel von gegenseitigen Meckereien und Gereiztheiten entsteht. Weil die Erwachsenen nicht erkennen – und noch weniger verstehen –, dass das acht- oder neunjährige Familienmitglied gerade in einem inneren Umbruchprozess steckt, verlieren sie ihre eigene Standfestigkeit und lassen sich selbst in die Orientierungslosigkeit und Gereiztheit ihres Kindes mit hineinziehen. Nichts aber bräuchte das Kind so sehr wie Eltern, die sich nicht aus der Fassung bringen lassen, die bereit sind, sich mit dem Kind aus einer sicheren Position heraus auseinander zu setzen, ohne es zu unterdrücken oder gegen das Kind anzustreiten. Denn das Kind versucht im Innersten nur, eine neue Ordnung, eine neue Orientierung in die Welt zu bekommen. Und dazu gehört auch, den Eltern neu,

auf einer anderen Ebene (die allerdings noch nicht die gleiche Ebene ist!), zu begegnen.

Die Kinder wollen jetzt vor allem von ihren Eltern erleben und lernen, was es bedeutet, »Farbe zu bekennen«.

So hätte Steffens Mutter aus dem Beispiel von oben nicht ganz Unrecht, wenn sie ihren Mann dazu ermuntern könnte, gerade jetzt mit dem Rauchen aufzuhören: Acht-, Neunjährige sind außerordentlich empfänglich für »Selbsterziehungsvorbilder« ihrer Eltern. Beim Rauchen wird dies besonders deutlich: Kinder von Eltern, die rauchen, werden in der Pubertät zu einem Großteil selbst Raucher – und greifen später auch leichter zu Haschisch und Marihuana als Kinder von Eltern, die nicht oder nicht mehr rauchen. Wenn ein Kind mit 8, 9 Jahren erlebt, dass Vater oder Mutter mit dem Rauchen aufhören (können), wird die Achtung für sie steigen und das Gefühl gefestigt, sich an ihnen orientieren zu können. Auf jeden Fall ist es für ein acht-, neunjähriges Kind eine fabelhafte drogenvorbeugende Erfahrung, wenn es erlebt, dass Vater oder Mutter in der Lage sind, eine feste Gewohnheit, die ungesund, störend und überhaupt ganz unvernünftig ist, abzulegen.

Andererseits müssen Eltern sich ihren Acht-, Neunjährigen nicht unterordnen, sondern ihnen auch selbstbewusst vorleben, dass es trotz aller Regeln, Vorschriften, Mahnungen, Warnungen und Vorbehalte noch persönliche, individuelle Freiheiten und Genüsse – und auch wohldosierte Grenzübertritte – gibt, die vielleicht nicht immer erlaubt oder gesund sind, die aber durchaus ihre Berechtigung haben. (Das Buch *Danny oder die Fasanenjagd* von Roald Dahl bringt dieses Thema für Neunjährige maßgeschneidert auf den Punkt.)

Auch im Umgang mit den Erwachsenen wird eben deutlich,

dass Kinder mit acht, neun Jahren die Welt auf einmal mit anderen Augen sehen und sich neu zurechtfinden müssen.

Lehrer, erwachsene Bezugspersonen außerhalb des Elternhauses, werden jetzt zu wichtigen, geachteten, geliebten Autoritäten. Was die geliebte Lehrerin sagt, das stimmt. Ohne Wenn und Aber. Lehrer, die unsicher sind und humorlos, die das Verhalten der Kinder nicht verstehen und nur daran denken, die Kinder »zurechterziehen« zu müssen, die sich also innerlich nicht auf die Ebene der Kinder begeben können, ohne das innere Gleichgewicht zu verlieren, werden schnell und mit sicherem Gespür als unbrauchbare seelische Stützpfeiler ausgemustert.

Wie oft wird an unseren Schulen von Kindern unausgesprochen erwartet, dass sie Verständnis für die – schwachen – Lehrer haben müssten. Man muss sich diesen Unsinn gelegentlich vor Augen halten, um überhaupt zu begreifen, was Kindern da angetan wird. Sie haben Anspruch darauf, von Erwachsenen gestützt und verstanden zu werden, nicht umgekehrt! Ganz unbemerkt verkehren sich so oft die Welten.

Unanständiges

Im Grunde stellen Kinder, die Grenzen suchen, immer auch die Frage an sich und die Erwachsenen: Was gehört in meinen, was in euren Lebens- und Zuständigkeitsbereich? Oder: Worin unterscheiden wir uns eigentlich, ihr Erwachsenen und wir Kinder?

Es gibt einen einfachen, eindeutigen und unbestreitbaren Unterschied zwischen Kindern und Erwachsenen: Die einen sind geschlechtsreif und die anderen nicht. Tiefe Stimme, Bartwuchs, Busen, Babybauch: Diese Unterschiede kann man hören und sehen.

Geschlechtlichkeit ist folglich das Thema, mit dem sich Jungen und Mädchen im Alter von 8, 9 Jahren intensiv, aber auf ihre eigene Art beschäftigen: So »heimlich«, dass es nicht zu überhören und zu übersehen ist, werden unanständige Witze erzählt und die Bedeutung einschlägiger Wörter, obszöner Handzeichen und entsprechender Zeichnungen untereinander weitergegeben – und sehr oft wohl dennoch nicht richtig verstanden. Bei Jungen geschieht dies in der Regel lauter, bei Mädchen meistens versteckter.

Fünfjährige probieren die Wirkung unanständiger Wörter (die sie oft gar nicht verstehen) aus, indem sie sie laut in die Welt posaunen. Acht-, Neunjährige beginnen sich für das Phänomen Sexualität und Geschlechtlichkeit, das aus ihrer Sicht etwas typisch Erwachsenes ist, zu interessieren. Sie bleiben dabei normalerweise unter sich, haben aber die Erwachsenen aufmerksam im Blick. Die Beschäftigung mit der eigenen Körperlichkeit, dem Wachsen der eigenen sexuellen Gefühle, Bedürfnisse und Fähigkeiten wird aber erst ab ungefähr 12 Jahren zum Thema. Acht-, Neunjährige können sich trotzdem Hals über Kopf – also noch oberhalb der Gürtellinie – verlieben! Der sexuelle Kontakt mit der oder dem Geliebten ist normalerweise nicht das Ziel ihrer Sehnsüchte.

Erwachsene übersehen manchmal, dass Dinge, die in der Kinderwelt ablaufen, im Innern eine andere Bedeutung haben, als es nach außen hin erscheint. So »bearbeiten« Acht-, Neunjährige mit dem Thema Sexualität und Geschlechtlichkeit wohl mindestens vier Bereiche gleichzeitig:

Zunächst ist da natürlich tatsächlich die Beschäftigung mit allen Fragen zum Thema Sexualität, Geschlechtlichkeit, Körperlichkeit und allem, was damit zusammenhängt. Die Erforschung der Welt der Sexualität ist etwas ungeheuer Spannendes, Reizvolles und Aufregendes für Kinder in diesem Alter. Trotzdem bleibt bei Kindern, die nicht schon gewaltsam durch reale Kontakte oder überdeutliche Filmszenen in die Erwachsenensexualität hinübergerissen worden sind, alles doch beim Ungefähren, Beinahe-Wissen, Beinahe-Verstehen. Denn das, was Kinder in ihrer Auseinandersetzung mit sexuellen und geschlechtlichen Fragen erfahren und erleben, hat noch eine völlig andere Dimension als die Sexualität Erwachsener: Ihre Gefühle, ihre Art miteinander umzugehen, und ihr Verständnis der Dinge haben zwar durchaus mit Erotik zu tun, aber dennoch besteht ein meilenweiter Unterschied zur Sexualität der Erwachsenen.

Auch hier bestehen nämlich zwei Welten, die nicht vergleichbar sind, nicht verwechselt oder vermischt werden dürfen: Kinder haben ihre eigene Welt, aus der sich die Erwachsenen raushalten sollen. Es ist das Thema der Kinder, die Grenzen und Unterschiede zwischen sich und den Erwachsenen zu finden. Wenn die Erwachsenen offen oder versteckt um Abgrenzungshilfe und sachliche Informationen gebeten werden, müssen sie natürlich behilflich sein. Aber sie sollen nicht die Kinder in ihre Erwachsenensexualität hinüberziehen und so tun, als gäbe es keine Unterschiede, als wären die Kinder schon »reif« genug, nur weil sie sich von sich aus mit sexuellen Themen beschäftigen. Kinder bis zur Pubertät sind auch und vielleicht gerade in diesem Bereich »anders reif«, eben kindlicher als Erwachsene.

Die Heimlichkeit und die verschlossenen Türen, hinter denen die Kinder ihre geschlechtlichen Entdeckungen und Spielchen, ihren Erfahrungs- und Phantasieaustausch betreiben, signalisiert deutlich: Lasst uns allein, das ist unsere Sache, da hat sich niemand einzumischen. Wenn, dann linsen wir durchs Schlüsselloch in eure Erwachsenenwelt hinüber, schließlich wollen wir wissen, wie es uns später mal gehen wird, aber bitte nicht umgekehrt!

Das zweite Thema, das in der Auseinandersetzung mit der Sexualität bearbeitet wird, ist, wie in allen Lebensbereichen, die spannende Frage: Wie weit kann man gehen, bis man an Grenzen stößt? Wo wird die Sache anstößig? Die Antwort auf diese Frage kann letztlich nur von den Erwachsenen kommen. So lassen die Kinder gelegentlich Versuchsballons los (wie wäre es mit einem aufgeblasenen Kondom?), um die Reaktion der Erwachsenen direkt zu testen. Viel wahrscheinlicher aber ist, dass sie auch in diesem Bereich die Antwort auf die Frage, wie weit sie gehen können, ohne Worte nur durch die Beobachtung von Erwachsenen einholen. Kinder spüren sehr genau, welche Einstellungen Erwachsene haben, sie lernen deren Bewertungen kennen, ohne je mit ihnen darüber gesprochen zu haben. Erwachsene brauchen sich also gar nicht erst zu verstellen. Kinder durchschauen sehr schnell eine mögliche Doppelmoral und Unaufrichtigkeit.

Drittens hat die Beherrschung des obszönen Wortschatzes und der dazugehörenden Zeichensprache für die Kinder einen außerordentlich wichtigen und praktischen Nebeneffekt: Man kann bei Altersgenossen hervorragend die beleidigend-herausfordernde Wirkung der einzelnen Ausdrücke ausprobieren und entsprechend genau gezielte Kränkungen vom Stapel lassen. Das funktioniert aber nur, wenn der Angesprochene seinerseits in die Bedeutung der Begriffe und Zeichen eingeweiht ist oder zumindest glaubt, es zu sein. (Der aufgerichtete Mittelfinger ruft verblüffende und unterschiedlichste Reaktionen hervor!) Somit gleichen unanständige und obszöne Ausdrücke den Codewörtern der Geheimdienste, nach dem Motto: Verstehst du mich, versteh ich dich; gehöre ich zu dir, gehörst du zu mir: Wir sind beide Mitglied einer Gemeinschaft, einer Gruppe.

Unanständigkeiten unter Acht- bis Zehnjährigen (und darüber hinaus) haben also eine wichtige und unfehlbare gruppenbildende Wirkung: Bündnisgenossen werden durch ihre Reaktion als solche unmittelbar erkannt und können eingeschlossen werden, während Fremdlinge – jüngere Kinder, ahnungslose Gleichaltrige, abgehobene Erwachsene – enttarnt und ausgegrenzt werden können.

Schließlich fühlen sich Acht-, Neunjährige von »Unanständigem« so sehr angesprochen, weil es sich häufig in Zweideutigkeiten verbirgt. Mit 7, 8 Jahren sind Kinder wie gesagt geistig so weit herangereift, dass sie die Dinge aus einer anderen Perspektive sehen können. In diesem Alter erkennen sie also auch »die zweite Bedeutung« einer Botschaft. Und überall suchen sie nach dieser zweiten Seite, finden Zweideutigkeiten sogar an Stellen, wo wir Erwachsene nichts dergleichen entdecken können, und lachen sich darüber kaputt.

Witziges

Mit 8, 9 Jahren erschließen sich den Kindern plötzlich auch Witze. Jüngere Kinder erzählen Witze wie eine beliebige, meistens endlose Geschichte und wir Erwachsenen warten und warten auf die Pointe, die nie kommt (und die Kinder warten und warten darauf, dass wir endlich lachen). Erst mit etwa 8 Jahren sind Kinder so weit, dass sie die unerwartete »andere Seite« der Pointe erfassen und wiedergeben können. Allerdings nur bei einfachen Witzen wie etwa diesem, der seit Generationen von etwa Achtjährigen immer wieder neu entdeckt wird: Fritzchen steht auf der Brücke und weint. Kommt ein Mann vorbei und fragt: »Fritzchen, warum weinst du?« Sagt Fritzchen: »Weil Karl mein Schulbrot in den Fluss geworfen hat.« Fragt der Mann: »Mit Absicht?« Fritzchen: »Nein mit Leberwurst!«

Diese Art von Doppeldeutigkeit ist für Kinder in diesem Alter zu komisch! Einen Humor dagegen, der zum Beispiel hintersinnig Menschen oder Situationen aufs Korn nimmt, können Achtjährige noch nicht verstehen. Mit 8 Jahren ungefähr beginnen die Kinder dafür zu verstehen, was an Zeichentrickfilmen komisch ist. Bis dahin lachen sie, weil die Großen lachen, oder bei Szenen und Bildern, die völlig verzerrt, unerwartet, unrealistisch sind oder rasend schnell ablaufen. Achtjährige beginnen zum Beispiel Toms Aktionen zu verstehen, mit denen er Jerry an der Nase herumführt. Darüber können sie sich jetzt richtig totlachen.

Übermütiges

»Quatschmachen« ist eine Lieblingsbeschäftigung von Kindern im Alter von 8, 9 Jahren. Quatschmachen kann man in allen Lebenslagen, nur im Schlaf leider nicht (aus Sicht der Erwachsenen Gott sei Dank!). Quatschmachen macht ja auch am allermeisten Spaß!

Auch wenn es nicht zum Quatschmachen passt, trotzdem die ganz ernste Frage: Welchen Sinn hat Quatschmachen und warum wird es ausgerechnet in diesem Alter mit so viel Wonne betrieben?

Es ist so herrlich, weil verschiedene Dinge gleichzeitig erreicht werden können:

Es geht am besten zu zweit oder zu mehreren, aber nur, wenn alle in derselben Quatschstimmung sind und den Quatsch gleich verstehen: Gemeinsames Quatschmachen stiftet Freundschaften. Das ist das gemeinschaftsbildende Element.

Quatsch ist Unsinn, ist etwas, was von »normalen«, »vernünftigen« Zeitgenossen als etwas absolut Sinnloses, Unvernünftiges, Verrücktes angesehen wird: Wer den Quatsch, den man treibt, nicht versteht, gehört eindeutig nicht zur eigenen Gruppe, ist »keiner von uns«. Das ist das abgrenzende Element.

Quatsch ist immer Übertreibung. Und Übertreibung ist immer das Überschreiten von Grenzen: Mädchen ärgern, Erwachsene nerven, wie blödsinnig durch die Gegend rasen, herumkaspern und nicht auf den Lehrer achten, mit Gläsern balancieren, um nur ganz wenige Beispiele zu nennen. Quatschmachen ist also die ausgelassenste Form, Grenzen zu missachten und auf die Probe zu stellen.

Das Schönste am Quatschmachen aber ist ganz eindeutig die tolle Stimmung, das tolle Gefühl dabei. Gerade diese Stimmung, dieses Gefühl kann vollkommen aus den Fugen geraten, wenn nicht rechtzeitig von außen Einhalt geboten wird: Beim Quatschmachen überdrehen die Gefühle, sprengen die Kinder selbst ihre eigenen emotionalen Grenzen. – Wie oft endet Quatschmachen mit Tränen!

Das ist wohl eine der wichtigsten emotionalen Erfahrungen dieses Alters: an die Grenzen der eigenen Gefühle zu kommen und dieses Umschlagen von Ausgelassenheit und Übermut in Niedergeschlagenheit, Wut, Frustration oder innerer Leere zu erleben. Die emotionale Unausgeglichenheit, die alle Kinder dieses Alters in sich tragen, wird im Quatschmachen geäußert, nach außen gekehrt und damit geradezu therapeutisch bearbeitet und überwunden. Diese heilsame Erfahrung aber kann man nur selbst erleben, die kann man niemandem abschauen.

Gewiss ist es sehr vergnüglich zuzuschauen, wenn andere Quatsch machen, ob das nun leibhaftige Altersgenossen oder Fernsehfiguren sind: Slapstickfilme stehen bei Zweit- und Drittklässlern hoch im Kurs, was allerdings auch mit dem sich wandelnden Humorverständnis zu tun hat. Wenn aber Fernsehwesen Quatsch und Unfug machen, bleibt man doch irgendwie draußen, eben Zuschauer. Das ist ziemlich langweilig.

Vielleicht kann man dann wenigstens nach dem Fernsehen so richtig aufdrehen? – Kann man das? Oder stehen dem überarbeitete, mit sich selbst beschäftigte, genervte, verständnislose Erwachsene im Weg? Oder bleibt man auf seiner Lust zum Quatschmachen sitzen, weil kein Gesinnungsgenosse da ist, mit dem man gemeinsam überschnappen kann? (Jedes dritte Kind in Deutschland wächst ohne Geschwister auf, nur etwa ein Viertel der Kinder haben mehr als ein Geschwisterkind und wenn Geschwister da sind, dann ist der Altersunterschied häufig recht groß.) Oder stößt man mit seinen Verrücktheiten ins Leere, weil niemand da ist, der einen stoppt und zur Vernunft bringt, wenn man zu weit gegangen ist oder sich ganz und gar nicht mehr fangen kann?

Ohne richtig Quatsch zu machen, macht das Leben mit 8, 9 Jahren wahrlich keinen Spaß. Und aus therapeutischer Sicht ist ausgelassenes Quatschmachen geradezu notwendige »Seelenhygiene«, vorausgesetzt, dem Ausgelassensein der Kinder steht als ruhender Gegenpol die verständnisvolle und dennoch Grenzen ziehende Souveränität der Erwachsenen gegenüber.

Wertgeschätztes

Obwohl sie in dieser Zeit innerlich wahrlich desorientiert und widersprüchlich sind, schaffen es die Kinder auch wieder, die Ordnung, die ihnen so sehr fehlt, zum Thema zu machen und sich damit selbst Halt und Orientierung zu geben. Überall auf der Welt und wohl zu allen Zeiten erfinden Kinder ausgerechnet in diesem chaotischen Alter eine Art Währungssystem und »freie Marktwirtschaft«, in der aus dem Nichts heraus allmählich eine halbwegs feste Ordnung mit allgemein anerkannten Werten und Regeln entsteht. Zum Beispiel das höchst wonnevolle Währungssystem der Glitzer- und Glanzobjekte: Unsere Großmütter sammelten und tauschten Poesiealbumbilder, wir sammelten und tauschten die bunt bedruckten Silberpapierchen, in die Bonbons und Pralinen eingewickelt waren, meine Kinder sammelten und tauschten und tricksten mit Pailletten und Glanzbildern. Daneben gibt es die Währungssysteme der echten Sammelbilder, die man entweder kaufen kann oder die man sich eifrig eressen muss, weil sie Cornflakes, Haferflocken, Schokoladenriegeln und anderen Kindernahrungsmitteln beigepackt sind: Bilder von Fußballspielern, bedrohten Tieren, Dinosauriern, Comicfiguren und Briefmarken.

All diesen Sammeleien ist eines gemeinsam: Der Wert der »Währung« ist ein Gefühl. Ein ganz bestimmtes, deutliches, von Objekt zu Objekt unterschiedlich ausgeprägtes Gefühl. Das eine Objekt wiegt mehr, weil es tiefer gehende Gefühle anspricht als das andere. In mir steigt heute noch ein ganz bestimmtes Glückseligkeitsgefühl auf, wenn ich an jenes silberne Pralinenpapier mit den hellblau-türkisen Blümchen denke, das sonst niemand hatte und das ich um nichts auf der Welt hergegeben hätte. Es war einfach unbezahlbar! Die blaue Mauritius wäre daneben geradezu albern gewesen!

In ihren Tauschgeschäften tauschen sich die Kinder also auch ganz unmittelbar über ihre Gefühle aus: Sie erfahren, wer gleich fühlt und bewertet und wer anders. Dieser Vergleich zwischen Gemeinsamkeit und Individualität, diese wichtige Erfahrung im Spannungsfeld zwischen Gruppennorm und Einzelstandpunkt ist nur möglich, wenn man Teil einer Gruppe ist, die ein gemeinsames Wertsystem hat.

Die Gruppe wird auch deshalb allmählich zu einem ganz unentbehrlichen Teil des Lebens. Sie muss trotzdem noch lange nicht fest gefügt und überdauernd sein. Es genügt vorläufig, wenn sie nur ganz vorübergehend zusammenkommt, zum Beispiel, um zu tauschen und sich über die Sammelobjekte auszutauschen, und dann wieder auseinander geht. Das ist in diesem Alter wichtig, denn auch Gruppengemeinschaft will gelernt sein, und das geht nicht von einem Tag zum anderen. Da braucht man erste unverbindliche und unterschiedliche Übungsfelder.

Wie sehr Acht-, Neunjährige versuchen, in ihre gemeinsame Welt Ordnung zu bringen, wie sehr es im Kern aber auch darum geht, sich selbst einzuordnen in die Welt und in die Gruppe der Gleichaltrigen, wird in vielen ihrer Spiele deutlich: Die Kinder geben sich gegenseitig Noten, stellen Rangordnungen auf, verteilen Medaillen, zählen Treffer und Punkte. Dabei lehnen sie eine Beurteilung ab, die den individuellen Fähigkeiten des Einzelnen gerecht wird, denn so weit können sie noch nicht differenzieren: So ist zum Beispiel »Verkleiden« zumindest für die Mädchen zwar noch immer derselbe Spaß wie früher, aber am Ende muss entschieden werden, welches Kostüm das beste oder schönste ist, welches das zweitbeste, welches das drittbeste. Beim Wettlauf geht es um »Gold«, »Silber« und »Bronze«, beim Fußballspielen darum, wer Torschützenkönig wird, und fertig gebackene und dekorierte Kekse bekommen Noten und werden damit verschiedenen Kategorien zugeordnet.

Bei der Entscheidung, ob ein Keks noch eine Drei bekommen kann oder doch eher eine Vier, spielt das Kind nicht nur die Notengebung der Lehrer nach, es »spielt« vor allem mit den Gefühlen, die eine Bewertung auslösen. Es tastet sich an Mitleid und Härte, an Gerechtigkeit und Ungerechtigkeit, an Stolz und Enttäuschung, an Ärger und Zufriedenheit, an Demütigung und Ermunterung heran. Auch Kinder, die in der Schule keine Noten erhalten, schaffen sich in ihren Spielen Benotungen und Bewertungen. Über die Sportplatzierungen und Schulnoten hinaus gibt es noch eine große Bandbreite von anderen Messlatten, die alle Kinder kennen und anwenden. Sie erfinden diese teilweise selbst, teilweise werden sie von Generation zu

Generation weitergegeben. Dazu gehören das gegenseitige Auftrumpfen: »Mein Bild kostet eine Million« – »meins 100 Millionen« – »meins 1000 Millionen«, die altbekannten Abstufungen: Kaiser – König – Edelmann – Bürger – Bauer – Bettelmann, die Steigerungen der Märchen: Silber – Gold – Edelsteine, die »Punktzahl« im Ballspiel: lebendig – krank – scheintot – tot – mausetot usw.

Überheblichkeit, Angeberei, Verächtlichkeit gegenüber Schwächeren: Oft empören sich Erwachsene über solche »Charakterstörungen« bei acht-, neunjährigen Kindern; denn für die weniger »guten« und »erfolgreichen« Kinder ist es natürlich außerordentlich schmerzhaft, zu den »Abgeschlagenen« zu gehören. Erwachsene, denen bewusst ist, dass Acht-, Neunjährige ihre »Rangordnungen« aufstellen, weil sie sich innerhalb ihrer Generation einordnen müssen, werden den »schwächeren« Kindern dabei helfen, ihre schwachen Seiten anzunehmen und sich ihrer starken Seiten bewusst zu werden. Wenn Erwachsene wissen, dass acht-, neunjährige Angeber nur sich selbst feiern und überhaupt nicht merken, dass sie damit anderen wehtun, werden diese Kinder entweder behutsam darauf hinweisen, wie sehr Angeberei verletzen kann, oder geduldig abwarten, bis die Altersgenossen selbst den Überheblichen den Kopf zurechtrücken. Kinder regulieren sich selbst. Wenn sie etwa in der 7. Klasse, also 12, 13 Jahre alt sind, wird das Pendel in die andere Richtung umschlagen, dann werden die »Streber« gebrandmarkt und lernen müssen, sich *trotz* ihrer guten Leistungen auf die gemeinsame Ebene der Altersgenossen zu begeben.

Zunächst gilt für die Kinder mit 8, 9 Jahren, dass sie getrost ihre eigenen Wertsysteme aufbauen sollten, an denen sie sich orientieren können, ohne dass sich Erwachsene allzu sehr einmischen. Wenn Kinder unter sich bleiben, kommen sie mit den

Bewertungen viel besser zurecht. Am schwersten zu verkraften sind ohnehin die Bewertungen und Beurteilungen aus der Erwachsenenwelt: Die schlechte Note, die ein Lehrer erteilt, ist mit Sicherheit viel vernichtender als die schlechte Platzierung in einem Spiel unter Kindern.

Angst

In ihrer Orientierungslosigkeit, ihrem Grenzensuchen und ihrer Opposition zu Erwachsenen ähneln Acht-, Neunjährige sowohl den zweieinhalbjährigen Kindern der Trotzphase als auch etwa fünfzehnjährigen Jugendlichen. Den Kindern dieser scheinbar so unterschiedlichen Entwicklungsphasen ist gemeinsam, dass sie sich in einer neuen Lebenswelt neu orientieren müssen und zunächst nicht so recht wissen woher und wohin. Und so teilen die Kinder dieser verschiedenen Altersstufen die schmerzlichste Schattenseite eines ungewissen Lebens: die Angst.

In einem schon 1910 veröffentlichten Buch erinnert sich Otto Frommel gewiss an eigene Kindheitserfahrungen im Alter von etwa 8 Jahren, wenn er schreibt:

Überhaupt hatte er viel Angst auszustehen, der kleine Mannelin. Einst kam er gegen Abend an einem Buchladen vorbei. Dort hing ein Bild, das er immer wieder anschauen mußte, so sehr ihm auch davor graute. Ein alter Mann saß mit geschlossenen Augen in einem Lehnstuhl, ein aufgeschlagenes Buch auf seinem Schoß.

Neben ihm stand ein scheußliches Gerippe in langem wallendem Linnen und zog an einem Glockenseil, das von der Decke herabhing.

Mannelin stand und dachte: Wenn nun der alte Mann aufwacht und das Gerippe sieht. Und kein Mensch ist bei ihm! Das Haar sträubte sich ihm bei diesem Gedanken. Er konnte die nächste Nacht nicht einschlafen. Denn es war ihm immer, als stehe das Knochengerüst in der Finsternis neben ihm und werde im nächsten Augenblick die kalten Finger nach ihm ausstrecken. (Frommel, S. 24)

1994 plagten den achtjährigen Pascal allabendlich vor dem Einschlafen schreckliche Lust- und Angstgefühle, weil er immerzu an die barbusig-nackten, aufreizenden Frauen denken musste, die ihn in den Zeitschriftenauslagen in ihren Bann zogen: Wie es Mannelin über 100 Jahre früher mit dem Bild im Buchladen erlebt hatte, musste Pascal die Abbildungen der nackten Frauen immerzu anschauen, obwohl sie ihm Angst machten.

Pascals Eltern haben eine unverkrampfte Einstellung zur Sexualität und sie begleiten mit großem Einfühlungsvermögen und pädagogischer Verantwortung das Werden und Wachsen ihrer Kinder. Sexueller Missbrauch lag bei Pascal mit Sicherheit nicht vor. Dafür spricht auch die Tatsache, dass er mit beiden Eltern über seine Ängste sprach und abends bei ihnen Ablenkung und Geborgenheit suchte.

Tiefe Existenzängste bei acht-, neunjährigen Kindern, die vor allem vor dem Einschlafen hochkommen, sind relativ häufig. Vielleicht hängt das damit zusammen, dass sich die Kinder vor einer neuen, großen Herausforderung in ihrem Leben fühlen, die ihnen, vollkommen unbewusst, zunächst unheimlich ist. Vielleicht hängt es mit der Orientierungslosigkeit in dieser neuen Welt der Kindheit zusammen, die ein Gefühl von Ausgeliefertsein erzeugt. Vielleicht ist es aber auch die neue Fähigkeit, Dinge anders zu sehen, womit auf einmal auch die Welt der Erwachsenen in einem anderen Licht erscheint und die Kinder manches, was sie bisher gar nicht wahrgenommen haben, als große Bedrohung erleben.

Meistens geht es bei den Ängsten der Acht-, Neunjährigen um Phantasien, von etwas oder jemandem bedroht zu sein und sich dieser Gefahr ohnmächtig und gelähmt gegenüberzusehen. Fast immer haben die Kinder einen realen Hintergrund für ihre Ängste, der aber aus Erwachsenensicht kein wirklicher Grund für diese »übertriebene« Angst sein kann:

Markus, der beim Golfkrieg acht Jahre alt war und in Stuttgart wohnte, »hörte« regelrecht vor dem Einschlafen feindliche Panzer und Flugzeuge aufs Haus zubrausen. Anja, die mit etwa drei Jahren von weitem einmal ein brennendes Haus gesehen hatte, ängstigte sich als Achtjährige plötzlich panisch vor Brandstiftern. Holger muss sich vor dem Schlafengehen immer selbst überzeugen, dass die Haustür abgeschlossen ist, weil er glaubt, dass mordende Skin-Banden nur darauf warten, dass die Tür einmal nicht abgeschlossen ist, um schnurstracks zu ihm ins Zimmer zu kommen. Benni hatte schon als kleines Kind Angst vor Hunden; als er in die 2. Klasse kam, wurde ihm auf einmal bewusst, dass er Angst vor Hunden hatte. Dieses Bewusstsein, eine Angst zu haben, die er nicht meistern konnte, beunruhigte und ängstigte ihn in der folgenden Zeit bis zur Panik.

Aus den verschiedenen Formen von Ängsten bei Acht-, Neunjährigen spricht sehr oft das Gefühl, schutzlos ausgeliefert zu sein, wehrlos und unfähig im Leben zu stehen, noch »zu klein« zu sein für die Bedrohungen der großen Welt.

Die meisten Kinder überstehen diese Phase wie eine Kinderkrankheit und ohne besondere therapeutische Hilfe. Allerdings brauchen Kinder, die von solchen Ängsten befallen werden, warmherzige, sichere, furchtlos-zuversichtliche Erwachsene an ihrer Seite, die das *Gefühl* der Angst zwar ernst nehmen, aber gleichzeitig dem Kind vermitteln, dass der *Inhalt* kein Grund zur Beunruhigung ist: weil Erwachsene da sind, die dafür sorgen, dass das Ganze nicht wahr wird; weil sie das Kind beschützen; indem sie dem Kind zeigen, dass sie selbst mit der »Bedrohung« ohne furchtbare Angst leben, und darüber hinaus wissen, wie sie ihr, wenn nötig, begegnen werden. Die beste Medizin für ein angstgeplagtes Kind ist ein geliebter Mensch, der Verständnis hat, ermutigt und – auch wenn die Gefahr, die dem Kind Angst macht, vielleicht nicht ganz von der Hand zu weisen ist – selbst zuversichtlich und optimistisch in der Welt steht.

Aktives

Die innere Unruhe der Acht-, Neunjährigen muss sich Luft machen! Sie haben ein unbändiges Bewegungsbedürfnis. Es ist atemberaubend zu beobachten, mit welchem Tempo Achtjährige, wenn sie sich frei bewegen können, durch ihren Tageslauf rennen, springen, klettern, turnen, tänzeln, balgen ...

Im Alter von 8, 9 Jahren müssen Kinder auch körperlich »außer Rand und Band« geraten können, um seelisch und körperlich ins Gleichgewicht zu kommen. Sich täglich – aber von sich aus, nicht auf Drängen der Erwachsenen – richtig zu verausgaben, richtig außer Atem zu geraten, ist so wichtig wie essen, trinken und schlafen. Wenn man sieht, wie viel Zeit Kinder im Bewegungs- und Abenteueralter auf Stühlen und Sofas sitzen oder unter der Kontrolle von Erwachsenen verbringen, kann man sich wundern, dass es überhaupt noch vor Lebendigkeit sprudelnde, fröhlich-ausgeglichene Kinder gibt ...

Kinder sind zum Glück findig. Irgendwie gelingt es wenigstens den Temperamentvollen, Phantasievollen und Aufsässigen unter ihnen, auch unter widrigsten Umständen Freiräume zu entdecken, und seien es noch so winzige: Mädchen ziehen sich in der Pause auf die Mädchentoilette zurück, um dort von Jungen ungestört Gummitwist zu hüpfen. Jungen bestehen auf ihre verbotenen Fußballplätzchen in öffentlichen Anlagen und betreten sie trotz aller Drohungen immer wieder. Oder sie treffen sich in U-Bahnhöfen oder Tiefgaragen zum Skateboard-, Inlineskates- oder Fahrradfahren. Kinder lassen sich nicht so schnell kleinkriegen. Trotzdem: Es wird für sie bei uns immer schwerer, ihr Bewegungs- und Lebensbedürfnis ausreichend zu befriedigen. Das ist weder natürlich, noch kann es gesund sein. Unter solchen Bedingungen müssen Schulkinder in unserer Gesellschaft doch nervös, zappelig und unausstehlich werden! So einfallsreich Kinder sind, indem sie immer wieder kleine Schlupflöcher in die Freiheit entdecken, so sehr sind sie doch überfordert, von sich aus ihre Lebensbedingungen wieder ins Lot zu bringen.

Wir Erwachsenen sind aufgerufen, ihnen wieder Spiel- und Entfaltungsräume zu verschaffen, in denen sie sich ungehindert miteinander und ohne strikte Aufsicht ausleben können.

Was können Erwachsene tun?

Der Umgang mit den »anstrengenden« Acht-, Neunjährigen ist einfacher, wenn man sich ihrer inneren Umbruchsituation bewusst ist. Wenn man weiß, dass ihre »Verrücktheit« ganz *normal* ist und sie ständig provozieren *müssen*, weil das Teil ihrer Entwicklung ist, gerät man nicht so leicht aus der Fassung.

Das Erste, was Erwachsene also »tun« können, ist, diese kleinen Chaoten so hinzunehmen, wie sie sind, in der Gewissheit, dass sie aus dieser Phase von selbst herauswachsen werden. Dazu gehört allerdings, dass die Erwachsenen sich nicht das Heft aus der Hand nehmen lassen! Acht-, Neunjährige brauchen unbedingt die klare und unverrückbare Grenzziehung von Erwachsenen: Wenn man sie beim Rauchen oder entsprechenden Grenzüberschreitungen erwischt, muss man sie selbstverständlich zurechtweisen und das Verbot unterstreichen (auch wenn man weiß, dass es unter Acht-, Neunjährigen zum Beispiel durchaus üblich ist, heimlich Zigaretten zu probieren).

Die Kinder brauchen klare Tagesabläufe, eindeutige Regeln und Pflichten. Sie brauchen souveräne, verständnisvolle, warmherzige, aber unbestechliche Erwachsene, an denen sie sich trotz aller Widerborstigkeiten festhalten können.

Gleichzeitig aber brauchen sie auch ihre eindeutigen, unbewachten und unbeschnittenen Freiräume. Und Verhaltensregeln, die ihnen von den Erwachsenen zum Schutz mit auf den Weg in diese »Freiheit« gegeben wurden (siehe Seite 150 f.).

Für die Erwachsenen, vor allem die Eltern, geht es also darum, sich in der Kunst zu üben, Kinder unbeaufsichtigt zu lassen, ohne sie aus den Augen zu verlieren.

Acht-, Neunjährige sind dem Kleinkindalter endgültig entwachsen. Damit sind auch nicht mehr die Eltern allein für die seelische und körperliche Gesundheit der Kinder verantwortlich. Erwachsene, die außerhalb des Elternhauses stehen, müssen Wege finden, damit sich die Kinder in unserer Gesellschaft frei und ungehindert und ihren natürlichen Bedürfnissen entsprechend entwickeln können: Lehrer, Sozialpädagogen, Stadtplaner, Politiker ...

Viele Kinder, vor allem Mädchen, haben Angst davor, sich draußen in der freien Natur, dort wo Spielen nicht ausdrücklich »vorgesehen« ist, ohne Aufsicht zu bewegen. Sie übernehmen die Angst der Erwachsenen, dass Kindern, die nicht beaufsichtigt werden, etwas zustoßen könnte. Besonders Mädchen wird vermittelt, dass draußen zu spielen gefährlich sei, weil Sexualtäter auf der Lauer liegen könnten. Dabei ist es fraglos gefährlicher, wenn ein Mädchen allein auf einem städtischen Spielplatz ist, als wenn drei oder vier Mädchen gemeinsam am Waldrand in Rufweite von Erwachsenen ein Lager bauen. Andererseits: Ein Mädchen allein würde sich auf einem Spielplatz auch nicht wohl fühlen und lieber nach Hause gehen. Aber weniger aus Angst vor einer möglichen Gefahr, sondern vor allem, weil Alleinsein in diesem Alter furchtbar unbehaglich ist.

Es geht also darum, Kindern einen Rahmen zu schaffen, in dem sie sich sicher fühlen, in dem sie sich aber auch zusammen mit möglichst vielen Altersgenossen ungehindert und ohne Überwachung frei bewegen können.

Die Erwachsenen ihrerseits müssen zwar die Sicherheit haben, dass sich die Kinder in einem *relativ* geschützten Rahmen bewegen, sie müssen aber auch lernen, den Kindern zuzugestehen, dass sie gemeinsam mit den Risiken umgehen können, die dort auftauchen, wo die Erwachsenen nicht mehr alles unter Kontrolle haben.

Natürlich können und sollten vor allem die Eltern versuchen, ihren Kindern die bestmöglichen Entwicklungsbedingungen zu schaffen. So könnten sie zum Beispiel so oft wie möglich mit ihren Kindern *und* deren Freundinnen oder Freunden rausgehen an einen Platz in der freien Natur, wo die Kinder ungestört und uneingeschränkt auf Abenteuersuche gehen, ihre Geheimnisse aushecken und ihre Bewegungslust austoben können. Die Eltern sollten dabei idealerweise so weit weg sein, dass sie nicht »stören«, andererseits so nah da, dass die Kinder sie auch in ihrer Nähe wissen und sie bei Bedarf rufen könnten.

Das ist wahrscheinlich sogar der Weg, der den natürlichen Bedürfnissen der acht-, neunjährigen Kinder am besten entspricht: mit den selbst gewählten Freunden die gemeinsam ausgeheckten Ideen in einem weitgehend unbeschränkten Gelände zu verwirklichen und dabei die Erwachsenen für alle Notfälle in erreichbarer Nähe zu wissen.

Außerhalb der Familie werden bereits verschiedene Formen der Kinderbetreuung unter Leitung von Sozialpädagogen, Erziehern und anderen Fachleuten angeboten. Zwar sind gerade die Kinder zwischen 7 und 12 noch immer das Schlusslicht in der öffentlichen Sorge. Für sie gibt es weitaus die wenigsten Angebote. Aber das Problem ist erkannt und die Profis versuchen trotz aller Sparmaßnahmen gegenzusteuern. Das Dilemma ist, dass sich die Angebote dabei meist auf »soziale Brennpunkte« beschränken. Das ist zwar berechtigt, trotzdem brauchen Kinder der so genannten besseren Schichten ebenso die Ermutigung zur Spontaneität und Lebendigkeit, wie die normalerweise recht lebendigen Kinder der benachteiligten sozialen Schichten die Anregung zu »geordneter« Beschäftigung brauchen.

Das sind entgegengesetzte Interessen und Bedürfnisse, die schwer unter einen Hut zu bringen sind. Dazu kommt, dass die Kinder häufig in Gruppen zusammengewürfelt werden, die nicht die »ihren« sind, und viele Kinder deshalb oft wenig Lust haben, die Angebote wahrzunehmen.

Zum Beispiel die »Freizeitgruppen«, die von verschiedenen Institutionen angeboten werden: Sie sind häufig so klein und werden so schwankend besucht, dass die Kinder selten eigene und natürlich wechselnde Freundescliquen bilden können, in denen sie sich auch einmal von den anderen abkapseln und ihren eigenen Bedürfnissen und Ideen nachgehen können. Zudem ist es mit dem unbeschränkten Spiel- und Entfaltungsraum auch in offenen Freizeitgruppen normalerweise nicht so weit her: Weil die Zeit zu kurz ist und zu wenig Frei-Raum zur Verfügung steht, kommen die Kinder gar nicht erst ins eigene spontane Spiel – was die meisten Kinder in unserer Gesellschaft ja ohnehin erst wieder lernen müssten. Folglich müssen auch in so genannten offenen Gruppen feste (Unterhaltungs-)Programme angeboten werden – was allerdings immer noch besser ist als gar nichts.

Dann gibt es die Ferienfreizeiten mit genügend Kindern, genügend Raum und auch genügend Zeit, um allen Bedürfnissen gerecht zu werden. Ein Ferienaufenthalt mit vielen fremden Kindern aber überfordert Acht- und meistens auch noch Neunjährige: Sie müssen sich ja erst einmal in einer vertrauten Gruppe zurechtfinden. Ferien sind aber zu kurz, um in einer zusammengewürfelten Kinderschar heimisch werden zu können. Wenn die Kinder am Ende der Ferien wieder auseinander gehen, zerreißen die geknüpften Netze und die gefundenen Standorte zerrinnen unter den Füßen. Dann sind die Kinder wieder auf sich selbst zurückgeworfen und müssen wieder von vorn anfangen, ihren Platz, ihren Halt und ihre Beziehung zu anderen Kindern zu finden.

Trotz all dieser Bedenken soll die sinnvolle vorbeugend-bereichernde Arbeit der vielen Freizeitgruppen keineswegs abgewertet werden. Vor allem das Konzept der Pfadfinder, mit dem seit mehreren Generationen auf der ganzen Welt positive Erfahrungen gesammelt werden, scheint für die Arbeit mit Kindern zwischen 8 und 13 sinnvoll zu sein: Dort werden die Gruppen der jüngeren Kinder von älteren Kindern und Jugendlichen betreut, wodurch die Unabhängigkeit, Eigenverantwortung, Selbstsicherheit und Improvisationsgabe der Kinder – und der betreuenden Jugendlichen! – besonders angeregt werden.

Schließlich soll die Hortbetreuung als Freizeitprogramm

nicht vergessen werden. Schülerhorte wurden zwar ursprünglich nicht gegründet, um Kindern eine möglichst freie, unbewachte und eigenverantwortliche Freizeit zu ermöglichen, sondern ganz im Gegenteil, um die allzu große Freiheit der so genannten Schlüsselkinder einzuschränken. Dennoch sind es oft gerade Schülerhorte, wo sich Kinder sehr wohl fühlen, weil sie dort regelmäßig genügend Altersgenossen treffen, mit denen sie genau das spielen können, was sie im Moment am meisten »brauchen«, weil sie relativ frei ihren Bewegungs- und Erlebnishunger stillen können (vorausgesetzt, die Erzieher sorgen für den entsprechenden Rahmen). Im Idealfall sehen die erwachsenen Betreuer ihre Aufgabe darin, die Kinder weniger zu »erziehen« und in feste Tagesabläufe einzuschmieden, als vielmehr für die Kinder und ihre Freizeitbedürfnisse da zu sein.

Horte und Ganztagsschulen werden in der Regel politisch gefordert, um Müttern eine Berufstätigkeit zu erleichtern. Es ist also wieder einmal zunächst ein Bedürfnis von *Erwachsenen*, das hinter diesen Forderungen steht. Deshalb ist zu befürchten, dass in absehbarer Zeit diese Einrichtungen bei uns nicht so ausgestattet werden, dass sie in erster Linie die wirklichen Lebensbedürfnisse der *Kinder* berücksichtigen. Horte werden meist nicht ernst genommen und Ganztagsschulen gelten nach wie vor vor allem als »Schulen«, in denen Kinder Unterricht bekommen, in denen sie etwas lernen und gut beaufsichtigt werden sollen.

Mittlerweile stimmen Pädagogen und Therapeuten, die eng mit Kindern zusammenleben und deren Wünsche, Entsagungen und Enttäuschungen kennen, darin überein, dass wir einen konsequenten Schritt weitergehen müssen, um Kindern eine altersgerechte, gesunde und freie Entwicklung zu ermöglichen.

Früher war der natürliche Raum, in dem sich Kinder aller Schichten mit all ihren unterschiedlichen Interessen, Bedürfnissen, Fähigkeiten und Begabungen begegneten, das Dorf oder der Stadtteil. Dort haben sie sich – nach der Schule – gefunden und zusammengeschlossen oder voneinander abgegrenzt, je nach Bedarf. Diese Form von immer währendem, täglichem, öffentlichem Kinderleben gibt es in unserer Gesellschaft so gut wie nicht mehr. Immer während und täglich begegnen sich Kinder aller sozialer Schichten mit ihren unterschiedlichen Interessen, Fähigkeiten und Begabungen bei uns nur noch und ausschließlich in der Grundschule. Die Schule ist zum Ort des »öffentlichen«, gemeinsamen Kinderlebens geworden. Und Kinder fordern *gemeinsames Kinder-Leben* an ihren Schulen ein. Das ist zumindest ein Teil ihrer Rebellion und Unruhe.

Warum sollte man das nicht ernst nehmen und Konsequenzen daraus ziehen? Wie wäre es zum Beispiel, wenn die Schulen es zu ihrer Aufgabe machten, Kindern *Freiräume* zu verschaffen? Wie wäre es, wenn jede Klasse in den ersten vier Schuljahren einen Vor- oder Nachmittag oder einen ganzen Tag pro Woche (jawohl, pro Woche, nicht pro Jahr!) ohne vorgegebenes Lehr- und Wanderprogramm bei freiem Spiel und Spaß an einem bestimmten Platz in Feld, Wald und Wiesen verbringen würde? Oder bei schlechtem Wetter in Räumen, die groß genug sind, um frei erfundenes Theater, Bewegungs-, Geschicklichkeits- oder sonstige Spiele zu spielen und die Requisiten selbst herzustellen, die für die Spiele gebraucht werden – so wie es Kinder heute noch in natürlicheren Lebenswelten außerhalb der Schulzeit tun? Wie wäre es, wenn die Pädagogen an diesem halben Tag nur bei Bedarf Anregungen zu Spielen und Beschäftigungen geben würden? Wenn sie ihre Aufgabe darin sehen könnten, den Kindern mit Material, Tipps und Regelvorschlägen weiterzuhelfen, wenn *die Kinder* es brauchen, und im Wesentlichen nur als »Grenzwächter« in der Nähe zu sein?

Das geht nicht, weil das Risiko, dass den Kindern etwas zustoßen könnte, zu groß ist? Doch, es geht: Normalerweise ziehen sich Kinder mit 8, 9 Jahren aus dem Bannkreis der Erwachsenen zurück und übernehmen selbst die Verantwortung für ihr Handeln. Wenn mehrere Kinder zusammen sind – und sich nicht unter der Aufsicht von Erwachsenen fühlen –, passen sie im Allgemeinen ganz gut aufeinander auf.

Gewiss, Freiheit muss man lernen und anfangs mag die Unsicherheit und Übertreibung von ungeübten Kindern zu scheinbar unüberbrückbarem »Chaos« führen. Es stimmt auch, dass beim Lernen von eigenverantwortlichem »Freisein« gelegentlich etwas schief gehen kann. Aber selbst ein gebrochenes Bein ist allemal schneller und einfacher zu heilen als eine verstümmelte Seele. Schlimmeres passiert trotz aller Unkenrufe außerordentlich selten. (Die Gefahren, denen Kinder ständig im Straßenverkehr ausgesetzt sind, sind ungleich größer!) Auch die gegenseitigen Verletzungen halten sich bei Kindern unter 12 Jahren normalerweise in Grenzen. Zwar liefern die Medien heutzutage verheerende Spielvorlagen, aber Kinder, die geübt sind, miteinander zu spielen, wissen sehr genau, wie weit sie gehen können, ohne den anderen ernsthaft zu verletzen. Darum ist ja das Üben von freiem Spiel und Kräftemessen in diesem Alter so wichtig. Die Fähigkeit, als Unerfahrener die Grenzen richtig zu spüren, verliert sich nämlich mit zunehmendem Alter. Und dann kann es wirklich gefährlich werden!

Sie finden, es ist völlig unmöglich, an einem Tag in der Woche auf den regulären Unterricht zu verzichten, weil man dann mit dem Lernstoff nicht durchkäme? Ich bin mir sicher, dass Kinder, die sich daran gewöhnt haben, im Rahmen des Schullebens feste, aber ausreichende freie Spielräume zu haben, in denen sie sich in jeder Hinsicht frei bewegen, entfalten und erproben können, sich in den übrigen Zeiten besser konzentrieren werden und dass die Unterrichtsstörungen durch die motorisch unruhigen Kinder erheblich nachlassen.

Eine deutliche Unterscheidung von großzügigem Freisein und konzentriertem Lernen hat auch etwas mit verlässlicher Grenzziehung zu tun, die für Acht-, Neunjährige so wichtig und beruhigend ist und die vielleicht in unseren Grundschulen gelegentlich unterschätzt wird.

Darüber hinaus ist der Umgang mit Freizeit, die Fähigkeit, sich sinnvoll mit sich selbst zu beschäftigen, wenn sonst niemand für Unterhaltung sorgt, eine in Zukunft immer wichtiger werdende Aufgabe. Ich halte es – über die vorbeugende Wirkung hinaus – für einen wichtigen pädagogischen Auftrag, Kindern wieder den selbstsicheren, autarken Umgang mit freier Zeit nahe zu bringen. Frei sein, sich für sich selbst verantwortlich und zuständig zu fühlen, ist mehr denn je eine Lernaufgabe, die meiner Meinung nach in unserer Zeit nur von Schulen übernommen werden kann – von wem auch sonst?

Auch hier gilt: Wir sind zuerst für die seelische Gesundheit und die natürliche Entwicklung der Kinder zu freien, eigenverantwortlichen, ihrer Grenzen bewussten, die Grenzen des anderen respektierenden Menschen verantwortlich. Da diese natürliche, gesunde Entwicklung in unserer Gesellschaft nicht mehr gewährleistet ist, muss die Gesellschaft, und das sind nun mal vor allem die Erwachsenen, handeln. Am ehesten dazu in der Lage sind natürlicherweise die Erwachsenen, die am engsten mit Kindern zusammenleben: die Gemeinschaft der Lehrerinnen und Lehrer, Sozialpädagoginnen und Sozialpädagogen, Mitarbeiterinnen und Mitarbeiter und Eltern an Schulen.

Fazit:
Verhaltens*auffälligkeiten* von Kindern mit 8, 9 Jahren sind entwicklungsbedingt und wachsen sich unter normalen Bedingungen aus.

Verhaltens*störungen* in diesem Alter aber sind zumindest *auch* umweltbedingt und werden, wenn wir die Lebensbedingungen der Kinder nicht verändern, immer schlimmer werden.

Ich finde meinen Platz

Die »Zehnjährigen«

Die anstrengende Phase des Acht-, Neunjährigen ist bei jedem gesunden Kind eines Tages zu Ende. Irgendwann hat es sich eindeutig »ausgegoren«. Eltern sind ganz überrascht, wenn sich ihr zehnjähriger Sohn oder ihre zehnjährige Tochter plötzlich wieder ganz zutraulich und ohne das geringste Anzeichen von Hemmungen auf den Schoß des Vaters oder der Mutter setzen. Einfach so, als hätte es nie etwas anderes gegeben. Die Nähe der Eltern kann auf einmal wieder in aller Ruhe genossen werden, vorausgesetzt, die Eltern sind genießbar ...

Einzelne Elemente der Phase, die im Folgenden beschrieben wird, tauchen dagegen oft schon vor dem 10. Geburtstag auf und dauern bis ins Jugendalter an – und gelegentlich kommen selbst Erwachsene in manchen Bereichen nie über die Entwicklungsphase des Zehn- bis Zwölfjährigen hinaus.

Im Gegensatz zur soeben durchgestandenen chaotischen Zeit wirken die Kinder auf einmal geradezu gesetzt – zeitweilig! So seriös, dass der amerikanische Kinderpsychologe Arnold Gesell, der zwischen etwa 1938 und 1955 Kinder von der Geburt an bis zum 15. Lebensjahr sehr genau beobachtet und ihre Entwicklung beschrieben hat, im Zehnjährigen das vorweggenommene Bild des Erwachsenen sah. (Wobei er den Erwachsenen im Gegenschluss als eine in sich ruhende, harmonische Persönlichkeit gesehen haben muss.)

Offenkundig haben in Europa schon früher Kinder um 10 Jahre herum auf die Erwachsenen einen augenfällig vernünftigen, »erwachsenen« Eindruck gemacht, sonst wären die Pädagogen und Schulpolitiker vor mehreren Generationen nicht auf die Idee gekommen, im Alter von 10 Jahren das Ende der Grundschulzeit anzusetzen und damit in diesem Alter eine Vorentscheidung für den weiteren Lebensweg des Kindes zu treffen.

Das bedeutet nun keineswegs, dass Kinder, die 9, 10 oder 11 Jahre alt sind, auf einmal jede kindliche Lebhaftigkeit verlieren würden. Ganz und gar nicht! Aber sie sind souveräner – sogar in ihren Grenzüberschreitungen, also dem Unfug, den sie treiben. Und in ihrer durchaus sprudelnden Lebendigkeit sind sie spürbar harmonischer und ausgeglichener, auch ansprechbarer, als vielleicht ein halbes oder ein ganzes Jahr zuvor.

Der Kampf gegen die Erwachsenen mit ihren Vorschriften, Geboten und Verboten ist zwar – hoffentlich – nicht verloren, nicht durch Kapitulation beendet, aber er ist jetzt kein Thema mehr, er wird sozusagen ohne Verhandlungen bis auf weiteres ausgesetzt – von gelegentlichen kleinen Scharmützeln einmal abgesehen.

Zehnjährige wenden sich *ihrer* Welt zu und auch dort warten Auseinandersetzungen. Das ist jetzt noch wichtiger als das Sich-Reiben an den Erwachsenen. In diese Welt der großen Kinder haben Erwachsene sowieso keinen Zutritt, also kann man sie getrost dort lassen, wo sie hingehören: an den Rand der Kinderwelt und des Kinderlebens. Dort sind sie gut aufgehoben, von dort kann man sie bei Bedarf auch heranholen und sich ihnen zuwenden, von dort vermitteln sie sogar Schutz und Geborgenheit. Aber aus dem eigentlichen Kinderleben haben sie sich gefälligst herauszuhalten, dort würden sie nur alles durcheinander bringen und fürchterlich stören! Innerhalb der

Kinderwelt nämlich sprießt ein eigenständiges Leben – dort wo es noch unbehindert sprießen kann.

Das wichtigste und schönste, anregendste und belebendste Element in dieser Welt der großen Kinder sind die Altersgenossen: der einzelne Freund, die einzelne Freundin und vor allem die Gemeinschaft der Gleichaltrigen.

Erst etwa Zehnjährige sind zu einem echten »Wir-Gefühl« fähig, können sich als Teil einer Gemeinschaft von Gleichen erleben und sich in Gemeinschaftsaufgaben einfügen. Und so wie Dreijährige nach überstandener Trotzphase sich ganz und gar und voller Vergnügen dem »Training« ihrer körperlichen Fähigkeiten hinzugeben scheinen, so scheinen Kinder, die mit etwa 10 Jahren aus der »kleinen Pubertät« herausgewachsen sind, sich vor allem mit dem »Training« der sozialen Fähigkeiten zu befassen und voller Lust dieses neue und aufregende Wir-Gefühl in allen Variationen zu suchen und auszuprobieren.

Das Gefühl, eine verschworene Gemeinschaft zu sein, entsteht natürlich vor allem, wenn man miteinander Dinge tut, die verboten sind. Im Unterschied zu den Acht-, Neunjährigen aber schielen Zehnjährige bei ihren Grenzüberschreitungen nicht mehr so fragend und lauernd auf die Erwachsenen. Das Verbotene, das sie treiben, hat vor allem den Sinn, gemeinschaftlich die Welt kennen zu lernen. Und zur Welt gehören auch die Erwachsenen. Wenn Zehnjährige also bei dem »Scheiß«, den sie »bauen«, die Erwachsenen im Blick haben, dann in der Regel, um sie gezielt zu provozieren – mit einer langen Nase und einer beachtlichen Selbstsicherheit im Rücken!

Ganz wichtig ist also das Zusammensein mit Gesinnungsgenossen. Bei fast allen erwachsenen Erzählern stehen viele von tiefen Gefühlen geprägte Erinnerungen an die Erlebnisse, die in dieser Lebensphase durchlebt und zuweilen auch durchlitten wurden, in unmittelbarem Zusammenhang mit der Gruppe, dem Geheimbund, der Bande, dem Verein, dem Club, der Clique oder auch der Klassengemeinschaft, der Sportmannschaft, der Freizeitgruppe.

Die Gemeinschaft der Gleichaltrigen

Die Gruppen, die Kinder in diesem Alter bilden, sind höchst unterschiedlich und oft recht flüchtig. Manchmal bestehen sie nur einen Nachmittag, gelegentlich ein paar Wochen, selten mehrere Jahre. Wie groß die Altersstreuung und die Zahl der Mitglieder einer Gruppe ist, ob es gemischte oder reine Jungen- beziehungsweise Mädchengruppen sind, hängt davon ab, wie herausfordernd und reizvoll das gemeinsame Ziel ist und wie viel Freiraum den Kindern zur Verfügung steht. Wenn sich zum Beispiel eine ganze Dorfgemeinschaft von Kindern zwischen 7 und 15 Jahren zusammenrottet, um eine widerstandsfähige gemeinsame Festung zu bauen, dann entsteht offenbar ein intensiveres und länger anhaltendes Gruppenleben, als wenn sich vier zehnjährige Mädchen nur zu dem einen Zweck zusammenschließen, eine Klassenkameradin auszuschließen.

Es gibt eine Reihe von Untersuchungen, die zu dem – für die erwachsenen Forscher überraschenden – Ergebnis gekommen sind, dass in den beobachteten Klassengemeinschaften (um die 4. Klasse herum) meistens weniger als die Hälfte der Kinder sagen, sie seien Mitglied einer Clique. In den Gesprächen, die ich mit Erwachsenen über ihre Kindheit geführt habe, und in fast allen Lebenserinnerungen aber wird von einschlägigen Erfahrungen mit Gruppen, Cliquen und Banden in diesem Alter berichtet. Das spricht vielleicht dafür, dass nicht die Dauer der Gruppenerfahrung wichtig ist, sondern dass auch kürzere Erfahrungen ihre Spuren hinterlassen können, wenn die Erlebnisse nur intensiv genug waren. Möglicherweise ist aber allein schon die Tatsache, dass sich vier, fünf aktive, wortstarke Kinder zu einer Gruppe zusammenschließen, eine Form von »Gruppenerfahrung« auch für die »nicht organisierten« Kinder.

Auch oder gerade das Gefühl, »Außenstehender« zu sein, ist ein wichtiges, wenn auch meist recht schmerzliches »Gruppenerlebnis« für Kinder dieser Altersstufe. Oft löst dieses Gefühl bei dem einen oder anderen der »Ausgeschlossenen« eine Gegenbewegung aus, und es bildet sich eine Gegengruppe, die wiederum nicht alle Kinder der Klassengemeinschaft einbezieht. Es entsteht die berühmt-berüchtigte Cliquenwirtschaft der 4. und 5. Klassen, die unter den Ausgeschlossenen größte Sehnsüchte, tiefste Verletzungen und bittersten Ärger auslöst. Das ruft dann die um ihre Kinder besorgten und in ihrem eigenen Stolz getroffenen Eltern auf den Plan und im Nu ist die Vereinsmeierei der Kinder in die Erwachsenenwelt hinübergeschwappt, wo die Auseinandersetzungen dann eine neue, viel ernstere Dimension bekommen.

So ist es schon vor 100 Jahren gewesen, zu Zeiten von Louis Pergaud, dem Autor des *Krieg der Knöpfe*, und so lassen sich auch heute noch Erwachsene von ihren im Grunde nichts Böses wollenden Kindern in Auseinandersetzungen und gegenseitige Kränkungen hineinziehen. Im Gegensatz zu den Erwachsenen »brauchen« aber die Kinder ihre Gruppenerfahrungen mit allen dazugehörenden sozialen und emotionalen Lehrstunden, und sie können die Erfahrungen normalerweise nach und nach auch ganz gut einordnen, überwinden und sogar abfangen.

Die Erwachsenen wären gut beraten, ihren Kindern auch in diesem Bereich den nötigen (erwachsenen-)freien Lebens- und Erfahrungsraum zuzugestehen. Erwachsene können trotzdem hilfreich sein, wenn sie bei Bedarf beratend, aus taktvoller Distanz heraus und mit Verständnis für die Gefühle der Kinder den Weg aus verhärteten Fronten zeigen. Gelegentlich sind sie geradezu notwendige »Grenzbojen«, deren Aufgabe es ist, die Kinder darauf hinzuweisen, wenn eine – auch seelische – Verletzung zu weit ging.

Die Bildung von Truppen oder Trupps, Corps, Kompanien, Kränzchen, Kreisen, Ringen, Zirkeln, Gilden, Scharen, Sippen, Stämmen, Logen, Bruderschaften (» ... brothers« oder » ... sisters«), Mafias, Vereinen, Clubs, Cliquen, Banden, Gangs, Mannschaften, Crews, Teams usw. muss etwas sehr Wichtiges für das Werden und Wachsen in diesem Alter sein, denn zu allen Zeiten und auf der ganzen Welt suchten und suchen Kinder nach Wegen, um sich ihre Verschworenengemeinschaften zu schaffen. Die zugrunde liegenden Phantasien, die gruppenbildenden Ziele, die Wahl der Namen und auch die Zusammensetzung der Gruppenmitglieder aber scheint ein Spiegelbild der Zeit und der Kultur zu sein, in der die Kinder aufwachsen.

Gegnerische Gruppen

Im *Krieg der Knöpfe* scharen sich die Jungen der beiden französischen Nachbardörfer zu zwei Armeen zusammen, um gegeneinander in den »Krieg« zu ziehen, sich gegenseitig zu übertrumpfen und auszustechen. Bei Erich Kästner sind es im *Fliegenden Klassenzimmer* die Jungen zweier Schulen, die gegeneinander antreten, in der Generation meiner Eltern und auch in unserer Kindheit noch waren es die Karl-May-Geschichten, welche Kinder in Bleichgesichter, Comanchen, Sioux und Apachen aufteilten. Dabei waren in der Zeit vor dem Zweiten Weltkrieg die Krieger offenbar noch ausschließlich männlichen Geschlechts, nur für die Rolle der Squaw, die den Wigwam zu bewachen hatte, wurden auch damals schon gnädigerweise Mädchen als Mitspieler in die Indianerstämme aufgenommen. In meiner Generation dagegen kämpften Jungen wie Mädchen, teilweise vereint, häufiger getrennt, heldenhaft und selbstbewusst gegen die niederträchtigen Bösen im Wilden Westen. Mit Erich Kästners *Emil und die Detektive*, vor allem aber mit den Büchern von Enid Blyton und Astrid Lindgren fanden die Mädchen endgültig literarisch Einzug in die Krieger- und Abenteuerbanden. Gewiss bezogen sich die Schriftstellerinnen damit auf die veränderten Wirklichkeiten. Daneben spornten sie aber mit ihren Büchern die Kinder auch zu gemeinsamen Abenteuern von Jungen *und* Mädchen an.

Es gab aber auch immer schon reine Mädchencliquen, die sich rivalisierend gegenüberstanden. Im Unterschied zu den Jungenbanden ging und geht es unter Mädchen dabei meistens nicht darum, sich körperlich aneinander zu messen und miteinander zu kämpfen, sondern um hinterhältige Intrigen. – Unter den etwa zehnjährigen Mädchen finden sich die intrigantesten Frauenzimmer der Welt!

Wie sich die Vereinigungen von Kindern ihrer Zeit anpassen, mögen die folgenden beiden neueren Beispiele zeigen:

1982 entstanden in einer 4. Klasse in Süddeutschland aus Jungen und Mädchen gemischt zwei »Ferienhotel-Imperien«, die versuchten, sich gegenseitig mit ihren »Ferienattraktionen« den Rang abzulaufen. Die Kinder verfassten »Werbebroschüren« mit den verlockendsten Angeboten und setzten alles daran, die »Konkurrenz« zu übertrumpfen. Und um 1992 gründeten in Berlin ebenfalls Jungen und Mädchen einer 4. Klasse die »Vereine« »Edeka« und »Bauhaus«, die zwar absolut nichts mit Handel und noch weniger mit Heimwerkerei im Sinn hatten, aber dennoch heftig miteinander konkurrierten, sich in Hochstapeleien überboten und mit ihren Vereinstreffen und Freizeitaktivitäten versuchten, den Neid der Nichtmitglieder ins Unerträgliche zu steigern.

An einer anderen neuen, ziemlich verbreiteten Form von kindlichen Auseinandersetzungen nehmen wir alle, meistens ahnungslos, teil: am »Kampf« der Sprayer.

Wir alle kennen die kleinen, wie Unterschriften-Kürzel aussehenden »Wandschmierereien« und Kratzer, die auf öffentlichen Gebäuden, nackten Wänden, S-Bahnzügen und Fenstern auftauchen. Das sind die »tags« (englisch: etikettieren, zeichnen) genannten Zeichen, knappe, kunstvolle Schriftzüge, die perfekt beherrscht werden müssen. Manche, meistens die jüngeren Kinder, »tagen« zunächst allein: Sie sprayen oder malen mit dicken Filzstiften zum Spaß ihr Zeichen an beliebige Stellen.

Professioneller läuft das Spiel in Banden. Zunächst in den Banden der Kids, der Kinder zwischen etwa 10 und 14, die sich auf die kleinen, einfarbigen tags beschränken und die weniger versiert, weniger kriminell, auch künstlerisch noch unbedarfter agieren als die Banden der Jugendlichen ab etwa 14 und der jungen Erwachsenen, die sich einen Sport daraus machen, mit ihrem ungesetzlichen und oft höchst riskantem Verhalten die Ordnungshüter der Gesellschaft zu provozieren und ausladende, farbenprächtige, künstlerisch ehrgeizige Gemälde, »pieces« genannt, auf Wände zaubern.

Die Jüngeren treibt neben der Lust, die Großen nachzuahmen, noch etwas anderes zum »tagen«: Die Kinder schließen sich zusammen und ziehen mit Filzstiften, Farbspraydosen und Kratzgegenständen »bewaffnet« aus, um die persönlichen tags oder das Zeichen ihrer Bande an Flächen oder Gegenständen anzubringen, die von möglichst vielen Menschen gesehen werden, möglichst offen liegen oder möglichst schwer zu erreichen sind: an Waggons, die durch die ganze Stadt fahren, an Flächen, die jedermann ins Auge fallen, an belebten Plätzen, wo man großes Risiko läuft, beim tagen erwischt zu werden, an Stellen, die nur mit gefährlichen Kletterpartien oder waghalsigen Hangelkünsten zu erreichen sind. Gegnerische Gruppen kennen ihre Zeichen und nehmen die Herausforderung an, indem sie versuchen, die andere Gruppe mit der Platzierung ihrer Zeichen in den Schatten zu stellen und damit zu beweisen, dass sie noch mutiger, geschickter und respektloser sind als die anderen, die das natürlich wieder nicht auf sich sitzen lassen können ...

In einer erweiterten Spielvariante geht es darum, die tags so anzubringen, dass von einem bestimmten Standort aus, zum Beispiel einer Brücke, möglichst weit entfernt und gleichzeitig kreisförmig die Zeichen einer Gruppe oder eines Kindes zu sehen sind: Die Kinder markieren ihre Reviere. Wer das größte besitzt, ist der »King«.

Die meisten Erwachsenen sehen in diesem Spiel lediglich eine mutwillige Sachbeschädigung und empören sich über die Rücksichtslosigkeit und Dreistigkeit, mit der Kinder Dinge, die ihnen nicht gehören, verschandeln und zerstören. Wenn man aber genauer hinschaut, erkennt man, dass aus Kindersicht dieses Spiel eine Art unbewusste Notwehr und im Grunde ein genialer Schachzug ist: Die Kinder verschaffen sich damit nämlich wieder Zugang zu den öffentlichen Räumen, die ihnen von den Erwachsenen weggenommen worden sind: Mit ihren tags nehmen sie sich wenigstens symbolisch ihren Raum zurück und »rächen« sich unbewusst mit dieser Provokation an den Erwachsenen.

Es geht mir keineswegs darum, gesetzwidriges Verhalten zu rechtfertigen. In keiner Altersstufe! Dass sich Kinder in unserer Gesellschaft mit ihren »Lebensräumen« auf die Symbolebene zurückziehen müssen, halte ich aber für ein alarmierendes

Signal! Denn das heißt doch, dass es keine ausreichenden Möglichkeiten mehr gibt, sich auf freiem Feld ohne Aufsicht von Erwachsenen zu begegnen.

Und trotzdem schaffen es die Kinder offenbar, ihre Lebensbedürfnisse den Möglichkeiten irgendwie anzupassen. Im tagen wird das besonders deutlich: Erstens können sich die Kinder aneinander messen, ohne sich direkt zu treffen: Sie brauchen sich also nicht auf einen gemeinsamen Zeitpunkt zu einigen, um sich auseinander zu setzen. Und gemeinsame Termine zu finden, wäre für die verplanten Kinder heutzutage ohnehin schier unmöglich. Zweitens umgehen sie mit dieser Form der Auseinandersetzung die direkte Konfrontation, zunächst wenigstens, was angesichts der immer häufigeren realen Bewaffnung unter Kindern nur zu begrüßen ist. Das Sprayen ist heute somit vielleicht sogar die friedfertigste Form von kindlichem »Kampf«. Drittens sind die Anforderungen an Mut, Kraft, Geschicklichkeit, Intelligenz, Phantasie, Umsicht und Einschätzung des Gegners und der Erwachsenen ebenso groß wie bei einem direkten Kampf. Und schließlich wird das Zugehörigkeitsgefühl der Mitglieder zu ihrer Gruppe durch die überall sichtbaren Gruppenzeichen in besonderer Weise gepflegt.

Die Symbolebene und die indirekte Auseinandersetzung sind aber offenbar nicht der Weisheit letzter Schluss. Zunehmend tauchen in jüngster Zeit noch andere Formen von Kinderbanden auf: Vor allem Jungen, aber auch Mädchen, schließen sich in »Mafiagruppen« zusammen, um andere Kinder einzuschüchtern und zu erpressen und damit ihre »Stärke«, ihre Macht unter Beweis zu stellen. Die leitenden Phantasien, Ziele und Handlungsweisen holen sie wie ehedem aus der Erwachsenenwelt, aus Nachrichten, Filmen, Zeitschriften. So gesehen, hat sich nichts geändert im Vergleich zu früher.

Neu, unnatürlich und einer gesunden, normalen sozialen und emotionalen Entwicklung hinderlich sind aber zum einen die realen Waffen, die den Kids heute zur Verfügung stehen: Durch sie bekommen die Androhungen von Gewalt, die Schutzgelderpressungen, die Raubzüge und dergleichen mehr eine viel zu erwachsene, bitterernste Dimension, die mit einer *menschlichen* Auseinandersetzung nicht mehr das Geringste zu tun hat!

Das zweite »Neue« am Verhalten dieser Kindergruppen ist, dass sich ihre Aggressionen gegen Einzelne und oft »schwache«, sogar behinderte Kinder wenden, die eingeschüchtert, bestohlen und verletzt werden. Wie bei den echten Mafiaorganisationen der Erwachsenen und den gewalttätigen Gruppierungen der rechten Szene wird die direkte Auseinandersetzung mit einer ebenbürtigen »Truppe« gemieden. Es geht hier nicht mehr ums Kräftemessen unter gleichwertigen Partnern, sondern nur noch um Macht durch Unterdrückung Wehrloser, die dieser Form von Machtausübung – noch? – nichts entgegenzusetzen haben. Auch darin spiegelt die Kinderwelt die Welt der Erwachsenen.

Ein Wort zum Alter dieser Kinder. Erwachsene beklagen, dass die Kinder, die sich in Banden oder Gangs organisieren und gegen andere Kinder zu Felde ziehen, immer jünger werden. Das stimmt: Bis vor wenigen Jahren waren die Mitglieder der Gangs, die gewalttätig durch die Straßen unserer Städte zogen, fast ausnahmslos zwischen etwa 15 und 23 Jahren alt. Das erste natürliche kindliche »Bandenalter« aber liegt nach allen Informationen aus nicht industrialisierten Kulturen zwischen etwa 10 und 12 Jahren, mit einer Streuung nach unten bis etwa 8 und nach oben bis etwa 15 Jahre.

Offenbar hat sich das »Bandenalter« in den Industrienationen nach oben verschoben. Die Gründe liegen auf der Hand:

Jüngere Kinder sind überfordert, sich in den vor Autos überfüllten Straßenlandschaften der Städte zu organisieren, außerdem leben sie unter enger Kontrolle der Erwachsenen und/oder werden durch die Medien in ihren Häusern festgehalten. Erst ab etwa 15 Jahren gelingt es den Heranwachsenden in unserer Gesellschaft, sich frei zu bewegen. Und dann müssen sie offenbar nachholen, was sie vorher versäumt haben: Denn wenn man sich genauer anschaut, worin das Ziel der Banden von Fünfzehn- bis Dreiundzwanzigjährigen liegt, dann ist es im Grunde in verschärfter Form genau das, was eigentlich in das Alter der Zehn- bis Zwölfjährigen gehört: Neben dem Bedürfnis, Mitglied einer Gruppe zu sein (das natürlich auch jugendtypisch ist), ist es die Sehnsucht, sich in abenteuerlichen, gewagten, gefährlichen Aktionen zu behaupten, sich mit der eigenen Angst auseinander zu setzen, sich an anderen zu messen, die eigenen Stärken und Schwächen, Vorzüge und Nachteile im Vergleich mit Menschen der eigenen Generation kennen zu lernen, das heißt seinen persönlichen Stellen-Wert im Leben zu finden.

Wörtlich genommen ist also, zumindest teilweise, das Bedürfnis, dem die Jugendbanden der Industrieländer nachgehen, »verrückt«, verschoben. Es ist der nicht altersgemäße verzweifelte Versuch, etwas Verpasstes nachzuholen. Wenn man 15 oder 18 Jahre alt ist, müssen aber offenkundig schärfere Geschütze aufgefahren werden, um die im Alter von 10, 12 Jahren versagten Erfahrungen und Gefühle auch nur annähernd gleichwertig zu erleben und nachzuholen – wenn Gefühle überhaupt gleichwertig nachholbar sind.

Gruppen ohne Gegner

Neben den Banden, Gangs und Grüppchen, die sich als Gegner gegenüberstehen, gibt es unter Kindern zwischen etwa 10 und 12 Jahren auch jene unzähligen Clubs und Vereine, die keine (realen) Gegner brauchen und sich selbst genug sind.

Erinnern Sie sich vielleicht an die Zirkustruppe, die waghalsige akrobatische Kunststücke, Zaubertricks, »Tierdressuren« und Ähnliches einstudierte und an einem abendfüllenden Programm feilte? Oder arbeiteten Sie Nachmittage lang zusammen mit den Freundinnen an einer Disko-Show, entwarfen grelle Kostüme, tolles Make-up und übten perfekte Präsentation und Playback? Oder lernten Sie in Ihrer »Fußballmannschaft« bei verschworenen Trainingstreffen fachgerechte, täuschend echte »Schwalben« hinzulegen und sich anschließend über das »übelste aller Fouls« lauthals beim »Schiedsrichter« zu beschweren? Oder hatten Sie und Ihre Bande noch damit zu tun, versteckte Palisaden zu errichten und Erbsenpistolen herzustellen, um den zwar nicht real vorhandenen, dafür aber umso unberechenbareren, unheimlichen, außerordentlich bedrohlichen Gegner in Schach zu halten? Oder ...?

Wie auch immer Ihre persönlichen Erinnerungen sind: Können Sie sich vorstellen, dass solche Spiele auf Anweisung oder unter den Augen von Erwachsenen entstanden wären? Können Sie sich andererseits vorstellen, dass Sie allein, also ohne die anderen Kinder, Ihre Ideen so weit ausgespielt, sich so tief in die Phantasien und Gefühle hineinversetzt hätten? Wären Ihre Gefühle und Erlebnisse in Gegenwart von Erwachsenen oder in Abwesenheit von anderen Kindern genauso aufregend, spannend, herausfordernd, lustig, aufbauend gewesen?

Es scheint, als wäre für die Kinder dieses Alters das Gründen einer »geschlossenen Gesellschaft« an sich schon ein besonders erstrebenswertes Vergnügen. So bilden sich Gruppen, deren einzige gemeinsame Idee es ist, einen Verein zu gründen. Entsprechend führen sie oft nur ein kurzes, aber intensives »Vereinsleben«: Nachdem sich die passenden Mitglieder gefunden haben, ihre Vereinigung besiegelt ist und der Club seinen Namen hat, werden Fahnen, Wappen, Anstecker, Logos, Stempel usw. entworfen, verworfen, beschlossen und angefertigt. Und das war's dann schon. Wenn das geschafft ist, löst sich die Gruppe oft schon wieder auf, es sei denn, es hat sich inzwischen eine Gegengruppe gegründet, die zum Weitermachen anstachelt. Oder es reizt noch ein neues Ziel, zum Beispiel die Herausgabe einer Clubzeitung oder das heimliche Platzieren der Club-Tags.

Mädchen pflegten und pflegen die Clubinterna offenbar weihevoller als Jungen. So sind für Mädchenbündnisse die Clubnamen außerordentlich wichtig. Sie sind Programm und beinhalten oft das ganze und einzige Gruppenziel, beispielsweise »Club G.I.« (Club gegen Inga). Mädchen blockieren mit dem Clubnamen auch gern von vornherein jede Veränderung der Mitgliedschaft: Wenn der exotisch-geheimnisvoll klingende Name des Clubs aus einer Buchstabenkombination aus den Namen der beteiligten Mädchen zusammengesetzt ist, kann niemand abspringen oder neu dazukommen.

Das höchste und vornehmste Ziel eines jeden Vereins scheint aber auch auf Kinderebene der Besitz eines eigenen »Clubheims« zu sein. Wo es möglich ist, einen Unterschlupf auszubauen und einzurichten, wird dieses Ziel mit großem Eifer verfolgt. Dann ist auch das Gruppenleben offenbar länger und lebendiger, denn der geheime Treffpunkt wird zum alles bestimmenden Gruppenziel. Der technische Ausbau, die notwendigen handwerklichen Fertigkeiten sind dabei oft nicht einmal die größte Herausforderung. Viel aufregender ist es, von Erwachsenen unbemerkt Baumaterialien zu »klauen«, für die Inneneinrichtung aus den Beständen der Elternhäuser eine ganze Aussteuer und das notwendige Mobiliar nebst Lampen und Kerzen zu organisieren und für die Vorratskammer geeignete Speisen und Getränke zu hamstern. Diese Arbeit kann eine Kindergruppe schon mal einen ganzen Sommer lang in Atem und zusammenhalten.

Die Möglichkeiten für Kinder in unseren Breiten, sich ihre geheimen Schlupfwinkel zu schaffen, sind leider beträchtlich geschrumpft. Gleichwohl scheint das Bedürfnis der Kinder, sich überhaupt so etwas wie einen Vereinstreffpunkt zu schaffen, so ausgeprägt zu sein, dass sie trotz aller Einschränkungen halbwegs brauchbare Orte ausfindig machen: wenn nicht im Haus oder Garten eines der Gruppenmitglieder, dann in einem versteckten Eckchen auf dem Schulgelände, in einem verlassenen Winkel im Wohnbezirk, einer unzugänglichen Nische im Park oder in den Kellern der Wohnblocks. Zum Ausbauen, Einrichten und Horten von Vorräten sind diese Plätze meistens jedoch höchst ungeeignet.

Lose Kindergemeinschaften

Die dritte Form von Gemeinschaftserfahrungen, die Kinder besonders im Alter ab 10 Jahren suchen und genießen, sind gemeinsame Aktivitäten mit einer Gruppe von etwa Gleichaltrigen, die sich lose zusammenfinden. Dazu gehören die beliebten Bewegungsspiele, wie Gummihüpfen, Fußballspielen, Schlittschuhlaufen, Schwimmen, Streetball und Skateboardfahren, die teilweise in den Schulpausen betrieben werden oder zu denen sich die Kinder am Nachmittag verabreden. Zu den reizvoll-beängstigenden Auseinandersetzungen und Kämpfchen, die auch heute noch hie und da aufflackern, zählen die

Reiterkämpfe, Schneeballschlachten und die Handtuchkämpfe im Schwimmbad, manchmal aber auch große Keilereien.

Für die folgenden Gemeinschaftsaktionen gibt es sogar während der Schulzeit glücklicherweise auch heute noch ausreichende Betätigungsfelder: Lehrer ärgern, Unterricht stören, kollektives Schwänzen, Erwachsenen Streiche spielen oder einfach Unsinn machen. Wenn auch seltener, so gibt es aber auch die entsprechenden positiven Varianten, zum Beispiel für den beliebten Lehrer eine Geburtstagsüberraschung zu organisieren oder eine kleine Hilfsaktion auf die Beine zu stellen.

Die Gemeinschaftsaktionen auch in »losen« Gruppen sind außerordentlich wichtige Erfahrungen für Kinder dieser Altersstufe, deren Bedeutung für die Entwicklung von Gemeinschaftssinn nicht unterschätzt werden sollte, auch wenn wir Erwachsenen – meistens zu unserem Ärger – gelegentlich das Ziel der Aktivitäten sind.

Nationalgefühl

Offenbar hängt die Entwicklung des Wir-Gefühls auch mit der Entwicklung des Menschen zu einem »Staatswesen« im weitesten Sinn zusammen.

Etwa Zehnjährige beginnen sich für die Zeitung beziehungsweise die Nachrichten zu interessieren (und finden alles, was mit Politik zu tun hat, furchtbar blöd). Aber sie fangen an, über den eigenen Gartenzaun hinauszuschauen, und vergleichen die Welt dort draußen mit ihrem »Zuhause«, dem eigenen Land, der eigenen Nation.

Am deutlichsten wird diese nationale Identifizierung heutzutage in der Begeisterung der Kinder für die verschiedenen Idole und Nationalmannschaften im Sport. (In anderen Nationen war und ist es beispielsweise auch die Armee, für die sich

Zehnjährige erwärmen können: *Woran* Kinder ihre nationale Identität, ihr Nationalgefühl festmachen, liegt in der Hand beziehungsweise in der Welt der Erwachsenen.)

Die Beobachtung von Kindern in verschiedenen Nationen und Gespräche mit Erwachsenen, die ihr eigenes Nationalgefühl längst zu den Akten gelegt haben, weisen darauf hin, dass es im Alter zwischen 10 und 12 ganz selbstverständlich ist, Begeisterung für Fahnen, Nationalfarben, Hymnen usw. zu entwickeln. Wenn die Nationalhymne erklingt, dann ist das in diesem Alter ein Gefühl wie bei Fünfjährigen Weihnachten.

Das Gefühl, zu einer Nation, zu einem Land, zu einer Kultur zu gehören, muss eine ähnliche Bedeutung haben wie im Säuglingsalter das Gefühl, zu einer Mutter, und im Kleinkindalter das Gefühl, zu einem Elternhaus zu gehören. Ebenso, wie sich das Kind vom Rockzipfel der Mutter lösen muss, wenn es in seiner Entwicklung nicht zurückbleiben soll, und eines Tages das Elternhaus hinter sich lassen wird, um ein selbstbewusster, unabhängiger Erwachsener zu werden, so wird der reife Mensch Nationalgefühl, Nationalstolz und Nationalbewusstsein (in übertriebener Form) ablegen können, wenn das Bedürfnis danach gestillt ist – und die weiterentwickelten Erwachsenen vorleben, dass man auch sehr selbstbewusst, sicher, frei und tolerant mit Menschen anderer Nationen zusammenleben kann. Menschen, die dieses Vorbild nicht haben, bleiben in ihrem nationalen Bewusstsein wahrscheinlich eher auf dem Entwicklungsstand von Zehnjährigen stecken, als Menschen, in deren Nation Toleranz gegenüber Ausländern als selbstverständliches Zeichen von Reife und Erwachsensein gilt. Von Zehn-, Zwölfjährigen aber zu erwarten, dass sie gleich »erwachsen« sein sollen, indem man ihren altersgemäßen »Nationalstolz« angstvoll unterbindet, wäre absolut unangemessen.

Vermutlich entsteht im Alter um 10, 12 Jahre herum auch im engeren Sinn »kulturelle Identität«: Die landesübliche Musik, die Rhythmen und Tänze der Kultur werden mit überschwänglichem Gefühl aufgenommen, gesungen, in Bewegung umgesetzt und nachgeahmt: Fast jedem Alpenländler wird es auch als Erwachsenem noch warm ums Herz bei Zithermusik, die ihn durch seine Kindheit begleitet hat. Jedem Menschen, der in der Karibik groß geworden ist, zuckt es in den Gliedern und im Herzen, wenn er die Rhythmen seiner Heimat hört. Die bewusste Auseinandersetzung mit kulturtypischer Musik und Tanz beginnt offenbar (erst!) im Alter von 10 bis 12 Jahren. Das hängt vielleicht auch damit zusammen, dass, wie wissenschaftliche Untersuchungen ergeben haben, das Rhythmusgefühl im Alter zwischen etwa 10 und 12 Jahren deutlich zunimmt.

Jehan Sadat, aufgewachsen in der islamischen Kultur Ägyptens, ordnet die folgende Erinnerung bezeichnenderweise der Zeit zu, als sie zwischen 10 und 14 Jahren alt war:

Am ersten Donnerstag des Monats machten wir es jeweils wie Millionen andere Ägypter und viele Menschen der ganzen arabischen Welt: Wir versammelten uns in Port Said, in Kairo oder wo immer wir uns gerade aufhielten, um unser Batterieradio und lauschten dem allmonatlichen Live-Konzert von Umm Kalthum.

... Ihre Stimme wirkte wie Magie, ihr Können war meisterlich ...

Die Europäer fanden ihre Lieder langweilig, wir aber nicht. Für Ausländer sieht jede Düne in der Wüste so aus wie alle anderen, wir aber wissen, dass kein Sandkorn gleich ist. So war es auch mit Umm Kalthums Donnerstags-Konzerten, zu denen ihre treuen Anhänger aus der ganzen arabischen Welt nach Kairo strömten. (Sadat, S. 47 f.)

In unserer modernen Medienkultur übernimmt die Musik, die gerade »in« ist und von allen Sendern tagaus, tagein wiederholt wird, die Rolle der »Volksmusik«, die in anderen Kulturen oder in früheren Zeiten die Menschen einer Volksgruppe vereinte: Die Leute, die Ende der 50er- bis Mitte der 60er-Jahre ältere Kinder und Jugendliche waren, schwärmen noch heute von der Stimme und den Schlagern eines Elvis Presley, die, die Ende der 60er-Jahre zwischen 10 und 18 Jahre alt waren, flippen – etwas gedämpft – noch heute bei den Klängen der Beatles oder der Rolling Stones aus. Weltweit ist inzwischen eine Generation herangewachsen, die im Alter von 10 bis 14 Jahren von Michael Jackson umgarnt und musikalisch geprägt worden ist. Und die jungen Menschen, die heute 10, 12, 14 Jahre alt sind, werden vielleicht auch als Erwachsene noch in begeisteter Erinnerung rhythmisch mit ihren Köpfen zucken, wenn sie sich wieder einmal den Schlägen der Technomusik aussetzen, die sie in ihren Kinderzimmern unter dröhnenden Kopfhörern hingebungsvoll ausgehalten haben.

Musik ist unter modernen Kindern zwischen etwa 10 und 13 Jahren auch zu einem Kristallisationspunkt von Wir-Gefühl geworden: Wenn sich Kinder in dieser Altersstufe zum ersten Mal begegnen, ist häufig eine ihrer ersten Fragen: Welche Musikgruppe magst du, von welcher bist du Fan?

Die beste Freundin, der beste Freund

Was wäre das Leben zwischen 8 und 12 ohne den besten Freund, die beste Freundin! Ohne ihn oder sie wäre man auch in der größten Kindergemeinschaft allein.

Freundschaften entwickeln sich selbstverständlich schon früher und manchmal überdauern sie als »Sandkastenfreundschaften« alle Entwicklungen des Lebens. In der Sturm- und

Drangzeit der Acht- bis Neunjährigen sind »Freundschaften« zwar auch wichtig, aber oft können die Kinder in dieser unruhigen Phase noch nicht zu einer beständigeren Beziehung zu ihrem Freund oder ihrer Freundin finden.

Für Zehnjährige gewinnt der »beste« Freund eine andere Bedeutung. Er wird zu einem wichtigen »Neben-Ich«, zu einem Wegbegleiter, Partner, Kamerad, mit dem man im Schulterschluss durch die Lebenswelt der Kindheit geht. – Bei Viertklässlerinnen sieht man am häufigsten die Freundespaare, die, den Arm um die Schulter der Freundin gelegt, über den Pausenhof wandern. Eine Freundschaft im Sinn einer *Begegnung* von zwei Menschen, die im anderen ein Gegenüber suchen, um in eine Ich-Du-Beziehung, einen seelischen Austausch zu treten, ist für Kinder unter etwa 13 Jahren allerdings noch nicht möglich.

»Beste« Freundschaften bei Zehnjährigen sind fast immer gleichgeschlechtlich, und fast immer finden sich Kinder, die auch sonst zueinander »passen«: Kinder aus ähnlichen Familienverhältnissen, Kinder, die etwa gleich begabt sind, Kinder gleicher Nationalitäten. Im besten Freund, in der besten Freundin suchen Kinder vor allem ihresgleichen.

Wenn man bedenkt, dass es in der Lebensphase des großen Kindes ganz wesentlich darum geht zu erfahren, welche Stellung man innerhalb der eigenen Generation hat und wer man im Vergleich zu den Gleichaltrigen ist, wenn man sieht, dass diese Standortsuche mit viel Unsicherheit verbunden ist, dann wird umso verständlicher, wie wohltuend es sein muss, jemanden an seiner Seite zu wissen, der eine Art »Zwilling« ist. Tatsächlich wünschen sich vor allem Mädchen in diesem Alter oft von Herzen eine Zwillingsschwester. – Zwillinge selbst wünschen sich dagegen meistens sehnlichst die »eigene« beste Freundin, die sie endlich einmal nicht mit der Schwester teilen müssen.

Beste Freunde sind Stützpfeiler innerhalb der Gruppe der Gleichaltrigen, nach dem Motto: Machst du mit, mache ich auch mit; was du gut findest, ist auch für mich richtig; wenn mich etwas ärgert, weiß ich, dass du mich verstehst; will ich etwas in der Gruppe durchsetzen, wirst du mich unterstützen; werde ich angegriffen, wirst du mich nicht im Stich lassen.

Der beste Freund oder die beste Freundin ist für Zehnjährige aber in erster Linie das Echo der eigenen Gefühle: »Ich finde Basketballspielen toll« – »Ich auch«, ist für Kinder in diesem Alter weit mehr als die gegenseitige Information über ein Hobby und auch mehr als die Frage: »Hast du Lust, mit mir Basketball zu spielen?«, wie es bei jüngeren Kindern der Fall ist.

In solch kleinen Dialogen tasten ältere Kinder vor allem ab, ob ihre eigenen Gefühle »verstanden« werden, ob sie »richtig«, das heißt »im Trend« liegen, und wie es um die Gefühle des anderen Kindes bestellt ist. Die Erfahrung, da ist einer, der fühlt so wie ich und deshalb versteht er mich, ist wichtiger als die Botschaft, da ist jemand, der, wie ich, Basketball spielt. Im Spiel selbst wird sich dann ohne weitere Worte herausstellen, ob die Gefühle wirklich gleich sind, ob die Harmonie stimmt, ob der Partner zum Freund taugt.

Nehmen wir an, Hans und Jochen, beide 10 Jahre alt, hätten auf einem ehemaligen Truppenübungsplatz Munition gefunden. Ihr Gespräch könnte etwa so verlaufen:

1. Variante:

Hans:	Sollen wir sie anzünden?
Jochen:	Traust du dich?
Hans:	Weiß nicht – vielleicht schon – sollen wir's mal probieren?

Jochen: Nee, komm, wir lassen's lieber bleiben, wenn was passiert ...

2. Variante:

Hans: Eh, komm, die jagen wir hoch!
Jochen: Das ist gefährlich!
Hans: Sei kein Feigling, da passiert doch nichts!
Jochen: Glaubst du wirklich?
Hans: Na klar, das macht doch Spaß!
Jochen: Also gut, aber wir müssen ganz schnell in Deckung gehen.

3. Variante:

Hans: Eh, komm, die jagen wir hoch!
Jochen: Das ist gefährlich!
Hans: Sei kein Feigling, da passiert doch nichts!
Jochen: Da mach ich nicht mit!
Hans: Dann bist du nicht mein Freund.
Jochen: Du spinnst!

Im Grunde geht es bei allen drei Gesprächen um die Angst einerseits und die Verlockung des Abenteuers andererseits. Und im Grunde tauschen sich die Jungen in allen drei Varianten über ihre Gefühle aus und stimmen sie – im gegenseitigen Echo – miteinander ab. Im letzten Beispiel werden sie sich nicht einig, und damit wird auf einmal eine ganz andere Frage und ein anderes, damit verbundenes Gefühl wichtiger, nämlich: Wer ist der Stärkere von uns beiden, wer gibt nach?

Die Fähigkeit, Freundschaften zu schließen und sie aufrechtzuerhalten, muss gelernt und geübt werden. Darüber hinaus aber ist es das Gefühl Freundschaft selbst, das Kinder in diesem Alter kennen lernen, ausprobieren und ausleben müssen. Erwachsene stützen sich, ohne sich dessen bewusst zu sein, auf diese Erfahrungen, wenn sie in einer neuen Umgebung oder in einer neuen Lebensphase neue Freundschaften knüpfen. Mehr noch: Die Fähigkeit, Freundschaften überhaupt zu schließen, die Art, wie jemand mit seinen Freunden umgeht, wie später einmal Freundschaften gelebt und gepflegt werden, wird in diesem Alter angelegt.

Die Möglichkeit, einen besten Freund oder mehrere gute Freunde zu haben und sich mit ihnen zu treffen, hängt für Zehnjährige in unserer Gesellschaft allerdings ganz wesentlich davon ab, dass Erwachsene im Hintergrund stehen, die für die Kinder da sind und sie darin unterstützen, ihre Freundschaften zu pflegen.

Meistens treffen sich die Freunde nämlich entweder in der Schule oder nachmittags zu Hause oder in der näheren Umgebung der Wohnung. In der Schule sind Freunde auf Lehrer angewiesen, die Verständnis dafür haben, dass Freunde zusammen sein wollen und sich natürlich schrecklich viel zu erzählen haben. Für die Verabredung zu Hause ist es allemal sicherer und auch angenehmer, wenn ein Erwachsener im Haus ist, der die Kinder darin unterstützt, sich zu treffen und ihre gemeinsamen Spiele und Abenteuer auszuleben, sich ansonsten aber heraushält.

Kinder, die sehr viel sich selbst überlassen sind, haben es erwiesenermaßen viel schwerer, Freunde zu finden und Freundschaften aufrechtzuerhalten, als beispielsweise Kinder, deren Mütter (oder Väter) wenigstens halbtags zu Hause sind und ihren Kindern die Freiheit zugestehen, zusammen mit den Freunden ihr eigenes Kinderleben zu leben. Auch Schülerhorte können für Kinderfreundschaften ein Segen sein.

Lieblingsfeinde

Der Gegensatz zum Freund ist der Feind. Auch dafür muss man in diesem Alter ein Gefühl bekommen. Und so ist es ganz natürlich, dass »Feindschaften«, ob man will oder nicht, zu den sozialen Grunderfahrungen dieser Entwicklungsstufe gehören. Zum einen brauchen »Lieblingsfeinde« einander, um sich aneinander zu messen, sich zu reiben und dadurch die eigenen Stärken und ihre Grenzen zu erfahren. Zum anderen kann die Erfahrung, dass *richtig* ausgelebte »Feindschaft« letztendlich der gegenseitigen Achtung keinen Abbruch tun muss, sondern sogar in Hochachtung und Freundschaft münden kann, für Kinder in diesem Alter wegweisend sein.

Natürlich muss es dabei nicht gar so hart zugehen wie bei diesen beiden etwa elfjährigen Jungen in Mexiko-Stadt um 1940:

Dieser burro schlug meinem Bruder eines Tages einen Zahn aus. Da ging ich auf ihn los. Es war ein großartiger Kampf. Ich gab ihm einen solchen Schlag, daß er schrie. Als er sah, daß er es mit seinen Fäusten nicht schaffte, biß er mich. Noch heute habe ich die Narbe auf der Schulter, wo er seine Zähne reingehauen hat. Danach wurden wir enge Freunde, wir verstanden uns besser als Roberto (der Bruder) *und ich, weil wir nichts voreinander verheimlichten. Der burro war niemand anders als mein jetziger compadre und bester Freund Alberto Hernandez.* (Manuel in: Lewis, S. 62)

Die Muster der Auseinandersetzungen, ob mit Fäusten, Waffen oder Worten, haben die Kinder aus der Erwachsenenwelt. Und so steckt auch in den meisten Kinderfeindschaften, die normalerweise vor den Erwachsenen nicht verborgen werden, immer auch die Frage an die Großen: Wie hältst du es mit Feinden? In diesem Alter lernen Kinder entweder, dass man Feinde hat und sie ein Leben lang bekämpfen muss, oder dass man ohne Feindbilder leben und mit *allen* Menschen, trotz aller Antipathien und Gegensätze, partnerschaftlich umgehen kann: Diese Weichen stellen ausschließlich wir Erwachsenen durch unsere eigene Einstellung! Wenn Kinder mit Hilfe der Erwachsenen lernen, ihre Feindschaften zu überwinden, können sie als Erwachsene die besten Friedensmittler und Friedensstifter sein.

Außenseiter

Wie wichtig eine lebendige Beziehung zu Gleichaltrigen ist, wird an den Kindern deutlich, die keine Freunde haben: Ihr Leid ist die schmerzlichste Schattenseite des Kinderlebens. Dennoch scheinen Außenseiter unvermeidlich zu sein, und es wäre naiv anzunehmen, dass es Kindergemeinschaften geben könnte, die ohne sie auskämen: Außenseiter gibt es überall und es gab sie immer!

Wenn Kinder sich zu Gruppen oder Freundschaftspaaren zusammenschließen, grenzen sie damit zwangsläufig andere Kinder aus. Das muss so sein, sonst gäbe es keine Gruppen und Freundespaare, sondern nur einen unklaren Einheitsbrei, in dem *alle* einsam und verloren wären. Wenn sich Kinder zusammen- und damit andere ausschließen, ist das keine bösartige Handlung, sondern ganz unvermeidlich, wenn es darum geht, seinen Platz zu finden und sich in der Gruppe der Gleichaltrigen einzuordnen. Da sich immer die Kinder zusammentun, die sich einander »verwandt« fühlen, werden entsprechend die Kinder ausgeschlossen, die nicht dazu »passen«, von denen sich die anderen unterscheiden. Die Ausgegrenzten werden von den Kindern, die sich zusammenschließen, sozusagen als Kontrasthintergrund gebraucht, vor dem das Gemeinsame der Gruppenmitglieder erst sichtbar wird.

Für das ausgegrenzte Kind ist das wahrlich keine angenehme Rolle. Ausgegrenzt zu werden ist immer eine tiefe Verletzung, denn die Botschaft, die darin steckt, heißt ja nicht nur sachlich: Du bist anders, sondern sie heißt ganz radikal und schonungslos: So wie du bist, passt du nicht dazu! Das trifft und verletzt ein hoch begabtes Kind genauso wie ein lernbehindertes, das Kind mit anderer Hautfarbe genauso wie das schwäbische unter den Hamburger Kindern, das an Diabetes erkrankte Kind genauso wie das stotternde, das Kind des prominenten Vaters genauso wie das des verspotteten Lehrers.

Kinder ausgegrenzt zu sehen, tut auch den begleitenden Erwachsenen weh. Das ist die große Chance für die Außenseiter – manchmal aber auch die große Gefahr. Denn allein ist es für ein zehnjähriges Kind kaum möglich, aus der Position des Ausgegrenzten herauszukommen. Zuweilen verderben aber gerade die Erwachsenen, die es nicht mit ansehen können, dass ein Kind Außenseiter ist, alle Chancen.

Außenseiter in eine Kindergemeinschaft einzugliedern, von der sie ausgeschlossen wurden, verlangt von den Erwachsenen viel Fingerspitzengefühl. Man kann keinem Kind »befehlen«, ein anderes Kind anzunehmen oder sich gar mit ihm anzufreunden. – Es ist erstaunlich, wie oft Eltern und manchmal auch Lehrer von Kindern regelrecht verlangen, dass sie sich mit einem Kind anfreunden sollen oder es zumindest in ihren Freundeskreis aufnehmen müssen. Das ist eine Vergewaltigung der natürlichen Bedürfnisse und führt letztlich nur zu Heuchelei und Aggression. Zu oft vergessen Erwachsene, dass bei Kindern noch mehr als bei Erwachsenen Gefühle herrschen, denen mit »Vernunft« nicht beizukommen ist. Toleranz ist eine menschliche Errungenschaft, die man zwar lernen kann, die aber auch reifen muss.

Erwachsene helfen Außenseitern in der Regel am ehesten, wenn sie nicht direkt in das Gefüge der Freundschaften eingreifen, sondern indem sie die Merkmale und Eigenschaften des ausgegrenzten Schülers aufgreifen, die ihn *nicht* von den Altersgenossen unterscheiden. Oft begehen Lehrer dabei aber den Fehler, die besonderen Vorteile und Fähigkeiten des ausgegrenzten Schülers herauszustreichen, um ihn den Klassenkameraden als Freund schmackhaft zu machen. Sie bewirken damit natürlich genau das Gegenteil.

Wenn Kinder merken, dass der andere gar nicht »anders« ist, und wenn ihre Clique den Außenseiter nicht mehr braucht, um sich abzugrenzen, werden sie ihn in einer neuen Gruppenzusammenstellung ganz natürlich mit eingliedern. Kinder, die von Erwachsenen darin unterstützt werden, ihre Außenseiterrolle zu ertragen, anzunehmen und sich nicht unentwegt dagegen aufzulehnen, werden sie am schnellsten wieder los, weil sie zumindest von den Erwachsenen erfahren haben, dass sie nicht weniger wert sind als alle anderen Kinder, sondern im Gegenteil dazu in der Lage sind, eine besonders schwierige Situation zu meistern.

Julia hat eine angeborene Stoffwechselstörung und darf kein Mehl essen. Das bedeutete für sie früher, dass sie zu jedem Kindergeburtstag ihre Reiskekse (»Styroporkekse«) mitbringen und zusehen musste, wie die anderen Kinder ihre Kuchen und Torten aßen. Alle Kinder sahen ihr an, dass sie darunter litt, aber sie beklagte sich nie, sondern bedankte sich stattdessen immer ganz ehrlich, dass sie trotzdem zur Geburtstagsfeier eingeladen worden war. Allmählich sickerte Julias »Behinderung« bei den Eltern der Klasse durch und ein Kuchenrezept mit Mandeln oder Nüssen statt Mehl machte unter den Müttern die Runde. Zunehmend gab es bei den Geburtstagsfeiern diesen besonderen »Juliakuchen«, der zum absoluten Hit bei den anderen Kinder wurde. Trotz ihrer Krankheit, durch die sie immer »anders« war als alle anderen Kinder, war und blieb Julia in ihrer Klasse beliebt. Ihre Krankheit konnte sie zwar nicht loswerden, aber ganz unverkrampft war sie der Rolle des Außenseiters entkommen, weil es ihr – mit Hilfe der Erwachsenen, besonders ihrer Mutter – gelungen war, ohne viel Aufhebens die anderen Kinder in ihre Krankheit zu integrieren.

Monika ist Diabetikerin. Auch sie brauchte bei Kindereinladungen besondere Kost und bekam ganz selbstverständlich immer ihre Diabetikerkuchen oder -kekse. Monika aber bestand nicht nur darauf, dass die Gastgeber etwas Besonderes für sie vorbereitet hatten, sondern auch darauf, dass diese »Extrawürste« ihr ganz allein gehörten, nach dem Motto: Ich bin schließlich krank und dafür steht mir ein besonderer »Trost« zu. Anfangs war sie in ihrer Klasse integriert. Allmählich aber ging den Klassenkameraden ihre »Angeberei« mit der Diabetes auf die Nerven und sie wurde zur Außenseiterin.

Es gibt Persönlichkeitsmerkmale, die den Kontakt zu Gleichaltrigen blockieren können und die nicht so einfach zu überspielen sind. Dazu gehören zum Beispiel deutliche Intelligenzunterschiede, die tief verwurzelte Prägung durch den familiären Erziehungsstil, das soziale Milieu oder die kulturellen Normen, in denen ein Kind aufgewachsen ist. Diese Unterschiede spüren Kinder noch stärker als Erwachsene.

Ebenso wie für Erwachsene ist aber auch für Kinder die natürlichste und menschlichste Form, der Einsamkeit zu entkommen, sich Gleichgesinnte zu suchen. Kindern, die isoliert sind, weil sie innerhalb ihrer Klassengemeinschaft oder ihres Wohnumfeldes wirklich etwas »Besonderes« sind, hilft es daher am besten, wenn Erwachsene sie darin unterstützen, ein

»passendes« Kind mit ähnlichen Merkmalen zu finden. Für hoch begabte Kinder, die sich in ihrer Klasse vollkommen fehl am Platz fühlten, die unentwegt gehänselt und angegriffen wurden und die folglich quälende Minderwertigkeitsgefühle entwickelten und an allem zweifelten, was sie konnten, erwies sich der Kontakt zu gleichfalls herausragend begabten Kindern aus anderen Schulen wie eine Erlösung: Auf einmal merkten sie, dass sie nicht »verrückt« waren und untauglich, dass es andere Kinder gab, die genauso dachten und handelten wie sie und mit denen sie endlich »richtig« spielen konnten. Die Bücher und Computer, sonst die einzigen »Partner« dieser Kinder, waren für ein paar erfüllte Stunden mit den neu gewonnenen Freunden vergessen.

Ähnlich geht es Kindern, die besonders langsam und intellektuell weniger wendig sind als ihre Klassenkameraden, oder Kindern, die aus einer anderen Kultur zu uns kommen, oder Kindern, die zu Hause misshandelt werden.

Um den passenden Partner zu finden, muss man allerdings die Möglichkeit haben auszuwählen. Ausgeschlossene Kinder brauchen zwar die Hilfe der Erwachsenen, um den Kontakt zu möglicherweise passenden Kindern herzustellen, Erwachsene können aber nie für ein Kind einen Freund aussuchen oder gar bestimmen. Sympathie und Antipathie lassen sich nicht steuern. Wenn Kinder die Möglichkeit haben, sich in einer neuen Gruppe unbefangen zu orientieren, finden sich mit erstaunlicher Sicherheit meistens genau die Kinder, die am besten zusammenpassen, obwohl sie zunächst nicht wissen können, weshalb sie übereinstimmen. Auch hier gilt: Die Erwachsenen müssen den richtigen Rahmen schaffen, den Kindern aber das Übrige selbst überlassen können.

Einzelgänger

Manche Kinder stellen sich von sich aus abseits und halten sich aus gemeinsamen Aktionen mit Gleichaltrigen heraus.

Manche dieser Kinder schaffen sich einen Ersatz für die fehlenden Kontakte zu Gleichaltrigen, sei es ein innig geliebtes Haustier oder auch ein besonders intensiv betriebenes Hobby, gelegentlich auch eine besondere Beziehung zu einem wesentlich älteren Menschen oder zu einem wesentlich jüngeren Kind.

Wenn Kinder unter etwa 13 Jahren aber das »Bedürfnis« haben, ganz viel allein zu sein, um ihren Gedanken nachzuhängen, dann verbirgt sich dahinter meist ein großer Kummer, der alle Lebenskräfte des Kindes bindet. Einzelgängern geht es nicht gut.

Es ist Aufgabe der begleitenden Erwachsenen, die Signale, die von diesen Kindern immer gesendet werden, zu verstehen und herauszuspüren, weshalb sich ein Kind zurückzieht: ob es sich »nur« von den Gleichaltrigen ausgegrenzt fühlt und resigniert hat, ob es Probleme mit einem Lehrer oder der Schule überhaupt gibt, ob es sich von den Eltern allein gelassen, unverstanden, überfordert oder gar misshandelt und verletzt fühlt oder ob es mit anderen Sorgen aus der Erwachsenenwelt überschüttet ist. Wenn Lehrer oder Eltern die Signale des Kindes nicht deuten können, mag ein Kinderpsychologe ein hilfreicher Dolmetscher sein. Oft brauchen diese Kinder aber das verstehende, erlösende Wort eines Erwachsenen, dem sie sich anvertrauen und bei dem sie sich vorbehaltlos öffnen dürfen. Dann kann ein Kindertherapeut der beste Helfer sein.

Auf der anderen Seite sollten Erwachsene aber auch respektieren, dass Kinder oft große Kräfte entwickeln und ihren eigenen Weg finden, ihre Sorgen und Nöte selbst zu bearbeiten, und keine Hilfe von außen annehmen möchten. Dennoch:

Wenn sich ein Kind ständig zurückzieht und absondert, braucht es einen Erwachsenen, der seine Not aufgreift, der sich als Gesprächs- und Sorgenpartner anbietet und der das Kind zumindest spüren lässt, dass es nicht allein gelassen ist.

Manchmal brauchen dieses Kinder aber auch nur ganz praktische Hinweise, wie sie Kontakt zu anderen Kindern aufbauen können, woran es liegt, dass sie abgelehnt werden und wie sie damit umgehen können. Oder sie brauchen einen Klassenkameraden, der bereit ist, auf das Kind zuzugehen. Auch hier können Erwachsene – meistens die Lehrer – wertvolle Hilfestellung leisten, ohne sich allzu sehr in die Belange der Kinder einzumischen.

Was können die Erwachsenen tun?

Vor allem sollten Erwachsene Vertrauen in die Geschicklichkeit und den Instinkt der Kinder haben und sie getrost auch mal allein ihrem »wilden« Treiben überlassen: In Finnland bewerfen sich Kinder gegenseitig mit Speeren – und bei diesem Spiel passiert erstaunlich wenig, weil die Kinder dem Speer geschickt ausweichen oder ihn in der Luft fangen. Glauben Sie, dass es Erwachsene sind, die den finnischen Kindern dieses »Spielchen« beibringen? Ganz sicher nicht. Und ebenso sicher üben die finnischen Kinder dieses Spiel nicht in Gegenwart von Erwachsenen. Aber die finnischen Eltern haben offenbar die Kraft und die Gelassenheit, ihre Kinder freizulassen und ihnen zu vertrauen: Weil sie *ihre* Angst (um die Kinder) meistern, geben sie ihren Kindern die Möglichkeit, sich ihrerseits angstfrei und selbstsicher mit der Welt auseinander zu setzen.

Darüber hinaus können Eltern ganz praktisch den Bedürfnissen ihrer Tochter oder ihres Sohnes entgegenkommen, wenn sie nicht nur den einen besten Freund oder die eine beste

Freundin, sondern gelegentlich auch mehrere Kameraden zu Freizeitunternehmungen mitnehmen – und dann nicht zu sehr »herumkommandieren«, sondern den Kindern zeigen, wie man richtig mit Gefahren umgeht, zum Beispiel mit Feuer, Wurfpfeilen, Pfeil und Bogen oder wie man richtig klettert.

Wunderbar wäre es für die Kinder, wenn Eltern die besten zwei, drei, vier Freundinnen oder Freunde der Tochter oder des Sohnes mit in die Ferien nehmen würden: Öfter ein paar Tage oder Wochen im Jahr immer im selben (wenn auch gemieteten) Ferienhaus in der Nähe, also in der Landschaft der eigenen Heimat, gemeinsam mit ein paar Alters- und Weggenossen, sind für Kinder zwischen 10 und 13 Jahren viel wertvoller als vier Wochen mit Papa und Mama in einem Ferienclub in Afrika.

Eines ist ganz sicher wichtig: Eltern sollten verhindern, dass ihre Kinder in die Hände von älteren Jugendlichen oder Erwachsenen geraten, die das natürliche Bedürfnis nach Gruppe und Abenteuer missbrauchen. Lieber sollten Eltern selbst die Gruppen unterstützen, die aus der natürlichen Nachbarschaft oder Schulgemeinschaft heraus entstehen. Nach wie vor müssen die Erwachsenen nämlich sehen, dass die Kinder – trotz aller Freiheit, die sie innerhalb *ihrer* Lebenswelt unbedingt brauchen – nur in bestimmten Grenzen ganz sich selbst überlassen werden können: So kann zum Beispiel ein unklarer Kontakt zu Erwachsenen oder älteren Jugendlichen bekanntlich dazu führen, dass Kinder unter einen verheerenden Einfluss geraten.

Grenzen brauchen Kinder in diesem Alter aber auch für selbständige Aktivitäten – für den Besuch von Großveranstaltungen zum Beispiel: Ein Zehnjähriger, der ohne Begleitung eines Erwachsenen zu einer Großveranstaltung gehen darf, ist ganz sicher überfordert. Das ist einfach noch »eine Nummer zu groß«, auch wenn das Kind noch so bettelt!

Und für die »Tages-Ordnung« gilt: Bei aller Freiheit, die sie »draußen« suchen, brauchen Kinder auch in diesem Alter noch die sichere Geborgenheit innerhalb der eigenen vier Wände. Wenn man viel allein erlebt, tut es gut, wenn man wenigstens bei einer gemeinsamen Mahlzeit ein bisschen davon erzählen und versteckte Fragen stellen kann. Aufgeschlossene Eltern hören dabei schon heraus, wenn da Sachen laufen, denen sie vielleicht doch nachgehen sollten.

Kinder brauchen neben ihrer Freiheit und neben der notwendigen Grenzziehung eben auch – gelegentlich – Hilfestellung und Anregung von Erwachsenen: Was man miteinander spielen, werken, machen kann, wie man etwas herstellt oder repariert, wie man fair miteinander umgeht, was es heißt, zu einer Sache zu stehen, die man »ausgefressen« hat, warum der Sturzhelm beim Skaten und Biken nichts mit Feigheit zu tun hat usw.

Was Kinder viel weniger brauchen, als manche Erwachsene annehmen, sind Beschäftigungsprogramme und Kurse, die sich Erwachsene überlegt haben. Was sie dagegen viel mehr brauchen, als wir oft wahrhaben wollen, ist die Bereitschaft von Erwachsenen, auf die Ideen, Anliegen und Fragen der Kinder einzugehen.

In der Schule könnte, wie schon bei den »Acht-, Neunjährigen« angesprochen, ein Tag in der Woche für freie Angebote genutzt werden, die sowohl den Abenteuer- und Erkundungsdrang der »Zehnjährigen« aufgreifen als auch ihrem Bedürfnis nach Gruppenerlebnissen und Werken und Basteln gerecht werden. Eine »Zirkus-AG«, in der Akrobatik, Einradfahren, Jonglieren, Messerwerfen usw. geübt werden, würde sicher bei Viert-

und Fünftklässlern auf breite Zustimmung stoßen und ihrem Selbstbewusstsein gut tun. Auch Kampfsportarten, bei denen die Kinder (durchaus auch die Mädchen!) lernen, sich körperlich zu messen, ohne den anderen ernsthaft zu verletzen, sollten in dieser Altersstufe viel stärker gepflegt werden.

Wenn an solchen Tagen, an denen in der Schule keine »Schule« ist, den Kindern freie Werk- und Bastelangebote offen stünden und sie zum Beispiel auch wieder die Spiele lernen könnten, die aus unserer Kultur verschwunden sind (zum Beispiel Kreiselschlagen) oder die in anderen Kulturen seit Jahrtausenden gespielt werden, wenn sie darüber hinaus die dazu notwendigen Spielzeuge selbst herstellen könnten (beispielsweise Bumerangs), wird auf die Dauer die Stimmung in einer Schule mit Sicherheit fröhlicher und entspannter werden!

Gute Erfahrungen mit ähnlichen Ideen haben inzwischen schon einige Ganztagsschulen gemacht – und Ganztagsschule muss ja keineswegs heißen, dass den ganzen Tag lang »Schule« ist.

Dort wo Ganztagsschulen nicht möglich oder auch nicht notwendig sind, sollte aber meiner Meinung nach eine *freiwillige* sozialpädagogische Nachmittagsbetreuung an den Schulen zur Selbstverständlichkeit werden. Und zwar auch für die Kinder, die nicht unbedingt eine Hortbetreuung brauchen. Wichtig erscheint mir, dass diese Angebote von der Schule ausgehen, die den Kindern und ihren Eltern vertraut ist. Ich meine damit aber keineswegs, dass alle Aktionen innerhalb des Schulgeländes stattfinden müssen. Im Gegenteil: Je mehr die Kinder rauskommen, umso besser.

Ich höre an dieser Stelle schon wieder alle Steuerzahler, Schuldirektoren, Kommunal- und andere Politiker einwenden: »Das klingt zwar alles ganz schön, aber leider ist das absolut nicht zu bezahlen.« Das Argument ist mir bekannt. Aber dass es eigentlich nicht am Geld liegt, sondern an der Angst und Unbeweglichkeit der Erwachsenen, auch das weiß ich. Die Kosten, die der Staat jetzt schon tragen muss, um die Folgen einer schädigenden Kindheit zu zahlen – sei es für die Drogenpolitik, für die Bekämpfung von Jugendkriminalität, für die Therapie von verhaltensgestörten oder seelisch kranken Jugendlichen, für die Qualifikation von »Benachteiligten« oder für sonstige Versuche, junge Menschen, die in ihrer Entwicklung eingeengt waren, »einzugliedern«, sind enorm – und daran darf momentan auch nicht gerüttelt werden, denn den jungen Menschen, die schon »auf der Nase liegen«, muss wahrhaftig geholfen werden! Nur sollte man alles tun, damit es nicht erst so weit kommt.

Was die Schule betrifft, gehen meine Phantasien und Träume sogar noch weiter. Und ich weiß sehr gut, dass sie noch absurder klingen. Ich halte mich da aber an den Satz des Philosophen Miguel de Unamuno: »Nur wer das Absurde anstrebt, kann das Unmögliche erreichen.«

Wenn Schulklassen mindestens vier Wochen im Jahr (für die jüngeren Kinder sind zweimal zwei Wochen besser) ins Schullandheim gingen, und zwar immer in dasselbe, so dass die Kinder im Laufe der Jahre eine Beziehung zur Umgebung und den dort lebenden Menschen aufbauen könnten, wäre das ein gutes Fundament. (Der Bruch mitten in der Kindheit durch den Wechsel von der Grund- in eine weiterführende Schule ist eine Zumutung für die Kinder. Dass es auch anders geht, beweisen nicht nur die Waldorfschulen, sondern zum Beispiel auch die deutschen Schulen im Ausland und das japanische Schulsystem.)

Mein Traum geht weiter: Ich sehe ein Dorf mit Landwirtschaft und Handwerkern, durchaus modern, mit Maschinen und allem, was dazu gehört – kein Museumsdorf mit historischen Vorführwerkstätten. Das Schullandheim ist in der Nähe dieses Dorfes und die Schüler sind bei den Dorfbewohnern und ihren Arbeiten willkommen, wann und wo immer es die Kinder möchten, nicht etwa als »Praktikanten« in festen Stellen und von der Schule verordnet. Und Lehrer und Dorfbewohner erhalten angesichts der pädagogisch-menschlichen Herausforderung eine beratende Unterstützung.

Die Lehrer und pädagogischen Betreuer sind weitgehend von der Haftpflicht befreit und können die Kinder laufen lassen, ohne gleich voll Bangen an die Fragen eines kinderfernen Richters denken zu müssen (zur Beruhigung der Eltern, der Krankenversicherungen und der Richter hat jedes Kind seine eigene Haftpflicht- und Unfallversicherung!)

Die Kinder wissen, dass sie für sich selbst verantwortlich sind, wenn sie in dieser Umgebung innerhalb bestimmter Grenzen ihr eigenes freies Leben miteinander »leben« dürfen. Und dort wo es die Kinder brauchen, bekommen sie von den erwachsenen Betreuern Hilfe und Anleitung: wie man richtig Feuer macht, ein Floß baut oder auch »nur«, wie man eine Mahlzeit zubereitet ...

Und dennoch ist Verlass darauf, dass die erwachsenen Betreuer den Rahmen bestimmen, der den Kindern bei aller Freiheit »draußen« Halt und Sicherheit gibt: klare Regeln innerhalb des Hauses, feste Essenszeiten, bestimmte Arbeiten, die jedes Kind zu erfüllen hat, und rücksichtsvolle Umgangsformen.

Zwischen den alterstypischen Lebensthemen und Verhaltensweisen der »Zehnjährigen« und »Zwölfjährigen« ist mir bislang keine charakteristische Zwischenstufe aufgefallen. Auch die meisten Forschungsergebnisse weisen darauf hin, dass sich zwar im Alter zwischen 10 und 12 Jahren viel weiterentwickelt, dass aber keine besondere, *eigene* Zwischenetappe zu beobachten ist. So sind Kinder, die etwa 11 Jahre alt sind, oft kaum anders als »Zehnjährige«, etwas reifer natürlich, und oft kündigen sich schon mit 11 Jahren die Wesensmerkmale an, die für die »Zwölfjährigen« typisch sind. Deshalb gibt es kein eigenes Kapitel über Lebensthemen und Verhaltensmerkmale der »Elfjährigen«.

Ich beherrsche die Welt

Die »Zwölfjährigen«

In diesem Winter gelang mir in der Schule ein großer Wurf. Mein Essay über Leonardo da Vinci, Raffael und Michelangelo beurteilte Fräulein Bloch als den besten, den je einer ihrer Schüler geschrieben hatte ...

Janina David war Ende 1941 etwa 11 ¾ Jahre alt, als ihr dieser große Erfolg glückte (David, S. 270)

Am 29. Juni 1992 war im *Berliner Tagesspiegel* unter der Rubrik »Leute« zu lesen:

Im Moment scheint der blonde, sommersprossige Junge jedenfalls einer der aktivsten Schüler Berlins zu sein. Benni ist zwölf ...

Der Schülertreff ist »nur eine Idee« von Benni. Sonst macht er nämlich noch bei Greenteam, bei der »S.A.U.«, bei den Falken, bei der Kinder-Nachrichtensendung »Kick« sowie beim Büro »Kids beraten Senator« mit und gibt außerdem eine eigene Zeitschrift heraus ...

In der Lebenswelt der großen Kinder ist man als Zwölfjähriger Experte: Man hat seinen Platz gefunden, weiß, wo man innerhalb der Gruppe der Gleichaltrigen steht – die auch weiterhin ein wichtiger Stützpunkt bleiben wird –, aber man will eigene, spezielle Bereiche dieser Lebenswelt ganz für sich erschließen und sich ausprobieren. Es ist wieder, wie bei etwa Fünfjährigen, ein Alter der »Spezialisten«, und nicht selten liegen hier die Wurzeln zur späteren Berufswahl. Und es ist wieder ein Alter, in dem man ausprobieren möchte, »so wie die Erwachsenen« zu sein.

Wenn man die Augen offen hält, findet man unter etwa 12 Jahre alten Kindern tatsächlich ausgesprochen aktive, engagierte, fachkundige Mädchen und Jungen, und zwar nicht nur bei den besonders Begabten, wie man vielleicht aus den beiden Zitaten oben und den Berichten über die zwölfjährigen mathematischen und musikalischen »Wunderkinder« schließen könnte.

Auch die ganz »normalen« Zwölfjährigen werden, wenn sie die Gelegenheit dazu bekommen, gern »Profis«: Vor einigen Jahren waren die zwölfjährigen Jungen noch Moped-Experten, die Nachmittage lang an ihren Fahrrädern und Mopeds herumgebastelt haben, mit denen sie natürlich auch herumgefahren sind, obwohl es den Mopedführerschein erst mit 15 gibt. In der Generation meiner Eltern waren es die Radios, die von den Jungen auseinander und wieder zusammenmontiert wurden. Und heute sind Zwölfjährige Computer- und Multimediafreaks, die ihren Vätern zeigen, wo's langgeht.

Unter Zwölfjährigen gibt es traumhaft sichere Jonglierer, Skateboardakrobaten, wurfsichere Basketballer, versierte Mountainbiker, verblüffende Zauberer (David Copperfield wurde mit 12 in die Gesellschaft amerikanischer Magier aufgenommen) usw.

Unter Zwölfjährigen grassieren daneben »Krankheiten«: Wie Süchtige können Kindergruppen – und es sind meistens Gruppen – dem Fußball- oder Tischtennisspielen, dem Skateboard- oder Rollerbladefahren, dem »tagen« oder Streetball verfallen sein. Ein, zwei Jahre lang machen Kinder diese »Gruppenkrankheiten« durch, dann ist der Spuk meistens vorbei.

Zwölfjährige haben manchmal ihre persönlichen Wissensgebiete, in denen sie unschlagbar sind: Die einen können auf Anhieb den Tabellenplatz jeder Fußballmannschaft mit aktuellem Torverhältnis nennen und wissen darüber hinaus die Ergebnisse (und Halbzeitergebnisse!) aller Spiele der laufenden Spielzeit. Andere erkennen beim ersten Ton die Musikstücke von allen aktuellen Musikgruppen, wissen die Titel und Erscheinungsjahre, kennen die Namen, das Alter und die Hobbys der Mitglieder der einzelnen Bands. Wieder andere sind Film- und Schauspielerexperten oder kennen alle Pferderassen oder alle Flugzeugtypen. Dann gibt es solche Besonderheiten wie das Kursbuch auswendig zu können, alle bekannten Primzahlen im Kopf zu haben oder zu wissen, welche Methoden die verschiedenen Comic-Helden in welcher Situation angewendet haben, um ihre Gegner ins Jenseits zu befördern.

Das gilt für Mädchen und Jungen gleichermaßen, wenn auch Mädchen oft andere Schwerpunkte haben, in denen sie sich engagieren und absolute Spitze sein können: Sie übernehmen selbstverantwortlich die Pflege für ein Pferd, hüten kleine Kinder, beteiligen sich an sozialen oder ökologischen Hilfsprojekten oder sind »im Hauptberuf« Vermittler bei Konflikten innerhalb der Klassengemeinschaft und zwischen Lehrern und Schülern.

Amelies Aktion ist typisch: Amelie war 12 Jahre alt, als sie zusammen mit ihrer gleichaltrigen Freundin anfing, in ihrer Schule und im Bekanntenkreis Kleider und Spenden zu sammeln, die sie für obdachlose Kinder nach St. Petersburg schickte – lediglich das Porto für die Pakete haben die Eltern bezahlt.

Ist es nicht »typisch Mädchen«, dass *diese* Aktion *nicht* in der Zeitung stand? Mädchen werden eben immer noch weniger wahrgenommen als Jungen, wenn sie etwas Besonderes leisten. »Typisch Mädchen« ist wohl auch, dass es sich um eine soziale Aktion handelt und die Mädchen von sich aus nicht so viel Aufhebens von ihren Aktivitäten machen. Mädchen ist es in diesem Alter oft »peinlich«, in ihren Besonderheiten zu sehr wahrgenommen zu werden. Die Erwachsenen fallen auf diese »hübsche« Bescheidenheit herein, finden das, was Mädchen leisten, selbstverständlich und fördern Mädchen in ihrem Engagement dann meistens weniger als Jungen.

Vielleicht ging es Amelie mit ihren 12 Jahren ähnlich, wie es fast 50 Jahre vorher Janina David im Ghetto in Warschau empfunden hat, als sie knapp 12 Jahre alt war:

Außerdem sehnte ich mich danach, endlich etwas Nützliches zu tun. Es war mir immer schmerzlicher zu Bewußtsein gekommen, daß ich nichts als ein Parasit war, daß ich ein nutzloses Leben führte, und die ständigen Opfer meiner Eltern akzeptierte, ohne mich in irgendeiner Weise bei ihnen revanchieren zu können. Ich träumte davon, eine Arbeit anzunehmen, Tag und Nacht hart zu arbeiten, Geld und Essen nach Hause zu bringen, meine Familie zu ernähren, statt mich von ihnen ernähren zu lassen ...

Ein paar Monate später, im Frühjahr 1942, wird Janina 12 Jahre alt. Etwa zu dieser Zeit erleidet ihre Mutter eine Fehlgeburt. Janina schreibt:

Plötzlich wurde ich überwältigt von einem Gefühl der Fürsorge und einer ungeheuren Kraft: ich werde für sie und für Vater sorgen. Ich werde kochen und sauber machen und einkaufen gehen ...

Ich stand vom Stuhl auf und wischte mir die Augen. Von jetzt an hatte ich das Heft in der Hand. Ich kam mir 2 Meter groß vor, und unzerstörbar ... (David, S. 280 f. u. S. 299)

Im Mai 1994 machte in Deutschland ein Entführungsfall Schlagzeilen: Irrtümlich war die zwölfjährige Tochter eines Hausmeisters entführt und elf Tage in einer engen Holzkiste unter einer Autobahnbrücke gefangen gehalten worden. Sie wurde zufällig entdeckt und befreit. In der darauf folgenden Pressekonferenz drückten die Polizeibeamten ihr Erstaunen über die »starke und stabile Persönlichkeit« des Mädchens aus, das die Zeit in der Kiste bei ohrenbetäubendem Lärm und angesichts der bedrohlichen Lage so unbeschadet überstanden habe.

Das Gefühl, unendliche Kräfte zu haben, im Kern unzerstörbar zu sein, fähig zu sein, die Welt verändern zu können, kurz: lebens-tüchtig zu sein, scheint ein Lebensgefühl zu sein, dass typischerweise im Alter von etwa 12 Jahren besonders häufig und besonders bewusst empfunden wird.

Dort wo es mit der Schulpflicht noch nicht so streng zuging, haben es Kinder mit etwa 12 Jahren auch tatsächlich häufiger ausprobiert, wie es ist, das Leben selbst in die Hand zu nehmen:

... wollte ich 12jähriger Franzl im Frühjahr 1858 auch mit anderen Schulgenossen in das Schwabenland gehen, um ganz besonders zu Hause dem verhaßten Wurzelklauben in der Furche hinter dem Pfluge zu entkommen. Konnte ich in Schwaben doch einen Lohn in Barem und hohe Stiefel verdienen und nebenher nach »Schwäbisch« lernen. Mein Wille war stark und die Erlaubnis endlich erbeten ... (Kurz, zit. nach Rutschky, S. 565)

Oder Roberto, in einem Armenviertel in Mexiko-Stadt aufgewachsen:

Als ich etwa elf Jahre alt war ... lief ich zum erstenmal von zu Hause fort. Ich fuhr nach Veracruz. Außer den Kleidern, die ich auf dem Leib trug, hatte ich nichts mit ...

Der Hauptgrund, warum ich ausrückte, war, daß meine Kameraden mir von ihren Abenteuern erzählt hatten. So etwas wollte ich nun selber erleben ...

Auf der Landstraße war ich sorglos und glücklich. Um das Essen habe ich mir nie Sorgen gemacht. Nichts war leichter, als in irgendeine Hütte zu gehen und die Leute um Arbeit für einen Happen Essen zu bitten. Sie hatten immer etwas zu tun für mich: Wasser holen, Holz spalten oder so etwas, und dann bekam ich zu essen ... (Es folgt die Schilderung, wie er nach Veracruz kommt und sich dort mit allen möglichen Arbeiten sein Essen verdient.)

So vergingen drei Monate, und dann hatte ich plötzlich Lust, nach Hause zu fahren. An meine Familie hatte ich nur selten gedacht, aber wenn, dann war mir, als müßte ich auf der Stelle zurückkehren ... (Roberto in: Lewis, S. 92 ff.)

Pedro, heute etwa 40 Jahre alt, war jüngstes von zehn Geschwistern und ist in einer kleinen kolumbianischen Stadt aufgewachsen. Er war in seiner Familie gut versorgt und ging zur Schule. Als er 12 war, beschloss er, dass er eine bessere Schulbildung brauche. Er ging allein in die Großstadt, suchte sich dort eine Familie, die ihn in Untermiete aufnahm und verpflegte. Er verdiente nebenher Geld, indem er einem Buchhalter bei der Buchführung half. Mit 17 schloss er die Schule ab, studierte und heute ist er Finanzberater in zwei großen Firmen.

Solche Beispiele von Zwölfjährigen könnte ich zuhauf anführen. Auch in Deutschland gibt es Zwölfjährige, die sich »selbständig« machen wollen, die sich stark fühlen, für sich selbst zu sorgen, und wenigstens eine kurze Zeit lang ausprobieren möchten, wie es sich anfühlt, auf eigenen Füßen zu stehen. Nur ist das für sie in unserer Kultur schlicht und einfach verboten: Wenn sie es doch tun wollen, bleibt diesen Kindern bei uns nichts anderes übrig, als in die Illegalität zu gehen. Wer sich der Schulpflicht – und sei es nur vorübergehend – ohne eine »besondere erzieherische Befürwortung« von »verantwortlichen Erwachsenen« entziehen will, wird bei uns im wörtlichen Sinn auf die Straße gejagt, in den Untergrund, in die Obdachlosigkeit. Und es gibt – leider! – immer mehr Kinder, die diesen Weg nehmen.

Trotz ihrer oft erstaunlichen Lebens- und Überlebenskräfte darf man sich aber nicht täuschen: Zwölfjährige sind noch nicht erwachsen! Zu allen Zeiten und in allen Kulturen waren und sind sich Menschen, die ein Gespür für die Entwicklung von Kindern haben, darin einig, dass Zwölfjährige doch noch Kinder sind. Nur in unserer modernen Welt wird so getan, als hätten sich die Zeiten so grundlegend verändert, dass damit auch die Entwicklung der Kinder aus den Angeln gehoben worden wäre. Einerseits werden die Kinder bei uns künstlich »klein« gehalten und in ihrem Tatendrang und ihrem Bedürfnis nach Selbständigkeit ausgebremst. Andererseits werden Kinder mit 12 Jahren wie Erwachsene behandelt. Immer lauter werden die Stimmen, die ihnen sogar juristisch das Recht absprechen wollen, Kind zu sein.

Aber Zwölfjährige empfinden sich im Kern selbst noch als Kind, sogar wenn sie wie Erwachsene leben müssen: Der zwölfjährige Pulga leitete zum Beispiel eine Gruppe von Straßenkindern zwischen 7 und 14 Jahren in Bogotá. Er musste also nicht nur für sein eigenes Leben sorgen wie ein Erwachsener, sondern er war darüber hinaus auch für das ständig akut bedrohte Leben seiner Freunde verantwortlich. Das ist ganz schön viel »Erwachsensein« auf einmal!

Seine Geschichte kenne ich aus dem Buch *Die Straßenkinder von Bogotá* der Forscherin und Autorin Dolly Conto de Knoll, die einen sehr engen Kontakt zu diesen Kindern aufbauen konnte. In diesem Buch steht über diesen scheinbar so »erwachsenen« Zwölfjährigen aber auch:

Pulga hatte viele Wünsche, die aber meist Träume blieben. Einer war, auch einmal Spielzeug zu besitzen. Trotz seiner Position in der Gruppe hätte er gerne Spielzeug gehabt. Damit bewies er, daß er seine Kindheit noch keineswegs abgeschlossen hatte. (Conto de Knoll, S. 33)

Früher mussten auch in Mitteleuropa viele Zwölfjährige wie Erwachsene arbeiten. Wie sie sich dabei fühlten, geht aus der Erinnerung einer deutschen Frau hervor, die mit 12 Jahren »in Stellung« gehen musste:

Ich sollte ihre Magd vorstellen, und ein Alter von zwölf Jahren gab mir nicht Kräfte genug. Wasser schöpfen und mit einem Schiebkarren Getreide zur Mühle hinauffahren war meine tägliche Arbeit ... Ich ergriff eine gute Gelegenheit und entschloß mich zur Reise, um in dem Hause meiner Mutter gesättigt zu werden ... Wenige Wochen nach diesem Tage gab meine Mutter ihrem Mann das dritte Kind und ich hatte wieder meinen Posten bei der Wiege! (Karsch, zit. nach Rutschky, S. 200 f.)

Daran, dass auch die Mädchen mit 12 Jahren noch nicht wirklich erwachsen sind, besteht selbst in den Kulturen kein

Zweifel, in denen sie in diesem Alter verheiratet oder gar als Prostituierte missbraucht werden. Zwar haben die Mädchen in diesen Kulturen gewiss schon eine andere Rolle als gleichaltrige Mädchen bei uns, aber in rückschauenden Erinnerungen oder in Berichten der Mädchen selbst oder auch in der Einschätzung der Erwachsenen gibt es keinen Zweifel: Erwachsen sind sie nicht!

Mit 12 Jahren haben die Kinder die Lebenswelt des großen Kindes noch nicht verlassen. Das äußert sich auch darin, dass sie sich immer ein Zuhause suchen, auch wenn sie aus ihrem Elternhaus ausgezogen sind. Und wenn es eine Bande von Straßenkindern ist: Letztlich fühlen sie sich ohne Halt und Geborgenheit doch noch verloren und überfordert.

Je älter Kinder werden, umso stärker ist der Einfluss der Kultur auf ihr Verhalten und ihre individuellen Bedürfnisse. Und umso problematischer ist es natürlich, bestimmte »alterstypische« Merkmale zu beschreiben. Wenn aber bestimmte Merkmale unabhängig von Kultureinflüssen auftreten, dann muss es sich dabei wohl um menschliche Eigenschaften, vielleicht um urmenschliche Bedürfnisse handeln, die mit der Entwicklung zu einem reifen, ausgeglichenen Erwachsenen zu tun haben.

Das heißt: Wenn Kinder ihre natürlichen Entwicklungsbedürfnisse nicht genug ausleben können, wird ihrer Persönlichkeit mit zunehmendem Alter eine wichtige Wurzel fehlen und ihre natürliche, gesunde Entwicklung wird zunehmend verkümmern.

Wenn zum Beispiel Kinder im Alter zwischen 8 und 10 Jahren keine Gelegenheit hatten, selbständig ihre Welt zu erkunden, sich umzuschauen, sich hier und dort auszuprobieren, herauszufinden, was ihnen Spaß macht, sich nachahmenswerte Anregungen auszusuchen, kurz: in Freiheit sich selbst, die

Altersgenossen und die Welt kennen zu lernen, werden sie sich mit 12 Jahren nicht sicher fühlen auf ihren Füßen und in ihrer inneren Entwicklung bereits verarmt sein.

Es wird ihnen schwer fallen, etwas zu finden, worauf sie sich als Zwölfjährige voller Engagement stürzen können. Sie werden wahrscheinlich eher daran zweifeln, jemals etwas selbständig meistern zu können, und werden mit der inneren Einstellung weiterleben, dass ihr Leben von den Vorgaben und Initiativen anderer bestimmt ist, so wie es von Schuljahr zu Schuljahr, von Stundenplan zu Stundenplan, von Fernsehprogramm zu Fernsehprogramm, von Training zu Training bisher immer gewesen ist. Sie werden dann wohl kaum das Gefühl erleben, lebens-tüchtig geworden zu sein, dieses wundervolle »Zwölfjährigengefühl«: »Ich kam mir 2 Meter groß vor, und unzerstörbar.«

Kinder, die diese Sicherheit nie gespürt haben, werden sich auch ungeschickter, unsicherer, verkrampfter und aufsässiger verhalten, wenn sie mit etwa 13 Jahren in die nächste Lebenswelt, in die Welt der Jugendlichen aufbrechen wollen.

Allerdings spielt der wirkliche Durchbruch in die neue Welt der Jugendlichen bei Zwölfjährigen noch keine ernsthafte Rolle – trotz aller Lebenstüchtigkeit, trotz ihrer erstaunlichen Kompetenz und ihrer Unerschrockenheit. Noch probieren sie mehr aus, *wie es wäre*, wenn sie schon groß wären. Das zeigt sich auch daran, dass sie noch eher »gut zu haben sind« als rebellisch, dass sie eher mit sich im Reinen sind als unausgegoren. Normalerweise scheinen sich Zwölfjährige in ihrer Rolle als großes Kind noch ganz wohl zu fühlen. Aber sie schauen bereits heftig über den Zaun und unverkennbar werden in allen Lebensbereichen neue Horizonte sichtbar.

Der geistige Bereich

Mit etwa 12 Jahren werden Menschen zu einem neuen Denken fähig, das jüngeren Kindern noch nicht möglich ist, jedenfalls nicht von sich aus. Mit etwa 12 Jahren nämlich kann ein Kind die Dinge wieder ein Stückchen mehr »von außen« betrachten: Zwölfjährige würden zum Beispiel in einer Hütte nicht mehr Feuer machen, in dem Glauben, man könnte es notfalls mit einem Eimer Wasser löschen. Sie erkennen, dass das Dach Feuer fangen könnte und »sehen«, dass mit einem Eimer Wasser da nichts mehr zu retten wäre (aber dass Funkenflug oder ein unsichtbarer Schwelbrand unkontrollierte Brände auslösen können, das müssen auch Zwölfjährige noch gesagt bekommen).

Die neue Fähigkeit, Dinge aus einer anderen Perspektive zu sehen, macht sich zum Beispiel im Sport bemerkbar. Zwölfjährige Fußball-, Hockey-, Handball- oder Basketballspieler können zum ersten Mal richtig verstehen und nachvollziehen, weshalb in einer Mannschaft taktische Züge zwischen Spielern sinnvoll sind, die scheinbar nichts damit zu tun haben, aufs Tor oder den Korb zu spielen. Sie begreifen auch jetzt erst wirklich, warum jeder Spieler »seine« Position hat und beibehalten soll, auch wenn der Ball am anderen Ende des Spielfeldes ist.

Jüngere Kinder stürzen sich natürlicherweise noch alle gleichzeitig auf den Ball und jeder versucht, ein Tor zu schießen. Im besten Fall gehorchen sie nur einfach den Anweisungen des Trainers, da zu bleiben, wo er sie hingestellt hat, und dort brav darauf zu warten, dass sie angespielt werden. Erst etwa Zwölfjährige können den Spielablauf aus einer höheren Warte sehen und mitdenken und sich als Teil einer ganzen Mannschaft verstehen, die im übergreifenden Zusammenspiel *gemeinsam* ein Ziel verfolgt.

Ähnlich verhält es sich mit dem logischen Denken. Einen Satz wie: »Denke nie, du denkst, denn wenn du denkst, du denkst, dann denkst du nicht, dann denkst du nur, du denkst«, finden die Kinder faszinierend, weil sie entdecken, dass sie ihn tatsächlich verstehen! Deshalb stehen Wortspiele, Denksportaufgaben und Knobeleien bei vielen Zwölfjährigen hoch im Kurs.

Aber viele Erwachsene vergessen, dass man abstraktes Denken ebenso wenig »beibringen« kann, wie man einem Kind befehlen kann zu wachsen. Dreisatzaufgaben zum Beispiel können Menschen erst erfassen, wenn sie gleichzeitig verschiedene Dinge im Kopf haben und gegeneinander austauschen und verwandeln können. Für jüngere Kinder ist die selbständige Lösung der folgenden Aufgabe normalerweise vollkommen unmöglich: Wenn der Trinkwasservorrat eines Bootes für 5 Menschen 10 Tage lang reicht, wie lange können dann 7 Leute zusammen wegfahren? Zwölfjährige versuchen die Lösung herauszubekommen, jüngere Kinder würden vermutlich ganz einfach dabei bleiben, dass die Fahrt 10 Tage dauern soll und dass dann eben nur 5 Leute mitfahren können.

Nun sind manche Kinder auch mit 12 oder 13 Jahren noch keine »Zwölfjährigen«, zumindest nicht in allen Pesönlichkeitsbereichen. Und so entstehen dann zum Beispiel die schrecklichen Mathematikdramen in der Schule, wie sie eine Psychologieprofessorin erlebt hat, die mir gestand, dass sie den Dreisatz nie begriffen habe, bis heute nicht! Dennoch hat sie als Wissenschaftlerin natürlich unzählige Male Dreisatzaufgaben gelöst. Offenbar war sie noch »zu jung« gewesen, als diese scheinbar so komplizierten Rechnungen in der Schule auf dem Lehrplan standen. Nicht nur der Körper, auch das Denken reift eben von ganz allein, wenn man ihm nur genug Zeit lässt und die richtige »Nahrung« gibt.

Zum »neuen Denken« der Zwölfjährigen gehört eine große Errungenschaft, die jetzt allmählich von den Kindern entdeckt und ausprobiert und mit 13 Jahren dann in vollem Umfang gegen die Erwachsenen eingesetzt wird (da gibt es in gewisser Weise Ähnlichkeiten zum »Schwindeln« der Fünfjährigen): Zwölfjährige beginnen *kritisch* zu denken. Das heißt, sie können sich selbst, aber auch die anderen Menschen und alle Vorgänge auf der Welt in Gedanken *von außen* anschauen, so als wären sie »gefilmt«, und, was wichtiger ist, Stellung beziehen.

Mit 12 Jahren (bitte immer: ungefähr!!) erkennen sie bei den Lehrern die Schwächen *und* Stärken und wägen sie gegeneinander ab – und zwar nicht mehr wie bei manchen Jüngeren als Nachgeplapper der elterlichen Reden. Zwölfjährige erkennen, warum für sie die eine Freundin angenehmer ist als die andere, und sie beginnen auch zu verstehen, dass die »doofe« Klassenkameradin vielleicht nichts dafür kann, dass sie so »doof« ist. Sie fangen an, nach Gründen zu forschen, weshalb die Dinge auf der Welt so sind, wie sie sind, sie gehen den Dingen, wenn sie können, auf den Grund – und daher wohl auch ihre Fähigkeit und ihr Bedürfnis, zu »Experten« zu werden.

Eine kritische Auseinandersetzung mit Themen, die mit starken Gefühlen besetzt sind, wäre dagegen noch eine Überforderung (ist das aber nicht auch noch bei vielen Erwachsenen so?): Im Deutschaufsatz beispielsweise eine kritische Analyse der Inhalte von *Bravo* oder *Mädchen* zu fordern oder die Frage, was denn an den Spice Girls so wundervoll ist oder an »Schumi« so toll, wäre nur töricht, um nicht zu sagen, gemein. (Solche Auseinandersetzungen wären Thema fürs Jugendalter – und werden dort oft zu wenig gepflegt und geschult.)

Die aufkommende Fähigkeit, die Dinge aus einer anderen Perspektive zu sehen, hat für Zwölfjährige auch eine ausgesprochen komische Seite: Sie sehen Menschen und Situationen plötzlich aus einer Sicht, die für sie zum Schieflachen ist: das Hinterteil der Lehrerin, der umgeschlagene Hemdkragen des Lehrers, die Vorstellung, auf Stöckelschuhen in die Schule zu kommen usw. Deshalb sind Albern und Kichern Markenzeichen vor allem der zwölfjährigen Mädchen.

Kinder ab etwa 12 Jahren verstehen zum Beispiel auch plötzlich, was an Filmszenen oder Witzen, in denen menschliche Eigenschaften aufs Korn genommen werden, komisch ist. So kursieren unter Zwölfjährigen die von Generation zu Generation wechselnden Witze, die sich über bestimmte Menschen lustig machen: Schottenwitze, Mantafahrerwitze, Blondinenwitze.

Zwölfjährige entdecken Ironie und probieren sie – zuweilen noch sehr ungeschickt und taktlos – aus. Die Begrüßung »He, du Volltrottel!« kann als freundschaftlicher Witz gemeint sein, aber voll danebengehen, weil das andere Kind die beabsichtigte Ironie überhaupt nicht mitbekommt. Deshalb gibt es auch so viele Missverständnisse mit Zwölfjährigen, die andere (auch Erwachsene) beleidigen und hinterher sagen, es wäre ja bloß ein Spaß gewesen.

Die neue Fähigkeit, die Dinge der Welt aus einer anderen Perspektive wahrzunehmen, spiegelt sich also auch in einer neuen Form, den Menschen zu begegnen.

Der soziale Bereich

Die Beziehung zu den Erwachsenen

Eltern von Zwölfjährigen und Lehrer von 6., 7. Klassen berichten von einem veränderten Auftreten, einer neuen Art ihrer Schützlinge, »aus den Augen zu schauen«. Viele Zwölfjährige gehen mit neuer Ausstrahlung auf die Erwachsenen zu, schauen ihnen »erwachsener«, selbstbewusster, gerader in die Augen, auch wenn darin noch keine Opposition mitschwingt.

Auch wenn Zwölfjährige gelegentlich Dinge tun, für die sie wirklich noch »zu jung« sind, lehnen sie sich in der Regel nicht ernsthaft dagegen auf, wenn sie von Erwachsenen zur Ordnung gerufen oder ihnen die Grenzen aufgezeigt werden: Sie suchen oft geradezu diese Grenzklärung durch die Erwachsenen. Ein Zwölfjähriger, der sich mit einer Zigarette erwischen lässt, weiß genau, dass er etwas Verbotenes tut. Er »erwartet« vom Erwachsenen, dass er in seine Grenzen gewiesen wird (auch wenn er heimlich mit seinen Freunden weiterrauchen wird, um zu beweisen, wie »groß« er schon ist). Bei älteren Jugendlichen würde eine Zurechtweisung zu Hohngelächter führen und als Aufforderung verstanden werden, sich umso mehr gegen den Erwachsenen aufzulehnen.

Viele Frauen berichten, dass sie etwa im Alter von 11, 12 Jahren eine besondere Beziehung zu ihrem Vater entwickelt haben: Der Vater wurde plötzlich neu entdeckt und heiß geliebt – oder inbrünstig abgelehnt. (Diese emotionale Ablehnung der Zwölfjährigen ist in der Regel noch keine wirklich kritische Auseinandersetzung mit dem Vater oder der Mutter, wie sie dann mit etwa 13 Jahren an der Tagesordnung ist.) Manchmal kommt in diesem Alter auch nur die große Sehnsucht der Mädchen nach dem Vater zum Ausdruck, der gar nicht oder zu wenig da ist.

Wie dem auch sei: Der Vater scheint für Mädchen von etwa 12 Jahren jedenfalls besonders wichtig zu sein. Consuelo aus *Die Kinder von Sánchez* erzählt von der Abschlussfeier der 6. Klasse, als sie etwa 12 Jahre alt war:

Ich hatte meinen Vater darum gebeten, zur Schlußfeier zu kommen, aber er erschien nicht. Ich stand die ganze Zeit am

Treppengeländer, um zu sehen, ob er da war ... Manche Väter kamen in ihrer Arbeitskleidung, aber sie waren wenigstens bei ihren Töchtern. Ich wünschte sehnlich, ich könnte meinen Vater herbeizaubern! (Consuelo in: Lewis, S. 116)

Auch Janina David erinnert sich, als sie etwa 11 ½ Jahre alt war:

Mutter konnte sich lange nicht beruhigen. Sie versuchte, mir zu erklären, was geschehen war, und warum ein solches Benehmen sie verletzte ... Ich wollte sie nicht verstehen. Ich wollte überhaupt nichts hören, was Vaters Bild in meinem Herzen irgendwie ändern könnte ...

Mutter schob mich mit einem Seufzer von sich. »Wirklich, Janie, ich hatte schon gehofft, daß du endlich erwachsen wirst, und daß wir uns endlich wie zwei Frauen unterhalten können. Aber du verstehst ja immer noch gar nichts.«

Sie wandte sich von mir ab, und ich schämte mich fast zu Tode. Ich hatte ihr meine geheimsten Gedanken zu dieser Angelegenheit mitgeteilt, etwas, was ich sonst keinem anderen Menschen gesagt hätte. Aber sie konnte mich nicht verstehen. Vater hätte verstanden, was ich meinte. (David, S. 286 ff.)

Die Beziehung zu Kindern und Jugendlichen

Zwölfjährige haben eine Mittelstellung zwischen den Kindergenerationen: Für die Jüngeren sind sie die großen, kompetenten, zur Verantwortung fähigen Partner, die bereit sind zu helfen, zu zeigen, voranzugehen. In der Gruppe der Jugendlichen bis etwa 16 Jahre werden sie als Jüngste schon mit in die »Jugendbanden« und Cliquen aufgenommen. Sie sind wie ein Gelenk zwischen den Kindern und Jugendlichen. Auch das macht ihr Selbstverständnis aus, dass sie mit allen gut können und sich überall mit größter Selbstverständlichkeit bewegen.

Karl Jaspers schreibt:

Unserem Haus an der Moltkestraße gegenüber lag ein Gelände aus früheren Gärten mit alten Bäumen ... Dort fanden unsere frühesten Spiele statt, unter Führung meines um sechs Jahre älteren Onkels ... Der bewunderte Onkel, etwa zwölf Jahre alt, errichtete mit unserer unzureichenden Hilfe eine Bude mit mehreren Stockwerken ... (Jaspers, S. 93)

Und Janina David:

Eine Kinderbande bildete sich in unserem Hof, und ich wurde aufgenommen – eine Ehre, die ich Mutter vergeblich klarzumachen versuchte. Wir waren alle zwischen zwölf und sechzehn ... (David, S. 309)

Auch in heutigen »Banden« sind dieselben Altersunterschiede zu beobachten wie eh und je: Wo es noch altersübergreifende »Kinderbanden« gibt, finden sich in ihnen meistens Kinder zwischen etwa 7 und 13 Jahren zusammen. Wenn sie etwa zwischen 12 und 14 Jahre alt sind, verlassen die ältesten Mitglieder der Kinderbanden ihre Gruppe und wenden sich den Banden und Gruppen der Älteren zu: Auf der ganzen Welt sind die Mitglieder von Jugendbanden etwa zwischen 12 und 16 Jahre alt. Die »professionellen« Gruppierungen (ob Musikbands, Jugendorchester, offene Sportgruppen, Sprayertrupps, Rechtsradikale oder Einbrecherbanden) rekrutieren sich aus Leuten, die meistens zwischen etwa 15 und 23 Jahren alt sind. Auch für Kinder und Jugendliche galt und gilt offenkundig ein allgemeines »Gesetz«, das Kinder unter 12 den »Kleinen«, Leute ab 12 den »jüngeren« Jugendlichen, aber noch nicht den »älteren« Jugendlichen beziehungsweise jungen Erwachsenen zuordnet.

Auch wenn Zwölfjährige noch keine »richtigen« Jugendlichen sind – selbst wenn sie es selbst so gern wären –, so wachsen und reifen sie natürlich trotzdem.

Zum Beispiel öffnet sich allmählich ein ganz wichtiges neues Feld im Umgang mit Gleichaltrigen, beim einen Kind früher, beim anderen später: Freundschaften bekommen eine neue Farbe.

Das gilt sowohl für Freundschaften und Liebschaften zwischen Jungen und Mädchen (die bei Zwölfjährigen relativ selten offen gezeigt werden) als auch für Freundschaften der Jungen und der Mädchen untereinander: Der andere wird auf einmal als »anderer« wahrgenommen, die Beziehung wird als Echospiel zwischen sich selbst und dem anderen erlebt. Es ist, als werde der Freund langsam vom »Partner an der Seite« zum »Partner gegenüber«: Dort sieht man ihn bewusster, nimmt ihn als ganzen Menschen wahr, als Person, die sich von einem selbst unterscheidet, mit der man sich auseinander setzen, Gemeinsames und Unterschiedliches entdecken kann. (Den Menschen neben sich spürt man mehr, als dass man ihn sieht, er ist Teil der eigenen, ganz persönlichen Welt, aber man begegnet ihm nicht.) Miteinander reden und Probleme wälzen wird unter Freunden, besonders aber unter Freundinnen, zunehmend wichtiger, als miteinander etwas zu tun. Es sind Anfänge von Du-Beziehungen, die im nächsten Lebensabschnitt so sehr in den Mittelpunkt des Lebens treten werden. So werden auch die Zweierfreundschaften in diesem Alter allmählich wichtiger.

Erst in diesem Alter beginnen Menschen auch zu begreifen, dass sie selbst mit ihrem Verhalten beim anderen bestimmte Gefühle und Reaktionen hervorrufen: Wenn ich zu deutlich ausspreche, dass ich immer meine Hausaufgaben mache, dann denken die anderen, ich sei ein Streber. Oder: Wenn ich ein Versprechen nicht einhalte, denkt der andere, ich sei ein unzuverlässiger Mensch. Das sind erste Anfänge von Selbstkritik.

Das Selbst

Das neue Selbst-Verständnis

Um selbst-kritisch zu sein, muss man sich selbst von außen, wie mit fremden Augen, anschauen können. Diese Fähigkeit entwickelt sich mit etwa 12 Jahren. Dazu gehört, dass sich Zwölfjährigen manchmal ganz unvermittelt »die Augen öffnen«: Viele Erwachsene erinnern sich lebhaft daran, wie sie etwa in diesem Alter plötzlich mit Bewusstsein entdeckt haben, dass sie als Person existieren, als eine einzigartige, einmalige, auf sich selbst gestellte Person, die ihr ganz persönliches Leben lebt. Das kann erschrecken und ermutigen zugleich. Jedenfalls ist diese Entdeckung wie der Verlust einer Unschuld: das Aufreißen eines neuen Horizontes, der Beginn eines neuen Selbst-Verständnisses!

(Kinder mit 8, 9 Jahren machen manchmal eine ähnliche »existenzielle« Erfahrung. Aber in diesem Alter hat die Erkenntnis, eine einmalige Person zu sein, noch nicht diese Dimension wie bei Zwölfjährigen.)

Das Selbst-Bewusstsein

Die Feststellung: »Ich bin schon groß!!« scheint trotz der aufkeimenden Selbstkritik wie eine große, unsichtbare Überschrift über vielen Taten (und Missetaten) von Zwölfjährigen zu stehen. Wenigstens daran, dass sie groß sind, gibt es für Zwölfjährige nicht den geringsten Zweifel! Zwölfjährige werden deshalb gelegentlich für unerträglich überhebliche Angeber gehalten.

Ob es ums Herausputzen und Schminken geht (bei zwölfjährigen Mädchen offenbar schon immer und überall ein wichtiges Thema!) oder ums Rauchen, ob darum, einen Sex-and-Crime-Film durchgehalten zu haben, oder ums Biertrinken –

wobei normalerweise nicht die Menge zählt (das ist Thema der Fünfzehnjährigen!) –, ob darum, möglichst spät ins Bett zu gehen oder ums Feuerwerken oder ums Mitmachen bei den Banden der Jugendlichen: Mit 12 Jahren braucht man Beweise, dass man groß ist – und wie!

Einen ganz besonderen Reiz scheint auf zwölfjährige Jungen Feuer und Feuerwerk auszuüben. Offenbar steckt im gekonnten Umgang mit der Gefahr Feuer die geballte Bestätigung: Ich bin schon groß (und unzerstörbar?).

Viele Männer aus allen Zeiten und Gegenden erinnern sich an Feuerwerksgeschichten, die sie etwa im Alter von 12 Jahren erlebt haben. Eine schöne Auswahl hat dazu Katharina Rutschky in ihrer *Deutschen Kinderchronik* zusammengestellt:

Theodor Fontane um 1830, etwa 11 Jahre alt:

Ungleich gefährlicher waren die beständig geübten Feuerwerkskünste. Ich hatte mich mit Hilfe von Schwefel und Salpeter, die wir in der Apotheke bequem zur Hand hatten, zu einem vollständigen Pyrotechniker herangebildet, dabei von meiner Papp- und Kleisterkunst sehr wesentlich unterstützt. Alle Sorten von Hülsen wurden mit Leichtigkeit hergestellt, und so entstanden Sonnen, Feuerräder und pot à feu's. Oft weigerten sich diese Schöpfungen, ihre ihnen zugemutete Schuldigkeit zu tun, und wir warfen sie dann zusammen und zündeten den ganzen Haufen mißglückter Herrlichkeit mit einem Schwefelfaden an, abwartend, was daraus werden würde ... (Rutschky, S. 366 f.)

Friedrich Ratzel um 1856, etwa 12 Jahre alt:

Bedenkliche Richtungen schlug dieser Pioniertrieb in etwas späterer Zeit ein, als er sich auf Feuerwerk warf. Ich weiß nicht, wie es kam, daß unsere Soldaten auf dem Exerzierplatz so viel volle Patronen verloren, aber es war ganz bekannt, daß man bei den Übungen im Feuer nur hinter einer Plänklerkette herzugehen brauchte, um da und dort eine volle oder nur halbgeleerte Patrone zu finden. Indem wir zusammentaten, füllten wir ganze Flaschen mit Pulver. Mit Speichel befeuchtet wurden daraus kleine Berge geformt, die unter Sprühen und Spratzen verbrannten. Als ich mich einmal zu nahe heranwagte und hineinblies, sprang mir der ganze Feuerteufel ins Gesicht. Es war am Tag nach meinem zwölften Geburtstag. Die Pulverexplosion warf mich plötzlich um einiges in meiner eigenen Schätzung zurück, ich kam mir jünger und – dümmer vor, wiewohl mich die abgesengten Augenbrauen, Wimpern und Stirnhaare seltsam alt aussehen machten. (Rutschky, S. 367 f.)

Ich zitiere diese Geschichten, weil ich zu viele Lehrer und Eltern erlebt habe, die sich regelmäßig nach dem Ende der Weihnachstferien darüber beklagen, wie viel schlimmer und verantwortungloser die Schüler heutzutage mit Knallkörpern umgingen als früher. Da mag schon was dran sein. Aber wie schon an früherer Stelle angedeutet, stellt sich die Frage: Wie sollen die Jungs »vernünftigen« Umgang mit Feuerwerkskörpern lernen, wenn sie nur einmal im Jahr die Gelegenheit haben, mit ihnen zu experimentieren?

Meistens beklagen die Erwachsenen gleichzeitig, dass heutzutage viel jüngere Kinder schon »mit dem Unfug anfangen«: »Schon in der 6. Klasse geht das los!« Fragt man die Lehrer oder Väter nach ihren eigenen Erfahrungen mit Feuerwerk und versucht man festzustellen, wie alt sie damals selbst waren, dann sind alle gemeinsam überrascht, dass sich so viel wohl doch nicht verändert hat im Vergleich zu früher ...

Die einzige wesentliche Änderung ist, dass aus den Lausbuben von damals inzwischen (zu Recht) besorgte Väter und

Lehrer geworden sind. Wie die Eltern aller Zeiten *sollen* sie ja um die Gesundheit ihrer Söhne besorgt sein, weil sie wissen, wie schlimm tatsächlich manchmal dieses Spiel mit dem Feuer ausgehen kann. Deshalb ist es wichtig, den Söhnen davon zu erzählen oder besser noch, ihnen frühzeitig zu zeigen, wie man richtig damit umgeht.

Trotzdem: Ein bisschen Zuversicht und Vertrauen von Seiten der Erwachsenen in die vernünftige Risikoabschätzung der Jungen wäre für die Entwicklung des Selbstbewusstseins der Kinder heutzutage schon gut. Denn die Entwicklung von Selbstbewusstsein hängt auch damit zusammen, dass man mit Risiko umgehen kann – nur muss man das irgendwann lernen. Wer die Erfahrung als Zwölfjähriger nicht gemacht hat – das ging gerade mal noch gut, ich habe die Situation glücklicherweise mehr oder weniger unbeschadet überstanden und das reicht mir ein für alle Mal –, der wird entweder ein ewiger Zögerer mit verkümmertem Selbstbewusstsein bleiben oder später versuchen, seine »Ich-Stärke« mit ganz anderen Methoden unter Beweis zu stellen.

Jugendliche in unserer modernen Kultur verlagern ihre Risikoerfahrungen zum Beispiel allzu oft auf die Zeit, wenn sie endlich den Führerschein in der Tasche haben: Dann rasen sie im Auto oder auf dem Motorrad wie wild durch die Gegend: Volles Risiko! Wie die Folgen dieser Risikoerfahrungen oft sind, ist bekannt.

Selbst-Zweifel

Mit wachsendem Selbstbewusstseins entwickelt sich notgedrungen auch dessen Kehrseite: Zwölfjährige beginnen an sich selbst zu zweifeln, indem sie anfangen, sich mit ihren Altersgenossen auf eine neue Art zu vergleichen. Zwölfjährige sind deshalb meistens höchst empfindlich. Sie überlegen zum Beispiel, wie sie auf andere wirken und was sie falsch machen, wenn sie sich abgelehnt fühlen (und manche fühlen sich ständig abgelehnt). So denken sie beispielsweise darüber nach, ob es ihrem »Ruf« schaden könnte, wenn sie ein gegebenes Versprechen nicht einhalten.

Gleichzeitig ist ihr Taktgefühl allerdings noch etwas unterentwickelt und sie lassen den anderen schonungslos spüren, wenn sie sein Verhalten nicht o.k. finden. Dazu passt, dass in 6., 7. Klassen oft das berühmte und bedauerliche Streber-Thema aufkommt: Gute Schüler werden auf einmal harsch kritisiert und ausgegrenzt – und diese Kritik, von Gleichaltrigen geäußert, trifft dann auch prompt die empfindlichste Stelle des keimenden neuen Ich-Gefühls! »Schlechte« Schüler beginnen auf einmal wirklich zu leiden und daran zu zweifeln, ob sie überhaupt zu etwas taugen.

Hierher gehört auch der »Uniform-Druck« bei der Kleidung, der überhaupt nicht typisch für die Kinder unserer modernen Konsumwelt ist, sondern zum Beispiel schon 1850 ein heißes Thema unter Zwölfjährigen war:

Ich erinnere mich hauptsächlich eines glühenden Wunsches, der war, gleichfalls wie die anderen ein Haarnetz, was damals Mode, zu bekommen. Mutter fand, daß meine Zöpfe auch ohne Netz aufzustecken seien, und ich bekam keins! Da wurde dies Verlangen so glühend, daß ich alle Tage einer Klassengefährtin Lina M. die Hälfte meines Weckens gab, damit ich in der Schulpause ihr Netzchen aufsetzen durfte. Eine unbeschreibliche Freude war es dann, als meine Base ... mir von einer Reise ein eignes, wirklich ein eignes Haarnetz aus schönen Chenillen und dazuhin noch mit zwei auf der Seite baumelnden Troddeln mitbrachte. So was Herrliches gab es in der ganzen Welt wohl nicht wieder. (Schumacher, zit. nach Rutschky, S. 64)

Bei uns waren es die Nickis, heute müssen es ganz bestimmte Jeans oder Turnschuhe sein. In allen Schulen auf der Welt gibt es diese »Modediktate«. Selbst dort, wo Kinder Schuluniformen tragen müssen, gibt es solche »Vorschriften«: bestimmte Armbänder oder Haarspangen, bestimmte Schulmäppchen oder -taschen usw. Zwar kommt das neidische Schielen nach der Kleidung der Klassenkameraden schon bei jüngeren Kindern vor, und auch Jüngere möchten »mit der Mode gehen« (vor allem Fünfjährige und Neunjährige!), aber in 6. und 7. Klassen hängen an der »Kleiderordnung« viel stärkere und andere Gefühle. Zusätzlich ist mit ihr oft ein bewertender Touch verbunden: Es gibt Klassen, da wird derjenige als ausgesprochen minderwertig angesehen, der keine Markenkleidung trägt, in manchen Klassen wird sogar genau »vorgeschrieben«, welche Marken getragen werden müssen, um anerkannt zu werden. In anderen Klassen wiederum gibt sich derjenige eine peinliche Blöße, der es wagt, ein Marken-T-Shirt – und sei es ein geerbtes – in die Schule anzuziehen.

Selbst-Verantwortung

Null Bock ist nicht gerade ein Ausdruck, der für Zwölfjährige typisch ist. Zwölfjährige haben jede Menge »Bock« auf alle möglichen Sachen, die sie, ohne zu fragen, voller Energie durchführen – nur nicht auf die »dämlichen« Schularbeiten oder Aufgaben, die auf Anordnung von Erwachsenen täglich erledigt werden sollen.

Wenn man 12 Jahre alt ist, dann sind so viele andere Dinge im Leben so viel wichtiger als der Schulstoff, dass die ewigen Ängste und Mahnungen der Eltern und Lehrer, schön fleißig für die Schule zu lernen, sehr abgedroschen und wie das Echo aus einer fernen, fremden, uralten Welt klingen müssen.

Viele Schulkatastrophen in diesem Alter gehen auf die einfache Tatsache zurück, dass Erwachsene (Lehrer und Eltern) in einer Art »Pakt« beschlossen haben, was und wie viel die Kinder zu lernen haben. Die Verantwortung dafür, dass die Kinder die vereinbarte Leistung erbringen, übernehmen (zuweilen wohl auf Druck der Schule) die Eltern: Sie sorgen dafür, dass die Schularbeiten gemacht werden, sie fragen Vokabeln ab und sie entscheiden, ob vier Fehler oder eine Drei im Diktat noch hinzunehmen sind oder nicht. Unbewusst schieben die Kinder dann natürlich die Verantwortung für ihre schulischen Leistungen auf die Eltern ab. Sie nehmen zwar die Tadel der Lehrer und der Eltern auf sich, selbst verantwortlich fühlen sie sich im Tiefsten aber sehr häufig doch nicht.

Spricht man Eltern darauf an, dass ihr Kind nie erfahren wird, wie gut beziehungsweise wie schlecht es sozusagen von Natur aus ist, wenn es einmal nicht auf den Test lernt, dass es seine eigenen Grenzen und Kapazitäten nur kennen lernen kann, wenn es in eigener Verantwortung lernt, aber auch mal *nicht* lernt und ein paar Arbeiten »verhaut«, dann wird deutlich, dass Eltern es in unserer Gesellschaft sehr schwer haben, ihren Kindern Selbst-Verantwortung zu überlassen: Da kommt dann die ganze geballte Angst um die Zukunft der Söhne und Töchter hoch, die Angst vor der nächsten Versetzung, vor dem Numerus clausus, vor dem schlecht bezahlten Posten oder gar der Arbeitslosigkeit. Angesichts dieser bedrohlichen Gefahren darf man als Vater oder Mutter heutzutage offenbar kein Kind mehr für sich selbst verantwortlich sein lassen!

Aber wie sollen Kinder sich selbst kennen lernen, ein Selbst-Bewusstsein entwickeln, wenn sie für sich selbst gerade in diesem Alter keine Verantwortung übernehmen dürfen? Sollten wir Erwachsenen nicht etwas von der Risikobereitschaft der Zwölfjährigen übernehmen und den Mut aufbringen, wenigstens in diesem Alter gelassener mit weniger guten Schulleistungen umzugehen? Vor allem wenn die Kinder andere Interessenschwerpunkte entwickeln und dabei ihre eigentlichen Energiekräfte schulen? Sollten wir nicht darauf setzen, dass die Kinder diese Kräfte von sich aus rechtzeitig vor dem Schulabschluss doch noch auf die »richtige« Schiene setzen?

Voraussetzung wäre allerdings, dass Sitzenbleiben wegen schwacher Schulleistungen zumindest bis zu den mittleren Klassen unterbleibt. Waldorfschulen haben damit seit 70 Jahren auf der ganzen Welt im Großen und Ganzen gute Erfahrungen gemacht, weil sie im Prinzip jedem Kind die Chance lassen, sich aus sich selbst heraus zu entwickeln. Und auch in Japan bleiben Kinder in den ersten neun Schuljahren nicht sitzen, und dennoch sind japanische Schüler und Schülerinnen zum Beispiel im naturwissenschaftlichen Denken in der Regel weiter als ihre deutschen Altersgenossen.

Körper und Sexualität

Trotz aller Offenheit, mit der heutzutage über Sexualität gesprochen wird, trotz aller Bilder, die Kindern und Jugendlichen ständig vor Augen geführt werden, trotz der Tatsache also, dass »Aufklärung« oder sexuelle Tabus heute kein Grund mehr sein können, dass Kinder nicht wissen, was auf sie zukommt, ist es doch immer noch für jedes Kind eine absolut einzigartige Entdeckung: Mein Körper verändert sich, *auch mir* wachsen Schamhaare, *auch ich* bekomme einen Busen, *auch mein* Penis wird größer.

Natürlich sind die meisten Jungen und Mädchen noch deutlich jünger, wenn sie erstmalig diese Entdeckungen machen. Aber viele Erwachsene (auch junge Erwachsene, die schon mit »offener« Sexualerziehung groß geworden sind) berichten, dass ihnen erst mit etwa 12 Jahren wirklich *bewusst* geworden ist, dass sie sich nun wirklich und unumkehrbar zum Erwachsenen entwickelten.

Viele Mädchen haben heute mit 12 Jahren (manche schon früher) ihre erste Menstruation. Jungen sind bekanntlich »später dran« mit ihrer körperlichen Reife, aber dennoch haben manche Jungen schon mit 12 den ersten Samenerguss, und in heutigen 6. Klassen beginnen einige Jungen schon deutlich mit der Stimme zu »kippeln«: Bei Zwölfjährigen bekommt das Thema Erwachsenwerden, körperliche Reife und Sexualität innerhalb der Gemeinschaft der Gleichaltrigen und für jedes einzelne Kind eine neue, wirklich hautnahe Bedeutung, weil die Veränderungen offenkundig sind und ringsherum sichtbar wird, dass der »Umbau« in seine turbulenteste und endgültige Phase tritt.

Die Veränderungen am eigenen Körper und in der eigenen Gefühlswelt führen dazu, dass die Kinder, Jungen wie Mädchen, sich sehr mit sich selbst beschäftigen. Es ist ja wirklich Neuland, das da auf einen zukommt, und da muss man sich erst einmal vorsichtig herantasten:

Mädchen beginnen heftig zu flirten und Jungen – mit Vorliebe ältere – zu umgarnen (das ist ihr »Spiel mit dem Feuer«). Normalerweise bewahren die Mädchen aber von sich aus noch die körperlich-sexuelle Distanz. Was wiederum nicht heißt, dass sie davor geschützt sind, von älteren Jugendlichen oder gar Erwachsenen verführt und missbraucht zu werden. (Hinterher behaupten dann die Männer, die Zwölfjährige hätte es darauf angelegt!)

Zwischen gleichaltrigen Jungen und Mädchen gibt es zwar auch intensive Annäherungen, aber der »Entwicklungsunterschied« zwischen zwölfjährigen jungen Damen und zwölfjährigen Buben ist normalerweise so groß, dass die Annäherungsversuche der Mädchen von den Jungen verschreckt oder ratlos – wenn auch geschmeichelt – abgewehrt werden und es in der Regel nicht zu einer engeren körperlichen Annäherung kommt. (Wenn Zwölfjährige, Jungen wie Mädchen, schon Erfahrung mit intimer Sexualität haben, sind fast immer Erwachsene im Spiel, die keinen Respekt vor der Intimsphäre von Kindern haben!)

Selbst in Kulturen wie denen Lateinamerikas, wo der Machismo geradezu verlangt, dass ein Junge früh seine Männlichkeit unter Beweis stellt, ist Sexualität bei zwölfjährigen Jungen zwar ein ganz wichtiges Thema – und Männer berichten, wie sie mit 12 Jahren »versucht« haben, mit gleichaltrigen Mädchen zu schlafen, aber selten hatten sie dabei Erfolg. Auch in diesem Bereich probieren Zwölfjährige eben aus, wie weit sie schon erwachsen sind – um festzustellen, dass es doch noch Grenzen gibt.

Jungen erproben ihre wachsende Potenz und ihre sexuellen Lustgefühle oft »im stillen Kämmerlein«, aber auch zusammen mit gleichaltrigen Freunden bei Geheimtreffen: Masturbation und homosexuelle Spiele mit Gleichaltrigen gehören und gehörten offenbar in allen Kulturen zu den Erlebnissen von Jungen in diesem Alter.

Die erwachenden körperlich-sexuellen Kräfte (Potenz heißt Kraft) sind für die Jungen etwas ungeheuer Aufregendes, Belebendes, manchmal aber auch Bedrohliches. Jeder Junge muss sich irgendwie mit seiner wachsenden Sexualität auseinander setzen, jeder Junge muss *sich* kennen lernen, muss *sich* ausprobieren und vergleichen dürfen. Das kostet Energien, dazu braucht man Gelegenheit und Zeit, und da ist es kein Wunder, wenn die Schule und der andere »Alltagskram« manchmal ins Hintertreffen geraten.

Wenn zwei oder mehrere zwölfjährige Jungen zusammen

sind und sich unbeobachtet fühlen, geht es sehr oft ziemlich »unanständig« zu. Es ist das Alter der zotigen Witze, der Pornohefte, der versteckten und gehüteten Nacktfotos von vollbusigen Frauen, der sexistischen »Fachwörter«, der Angebereien mit »Erfahrungen«. Mit Sicherheit geht eine gute Anzahl der obszönen Zeichnungen und Wörter, die auf Wänden, in Aufzügen und an anderen öffentlichen Stellen erscheinen, auf das Konto der Zwölfjährigen.

Zur neuen Perspektive, die sich zwölfjährigen Jungen öffnet, gehört selbstverständlich auch, dass sie auf einmal Frauen (selbst wenn sie ihre Mütter sein könnten) mit anderen Augen sehen: mit »Sex-Augen«. Auch das muss erst einmal verarbeitet werden!

Emanzipierte Frauen und Männer, die sexistische Umgangsformen zu Recht ablehnen, weil darin immer auch eine Missachtung der Person des anderen mitschwingt, brauchen nicht in Panik zu geraten, wenn sie bei zwölfjährigen Jungen »Sexismus« entdecken. Mit dem Sexismus ist es wie mit dem Nationalismus und den anderen Teufelchen, die wir so in uns haben: Sie müssen erst einmal ungehindert rauskommen dürfen, damit man sie überwinden kann. Werden sie von Anfang an unterdrückt, dann kommen sie nur später und dafür umso kräftiger zum Vorschein.

Jungen in der frühen Pubertät, für die der Sexappeal von Frauen zum beherrschenden Eindruck werden kann, brauchen Männer als Vorbilder, die ihnen vorleben, dass sie an Frauen andere, menschlichere Qualitäten schätzen. Wenn Jungen in diesem Alter Männer und Frauen erleben (auch die Eltern!), die einander mit Achtung und menschlicher Wärme begegnen, dann werden sich ihre eigenen (Macht-)Gelüste von selbst legen. Und auch Mädchen brauchen natürlich Vorbilder, an denen sie sehen, dass eine Frau als *Mensch* geliebt und geachtet wird und dass sie nicht darauf angewiesen ist, sich männlichen Bedürfnissen zu unterwerfen, wenn sie »anerkannt« und »geliebt« werden will.

Selbstverständlich ist das Thema Sexualität auch für die Mädchen wieder »neu« und wichtig. Bei ihnen drehen sich aber Gedanken und Phantasien eher um andere Dinge als bei den Jungen: Mädchen beschäftigen sich in Gesprächen untereinander und in einsamen oder gemeinsamen Schwärmereien intensiv mit der Beziehung zwischen Mann und Frau: Männer und Jungen werden rein gefühlsmäßig – und zwar mit sehr viel Gefühl! – »kritisch« begutachtet. Ihre Tauglichkeit als Freund, Liebhaber und (Ehe-?)Mann ist das Maß aller Dinge, wobei die sexuellen »Fähigkeiten« in ihren Phantasien noch nahezu keine Rolle spielen.

Selbstbefriedigung scheint in diesem Alter bei Mädchen nach wie vor weniger verbreitet zu sein als bei Jungen, und wenn, dann ist sie ein viel privateres Thema als bei den gleichaltrigen Jungen.

Für Mädchen steht im Vordergrund, das auszuprobieren, wie man als Frau auf Männer wirkt und welche Gefühle man bei ihnen in Gang setzen kann. Dabei können sich die Mädchen allerdings nicht im Geringsten vorstellen, welche Gefühle (und Gelüste) sie bei Männern damit wirklich erregen können. Umgekehrt wollen die Mädchen natürlich auch erfahren, wie sie selbst auf Männer reagieren. Und so wird daraus das erste gezielte, lustvolle, aber noch sehr naive Spiel mit erotischen Bällen, die sich die Geschlechter gegenseitig zuwerfen.

Sexualität ist eine höchst persönliche Angelegenheit. Die Tatsache, dass in unserer Kultur inzwischen über Sexualität frei und offen gesprochen wird, sollte Eltern von Zwölfjährigen nicht täuschen: Auch wenn die Beziehung zum Sohn oder zur

Tochter noch so gut ist, braucht das Kind vor allem in diesem Bereich seine geschützte Intimsphäre und taktvolle Zurückhaltung von Seiten der Erwachsenen.

Oft fragen sich Eltern, ob sie etwas falsch gemacht haben, weil sie spüren, dass sich ihr Sohn oder ihre Tochter ausgerechnet mit den Fragen zur Sexualität ihnen gegenüber so verschlossen zeigt. Mein Eindruck aus Gesprächen mit Erziehern und Eltern und aus eigener Erfahrung ist, dass auch heute noch in Deutschland weitgehend gilt, was Arnold Gesell schon 1957 über amerikanische Zwölfjährige geschrieben hat: »Wie es scheint, sucht der Zwölfjährige gewöhnlich lieber bei wohlmeinenden, aber fremden Leuten Aufklärung als bei den eigenen Eltern, so offen und vertrauenserweckend diese auch sein mögen.« (Gesell, *Jugend,* S. 129)

Die Fragen, die Kinder zum Thema Sexualität haben, müssen natürlich beantwortet werden. Am liebsten ist ihnen offenbar eine Form, in der ihre eigene Betroffenheit nicht sichtbar wird. Deshalb sind Zeitschriften so beliebt, in denen es einschlägige Informationen gibt – und in denen Leserbriefe von Gleichaltrigen beweisen, dass man mit seinen Fragen und Problemen nicht allein ist auf der Welt. Deshalb »klären« sich Zwölfjährige mit Witzen und Zoten, aber auch mit ernsthaften Informationen oft lieber gegenseitig »auf«, als sich einem nahe stehenden Erwachsenen gegenüber zu offenbaren. Und darum ist Sexualkundeunterricht, in dem ganz allgemein über diese Themen gesprochen und informiert wird – und in dem die Lehrer nicht vordergründig nach den eigenen Erfahrungen und Problemen der Kinder fragen – oft der bessere Weg, als ein zu offenes, nur scheinbar »vertrauliches« Gespräch.

Vielleicht ist es ja für Zwölfjährige sogar ein wesentliches Merkmal des Erwachsenwerdens, dass sie sich diesen Teil der neuen Lebenswelt, die sich da vor ihnen öffnet, selbständig erschließen wollen, ohne ungefragt von den Erwachsenen »an die Hand« genommen zu werden!

Die Gefühle

In ihrer Zwischenstellung zwischen Kind und Jugendlichem steht Zwölfjährigen eine beneidenswert breite Palette von Gefühlen zur Verfügung. Und sie spielen mit Gefühlen, wenn sie in ihrer Phantasie von einer Rolle in die nächste schlüpfen:

Wenn eine Horde von Zwölfjährigen sich auf dem Bolzplatz trifft, um Fußball zu spielen, dann kämpfen dort vielfache Jürgen Klinsmanns, Matthias Sammers und Lars Rickens gegeneinander. Wenn ein Zwölfjähriger auf dem Fahrrad aus Leibeskräften in die Pedale tritt, ist er sicher nicht er selbst, sondern Jan Ullrich oder Miguel Indurain. Reiterinnen sind insgeheim Ludger Beerbaums oder Isabell Werths. Beim Tischtennis stehen sich (obwohl nur am »Tisch«) Boris Beckers und Pete Sampras' oder Steffi Grafs und Martina Hingis' gegenüber. Beim Üben mit der Gitarre sieht sich der »Star von morgen« bereits inmitten der Backstreet Boys auf der Bühne. Diese Rollenphantasien sind verbunden mit einer Fülle von »erwachsenen« Lebensgefühlen, die von den Kindern in aller Intensität erlebt werden. Daran wachsen sie.

Daneben können Zwölfjährige unvermittelt zu »Kleinstkindern« werden. Und die Eltern sind entsetzt, wenn ihr zwölfjähriger, fast »erwachsener« Sohn mehr als je zuvor am Kuscheltier im Bett festhält. Oder wenn die Tochter mit ihrer Freundin plötzlich wieder »Baby« spielt, quietschend Babysprache lallt und mit verschämter Albernheit am Fläschchen nuckelt.

Es ist, als spürten die Kinder, dass die Zeit der unbefangenen Kindergefühle dem Ende zugeht. Als würden sie das »Paradies der Kindheit« noch einmal bewusst durchstreifen, bevor sie es verlassen müssen. Oder als wollten sie sich festhalten an etwas Vertrautem, das ihnen Halt gibt.

Trotz der großen Spannbreite von Phantasien und Gefühlen sind Zwölfjährige (wenn sie relativ natürlich und unbeschwert heranwachsen konnten), alles in allem mit sich und der Welt meistens noch einigermaßen im Reinen. Aber das Schwungrad der Pubertät beginnt sich langsam in Bewegung zu setzen. Gefühlsausbrüche sind noch eher wie das Donnergrollen, mit dem sich ein Gewitter ankündigt. Das Gewitter selbst – die wirkliche pubertäre Gefühlsexplosion – steht noch bevor.

Das Ende einer Entwicklungszeit?

Mit 12 Jahren kündigt sich eine neue Entwicklungszeit an, neue Horizonte brechen auf. Mit 12 Jahren wachsen die Menschen damit aus einer vorangehenden Entwicklungsepoche heraus. Als Beispiel will ich auf zwei wissenschaftliche Erkenntnisse hinweisen, die diesen Übergang belegen:

Sportwissenschaftler haben festgestellt, dass mit etwa 12 Jahren feststeht, wie die Bewegungsabläufe bei sportlichen Tätigkeiten aussehen werden und mit welcher Energie der körperliche Einsatz betrieben wird: So wie man es mit 12 Jahren tut, wird man im Prinzip auch noch mit 40 Jahren sprinten, Tennis spielen oder sich im Fußballspiel einsetzen.

Sprachforscher haben herausgefunden, dass die Möglichkeit, eine Sprache ohne Akzent zu lernen, etwa mit 12 Jahren beendet ist: Japaner haben bis zum Alter von 12 Jahren die Möglichkeit, »r« und »l« zu unterscheiden und richtig auszusprechen. Später gelingt es kaum noch, die unterschiedlichen Laute zu unterscheiden und richtig nachzuahmen. Diese Problematik gilt für alle Menschen: Wenn wir als Europäer erst im Erwachsenenalter Japanisch lernen, wird es uns kaum möglich sein, Japanisch akzentfrei zu sprechen.

Was können die Erwachsenen tun?

Zwölfjährige brauchen in unserer Gesellschaft meiner Ansicht nach vor allem mehr Vertrauen in ihre Fähigkeiten und mehr Ermutigung zur Selbständigkeit – aber auch mehr Unterstützung, wenn sie sich in den Kopf gesetzt haben, etwas Besonderes auf die Beine zu stellen.

Wenn Kinder mit 12 Jahren die Erfahrung machen, dass sie von den Erwachsenen ernst genommen werden, dass die Erwachsenen ihnen selbständiges und verantwortliches Handeln zutrauen, dann werden sie in den folgenden Jahren weniger heftig mit den Erwachsenen aneinander geraten. Denn beide, Erwachsene und Kinder, werden dann gelernt haben, dass sie sich aufeinander verlassen können: die Kinder darauf, dass die Erwachsenen sie *richtig* anfassen und ihnen zutrauen, dass sie selbstverantwortlich handeln können. Dann werden sie auch akzeptieren, wenn die Erwachsenen wieder Grenzen aufzeigen (müssen). Und die Erwachsenen werden gelernt haben, sich darauf zu verlassen, dass die Kinder ihre Möglichkeiten richtig einschätzen können und dass sie sich im Zweifelsfall doch an die Erwachsenen wenden werden.

Ich glaube, dass ein Teil der »Jugendprobleme« in unserer Gesellschaft darauf zurückgeht, dass die »Zwölfjährigen« nicht ernst genommen, unentwegt entmündigt oder mit ihren alterstypischen Bedürfnissen abgelehnt werden. Die andere Seite ist, dass Kinder mit 12 Jahren oft zu wenig Halt und Geborgenheit erhalten, zu sehr sich selbst überlassen sind und sich dann ihren Halt bei solchen Menschen und Gruppen suchen, die schädlich auf die Persönlichkeitsentwicklung der Kinder einwirken.

Eltern, Lehrer und Erzieher müssen gerade bei zwölf-, dreizehnjährigen Kids wieder einmal eine Gratwanderung gehen: Sie müssen den richtigen Ton treffen, mit dem sie das Kind einerseits als »groß« ansprechen, ihm andererseits aber auch zugestehen, dass es durchaus auch noch »klein« und unreif sein darf. Erwachsene müssen sich dazu durchringen, die Kinder ihre eigenen Erfahrungen machen zu lassen, auch wenn sie dabei Fehler machen oder ein Risiko eingehen.

Mir wird's zu eng!

Die »Dreizehnjährigen«

Jeder weiß, wie unterschiedlich schnell die Entwicklung in der Pubertät verläuft. Kaum jemals vorher und nachher scheinen gleich alte Menschen so weit voneinander entfernt zu sein, wenn man sie nach ihrer Entwicklung beurteilt. Das gilt für alle Bereiche: für die körperliche Entwicklung genauso wie für die geistige, für die soziale Reife genauso wie für die emotionale.

Dennoch spreche ich von den »Dreizehnjährigen«. Denn fast jeder Mensch erlebt eine Entwicklungsphase, die sich von der des »Zwölfjährigen« unterscheidet und die auch deutlich anders ist als die Entwicklungsphasen, die später folgen. Meistens sind die Menschen in der Zeit, in der sie *diese* Phase durchlaufen, etwa 13 Jahre alt.

Das besondere Kennzeichen dieser Entwicklungszeit ist, dass die Menschen zum einen deutlich nicht mehr »Kinder«, sondern unübersehbar zu »Jugendlichen« herangewachsen sind – auch wenn sie noch relativ junge Jugendliche sind.

Das andere Merkmal ist, dass Dreizehnjährige – im Unterschied zu Zwölfjährigen – vor allem den Eltern oder den »Ersatzeltern« gegenüber anders auftreten: Auch wenn sie es nicht wirklich aussprechen, haben sie doch eine Ausstrahlung, als wollten sie zu den nahe stehenden Erziehern, Lehrern und Eltern sagen: »Ihr steht mir fürchterlich im Weg«, und: »Jetzt habe ich gefälligst ein Wörtchen mitzureden – bei allem!«, und: »Ich brauche Platz, für alles, jede Menge Platz, sonst platze ich!«, und: »Lasst mich allein!«

Dreizehnjährige treten Platz greifend, kritisch und bestimmend auf und halten sich gleichzeitig gern aus den gewohnten Familienabläufen raus. Sie selbst erleben die Erwachsenen auf einmal, als wären sie höchstens »gleich groß« – und oft haben sie die Erwachsenen in diesem Alter tatsächlich in der Körpergröße eingeholt oder sind ihnen sogar schon über den Kopf gewachsen. Sie stehen den Erwachsenen jetzt herausfordernder als noch vor ein paar Wochen »Auge in Auge« gegenüber. Auch innerlich. Das ist schon was! Und das muss man den Erwachsenen auch mitteilen!

Wieder ist die Beschreibung von Janina David, diesmal drei Monate vor ihrem 13. Geburtstag, sehr bezeichnend. Wenn man vergleicht, wie sie ihren Vater mit knapp 12 Jahren gesehen hat (vgl. Zitat auf S. 251), wird der Entwicklungsschritt vom »Zwölf-« zum »Dreizehnjährigen« besonders deutlich:

Ich hatte für Vater ein Gedicht geschrieben und es bis zu seinem Geburtstag in einem Koffer versteckt. Wie üblich bei solchen Anlässen, schrieb ich über meine Liebe zu ihm und von meinen Wünschen für seine glückliche Zukunft. Aber zum ersten Mal behandelte ich meinen Gegenstand mit etwas leichterer Hand und warf ihm, wenn auch durch die Blume, sein diktatorisches Benehmen vor, nannte ihn abwechselnd den vollkommenen Vater und dann wieder Iwan den Schrecklichen ...

Aber am Tag vor seinem Geburtstag fand Vater das Gedicht, als er irgend etwas in dem Koffer suchte. Er las es und explodierte.

Also war es schon so weit gekommen, daß sein eigenes Kind ihn zu kritisieren wagte!

Mir blieb der Mund offen. Daß Vater, der doch immer so schnell bereit war, sich über andere lustig zu machen, meine Absicht so völlig mißverstehen konnte, daß er etwas so ernst nahm, was doch nur als Witz gemeint war, das war mir ganz neu und völlig unglaublich. (David, S. 350)

In dieser Erinnerung wird auch das häufige und tragische Missverständnis zwischen Dreizehnjährigen und ihren Eltern sichtbar: Dreizehnjährige sind der festen Überzeugung, dass sie nichts anderes tun, als sich »wie Erwachsene« zu benehmen. Aber die Erwachsenen erwarten nach wie vor »kindliches« Verhalten und fallen bei den ersten, meistens tollpatschigen oder unangemessenen Kritikversuchen ihrer »Kleinen« aus allen Wolken. (Bitte übrigens nie mehr das Wort »Kleine« für Dreizehnjährige verwenden!)

Damit Menschen überhaupt Kritik üben können, müssen sie eine bestimmte innere Kraft und Reife haben, mit der sie dem anderen auf gleicher Ebene entgegentreten können. Diese Kraft haben Zwölfjährige in der Regel noch nicht. Wenn sie »kritisieren«, dann »motzen« sie, genauso wie die Jüngeren. Dreizehnjährige dagegen begründen ihre Kritik und tragen sie mit Nachdruck vor.

Ein schönes Beispiel für die Wandlung von der noch kleinen, schutzbedürftigen Zwölfjährigen zur kraftvollen, sich widersetzenden Dreizehnjährigen – beides ist gleichzeitig da – ist das folgende Zitat einer 1924 geborenen italienischen Frau, die in außerordentlich armen Verhältnissen herangewachsen ist und schon als Kind sehr hart arbeiten musste, um etwas zum Unterhalt der Familie beizutragen. Die Mutter war der geachtete Mittelpunkt der Familie, der Vater stand abseits und war als prügelnde »Autorität« gefürchtet.

In Dossello lebte ich bis dreizehn, dann suchte ich mir auswärts eine Arbeit. Drei oder vier Jahre war ich zur Schule gegangen, bis ich zehnjährig war. Gewiß, schon vorher hatte ich gearbeitet; aber als ich dreizehn war, sagte mein Vater, nun müsse ich mein Brot verdienen. Zwar war ich noch ein richtiges Kind; es war nicht wie heute, wo Burschen und Töchter früher reif sind. Mit dreizehn war ich noch ein Matz, dem nur auf Mutters Schoß wohl war. Doch ich ging weg. Vater sagte, ich müsse arbeiten, wir hätten nicht genug zum Leben; wenn ich Kleider wolle, so müsse ich sie selbst verdienen, sonst kleide er mich in Sacktuch. Ich begann zu weinen: »Ja, ich gehe. Doch wenn ich wiederkomme, dann wegen der Mutter, nicht deinetwegen. Du hältst mir stets die paar Bissen vor, die du mir zu essen gibst. Obschon ich das selber verdiene; ich gehe mit dir Holz sammeln und verkaufen; Mario und ich helfen dir, und du gibst uns nie ein paar Lire, um ein Eis zu kaufen. Mir scheint, das wenige, was ich esse ... Ich suche Kastanien, bringe sie dir nach Hause; von morgens bis abends mit einer Scheibe Polenta im Rucksack, den lieben Tag lang im Wald für ein paar Kastanien. Ich habe nicht das Gefühl, auf deine Kosten zu essen. Doch ich gehe.« (Belotti, S. 33 ff.)

Die Autorin würde sich sicher nicht so lebhaft an diese Auseinandersetzung mit dem Vater erinnert haben, wenn damals nicht etwas ganz Besonderes, etwas vollkommen Neues für sie passiert wäre: Sie hatte ihrem Vater zum ersten Mal die Stirn geboten und ihm darüber hinaus zu verstehen gegeben, dass sie aus *eigener* Entscheidung und nicht auf Befehl des Vaters aus dem Haus gehen würde – weil sie sich, trotz aller Kindlichkeit, dafür stark genug fühlte.

Dieses Gefühl der Dreizehnjährigen, jetzt Verantwortung tragen zu können und mit den Erwachsenen gemeinsam zuständig zu sein für alle möglichen Dinge, beobachten auch heutzutage viele Eltern: Ihre Söhne und Töchter wissen »viel besser«, wo man günstig einkaufen kann, welcher der kürzeste oder der schnellste Weg mit dem Auto ist, wie man Spaghetti richtig zubereitet, und sagen den Eltern, was sie anziehen sollen ...

Ob es um die Planung der Urlaubsreise geht oder um den Kauf eines Autos, um die Anschaffung eines Computers oder um die Menge der Hausaufgaben: Dreizehnjährige wollen nicht nur gefragt werden, wie jüngere Kinder, sondern sie möchten *mitbestimmen*, sich mit ihrer Meinung *durchsetzen*. Und dazu führen sie die »letzten« Argumente ins Feld. Das häufigste Argument dabei dürfte weltweit sein: *Alle dürfen* (in die Spätvorstellung des Kinos gehen) *alle haben* (die eine bestimmte, teure Jeans), *keiner muss* (beim Schulfest helfen) usw.

Dreizehnjährige fühlen sich im Recht. Entsprechend schwierig ist es, mit ihnen Kompromisse zu finden. Und entsprechend wichtig ist es, dass in strittigen Fällen am Ende doch der Erwachsene die Entscheidung trifft und klar sagt, wo's langgeht.

Manchmal gehen Dreizehnjährige so weit, dass sie die Angelegenheiten der Erwachsenen in ihre Hand nehmen und sogar über die Erwachsenen bestimmen wollen – nicht nur, was das Outfit betrifft. Das kann natürlich zu heftigen Konflikten führen.

Aber auch das war offenkundig schon früher so, wie zum Beispiel aus den Erinnerungen von Wladimir Lindenberg hervorgeht. Allerdings haben nicht alle Dreizehnjährigen Mütter oder Väter, die ihren Kindern so ernsthaft zuhören wie die Mutter des herangewachsenen, etwa dreizehnjährigen Bobik:

Bobiks Gesicht war ernst und wichtig.

»Verzeih, Mami, aber ich muß dich jetzt sprechen. Es ist sehr wichtig. Ehrenwort. Und du mußt mich anhören bis zu Ende, bitte!«

»Was hast du denn so schrecklich Wichtiges, Bobik. Na, dann setz dich hin.«

»Ich muß mit dir über ›ihn‹ sprechen«, er wollte Karluscha nicht beim Namen nennen. »Du weißt genau, wie er sich benimmt und daß alle Leute darüber sprechen. Das geht so nicht weiter.«

»Aber, Bobik, ich glaube, das ist nicht deine Sache!«

»Das ist genau so gut meine Sache wie deine. Wir sind alle beteiligt. Oder glaubst du wirklich, daß wir danebenher leben und nichts merken? Dann tätest du mir leid!«

»Was soll ich denn aber machen?«, sagte Jadwiga verzweifelt. »Ich kann es doch nicht ändern. Soll ich mich auf seine Stufe stellen und Skandale provozieren?«

»Du sollst dich scheiden lassen.«

...

»Ich muß es mir überlegen, Bobik. Laß mir Zeit.«

»Da ist nichts zu überlegen. Du hast nur Angst und gehst den Entscheidungen aus dem Wege. Du wirst es heute tun!« – Er war sehr streng, und er fühlte plötzlich, daß er ein Erwachsener war und daß die Mutter ihn als Erwachsenen behandelte. Das gab ihm eine große Genugtuung, aber es machte ihn gleichzeitig auch traurig. (Lindenberg, S. 159 ff.)

Das ist die Kehrseite der Medaille, wenn man in eine neue Lebenswelt vordringt: Das ist nicht nur Vergnügen, das ist auch eine gehörige Belastung, das kann sogar Angst machen, zumindest große Sorgen bereiten. Dreizehnjährigen wird plötzlich sehr bewusst, was es bedeuten muss, »erwachsen« zu sein.

Angesichts des Lebens der Erwachsenen ist das für viele keine fröhliche Aussicht. Das hat zum Beispiel auch Simone de Beauvoir so empfunden:

Die Einförmigkeit der Existenz der Erwachsenen war mir immer schon bemitleidenswert erschienen, wenn ich mir klarmachte, daß sie in Kürze auch mein Los sein würde, wurde ich von Angst gepackt ... (Beauvoir, S. 99)

Der Übergang in die neue Lebenswelt äußert sich bei manchen Dreizehnjährigen, indem sie sich zurückziehen, verkriechen, stumm werden – zumindest, wenn es um ihren Umgang mit Erwachsenen geht. Unter Gleichaltrigen tauen die in sich verschlossenen Jugendlichen oft erstaunlich auf. Und so ist es kein Wunder, dass sich viele Dreizehnjährige dort wohler fühlen, wo sie nicht mit Erwachsenen zusammenkommen, dass sie, so oft sie können, von zu Hause weg- und ihre eigenen Wege gehen.

Weil es Dreizehnjährige zuweilen wirklich schwer haben mit sich und der Welt, sind sie häufig außerordentlich empfindlich und verletzbar. Simone de Beauvoir erinnert sich:

Ich wurde häßlicher, meine Nase rötete sich; auf Gesicht und Nacken bekam ich Pickel, an denen ich nervös herumkratzte. Da Mama die Arbeit über den Kopf wuchs, ging ich schlecht gekleidet; die formlosen Sachen, die ich trug, betonten mein linkisches Benehmen. Da mein Körper mich behinderte, entwickelten sich bei mir verschiedene krankhafte Aversionen; so ertrug ich zum Beispiel nicht, aus einem Glas zu trinken, aus dem schon jemand getrunken hatte. Ich bekam auch Ticks: unaufhörlich zuckte ich mit den Schultern oder drehte an meiner Nase. »Kratz nicht an deinen Pickeln, dreh nicht an deiner Nase«, sagte mein Vater immer wieder zu mir. Ohne böse Absicht, aber auch ohne Schonung, machte er über meinen Teint, meine Akne, meine Tolpatschigkeit Bemerkungen, durch die mein Unbehagen und meine Manien auf die Spitze getrieben wurden ... (Beauvoir, S. 97)

Das sind leidvolle Erfahrungen, die auch heute noch so viele junge Mädchen und Jungen ausstehen müssen, weil ihre Eltern keine Vorstellung (mehr?) haben, wie man sich als dreizehnjähriger Mensch fühlt und wie dünn die Haut ist, in der man steckt.

Die Situation des Dreizehnjährigen ist vielleicht vergleichbar damit, was die Seefahrer an Bord der Schiffe von Kolumbus erlebt haben: Die vertraute Alte Welt liegt weit zurück, der »Point of no Return« ist überschritten, es gibt nur die »Wahl« weiterzufahren. Aber neues Land ist nicht in Sicht – und es scheint sogar für manche fraglich, dass es jemals wieder festen Boden unter den Füßen geben wird: Womöglich wird man von jetzt an auf sich ganz allein gestellt und ohne recht zu wissen wohin, bis ans Lebensende ziellos dahindümpeln.

In solchen Situationen haben Pessimisten die Wahl zwischen Resignation und Rebellion, und Optimisten werden entweder mit einer trotzigen Dickköpfigkeit reagieren oder eine Zuversicht zur Schau stellen, die auf andere wie eine maßlose Selbstüberschätzung wirken muss.

In dieser Verfassung tut die Führung eines sicheren Kommandanten gut, der die Nöte und Zweifel ernst nimmt, der aber bei aller Auflehnung das Ruder nicht aus der Hand gibt. Stellen Sie sich vor, Kolumbus hätte den Meuterern nachgegeben – alle wären zugrunde gegangen. Und stellen Sie sich vor, Kolumbus hätte die ganze Mannschaft in Fesseln gelegt – auch dann wäre er nicht ans Ziel gekommen. Wenn zu Beginn der Pubertät etwas schief läuft in der Entwicklung von Jugendlichen, dann liegt das meistens daran, dass sie entweder zu viel

Freiheit und Macht haben oder dass zu autoritär über sie verfügt wird. Dreizehnjährige brauchen einerseits die verantwortliche *Begleitung* von Erwachsenen (ich vermeide hier bewusst das Wort »Erziehung!«). Sie brauchen ganz sicher mehr Freiräume und viel mehr Zugeständnisse als früher. Aber in dieser Lebensphase allein gelassen zu werden und niemanden zu haben, der einem Halt und Orientierung gibt, das wäre genauso furchtbar wie zu große Strenge.

Das größte »Problem« für Dreizehnjährige sind tatsächlich die Erwachsenen: Die nerven total! Die kapieren nämlich echt gar nichts! So was Beknacktes wie die, das gibt's überhaupt nicht! Die Lehrer: echt ätzend. Immer meinen die, sie wüssten alles besser und wenn man mal versucht, denen zu erklären, was Sache ist, blicken sie's keinen Meter! Ne, echt, das macht überhaupt keinen Bock, sich mit denen abzugeben, die sind total schwachsinnig! Bei manchen kannste voll Scheiß bauen, und die peilen das nicht mal. Echt cool so was! Ne, ey, andere sind voll gemein! Die meinen, sie wären die Größten und müssen immer gleich voll die Strafe austeilen. Und sonst? Na ja, paar sind ganz o.k., die verstehen, wenn man nicht gut drauf ist oder Scheiß gemacht hat, die haben auch Humor und meckern nicht gleich, aber die meisten kann man echt vergessen.

Und die Erwachsenen denken: Mit den Dreizehnjährigen ist es schwierig: Sie sind furchtbar anstrengend und nervend! Sie denken immer, sie wüssten alles besser! Wenn man mit ihnen redet, hat man das Gefühl, es geht zum einen Ohr rein und zum anderen wieder raus. Als rede man gegen eine Wand. Oder sie drehen einem das Wort im Mund herum: unglaublich! Dabei müssten sie doch selbst sehen, was sie mit ihrem Unfug, ihrer Unordnung und Rücksichtslosigkeit anrichten und dass sie nun mal lernen müssen für die Schule. Aber was man sagt, ist verkehrt. So was Freches und Unverschämtes, das gibt's überhaupt nicht. Argumentieren, ja, das können sie, und das letzte Wort müssen sie haben. Aber dass sie mal das tun, was man von ihnen will, das kann man vergessen.

So denkt jeder vom anderen im Grunde dasselbe und jeder erwartet vom anderen den ersten Schritt. Die Jugendlichen werden diesen Schritt nicht gehen (können). Das wäre auch zu viel verlangt – selbst wenn sie sich noch so »erwachsen« fühlen und verhalten.

Was können die Ewachsenen tun?

Erwachsene können etwas sehr Einfaches, aber sehr Wichtiges tun: zuhören. Allerdings muss man wissen, dass Dreizehnjährige, wenn sie schon mal anfangen zu erzählen, meistens über Belanglosigkeiten reden. Und dann ohne Punkt und Komma. Man hört zu und denkt immer: Na und? Warum erzählst du mir das jetzt, das ist doch alles überhaupt nicht wichtig und interessieren tut es mich schon gar nicht (die ganze Handlung irgendeines Films zum Beispiel). Die Versuchung, solche »Gespräche« abzubrechen – man hat schließlich Wichtigeres zu tun – oder nicht mehr richtig hinzuhören, ist vertrackt groß.

Und genau da liegt die Falle. Mehr oder weniger bewusst stellen die Dreizehnjährigen mit ihren »unwichtigen« Geschichten nämlich nur ihre allerwichtigste Kernfrage an uns: Interessiere ich dich überhaupt? Nimmst du mich ernst? Oder bin ich dir im Grunde nur lästig und nur dann für dich interessant, wenn ich etwas erzähle, was *du* für »wichtig« hältst?

Wenn Jugendliche die Erfahrung machen, dass man ihnen zuhört und dass sie nicht bewertet werden, dann fühlen sie sich nicht nur »wie Erwachsene« behandelt und angenommen, sondern erst dann trauen sie sich erfahrungsgemäß auch mit Dingen heraus, die vielleicht nicht so ganz in Ordnung waren oder die für sie Fragen aufwerfen. Dann erzählen sie schon mal von ihren Schandtaten, von dem Unsinn, den sie in der Schule gemacht haben, von ihren Streifzügen und Abenteuern zusammen mit den Freunden oder von anderen Vorkommnissen, die aus Sicht der Erwachsenen zu tadeln wären.

Kaum jemals wird ein dreizehnjähriger Junge oder ein dreizehnjähriges Mädchen einem Erwachsenen, der »Erziehungsverantwortung« trägt, etwas über sich erzählen. Welche Fragen und Probleme eine(n) dreizehnjährige(n) Jugendliche(n) beschäftigen, wird man als Vater oder Mutter bestenfalls »zwischen den Zeilen herauslesen« können. Wenn Dreizehnjährige (und Ältere) – egal bei wem – mal heikle Dinge herauslassen, dann steht immer unausgesprochen die Frage dahinter: Kann ich mich auf dich verlassen oder wirst du mich verraten? Wirst du mich abkanzeln, gar bestrafen, oder kannst du es aushalten, dass ich anders bin, als ich es in deinen Augen sein sollte? Willst du mich noch erziehen oder kannst du mir das auch schon selbst überlassen?

Wenn Jugendliche von kritischen Begebenheiten berichten, dann steckt dahinter meistens aber auch die Hoffnung, dass der Erwachsene zwar nicht tadelt oder bestraft, aber doch klar sagt, was er davon hält. Auch Jugendliche brauchen die Erwachsenen, um sich an ihnen zu orientieren, wollen von den Erwachsenen hören, was richtig und was falsch ist – und sie sind in der Regel auch bereit, die Konsequenzen zu tragen, die sich unmittelbar aus ihren Schandtaten ergeben.

Aber sie wollen eines nicht: von den Erwachsenen »erzogen« zu werden. »Erziehung« nervt! Erziehung ist etwas für kleine Kinder! – Und ist auch gar nicht so wichtig, denn mit der Zeit werden selbst Dreizehnjährige erwachsen, vorausgesetzt, sie hatten eine Kindheit, in der ihre individuelle Persönlichkeit gestützt, aber »ungestutzt« heranwachsen konnte.

Die neue Welt

Hier endet diese »Entwicklungsgeschichte«. Sie fragen sich vielleicht: Weshalb gerade mit 13 Jahren? Sind Dreizehnjährige nicht längst mitten in der Pubertät, sind nicht sogar Zwölfjährige schon Jugendliche? Oder sehen Sie es umgekehrt: Finden Sie, dass Kindheit erst mit 14 Jahren abgeschlossen ist? Hat es nicht seine guten Gründe, dass der Übergang zum Erwachsenenalter in vielen Kulturen mit besonderen Festen im Alter von 14, manchmal sogar erst mit 15 Jahren gefeiert wird (zum Beispiel mit Konfirmation, Firmung oder Jugendweihe)? Ist nicht der traditionelle Hauptschulabschluss mit 14 Jahren die eigentliche Grenze zwischen Kind und Jugendlichem beziehungsweise Erwachsenem?

In der technisierten modernen Welt hat sich die Kindheits- und Jugendphase äußerlich tatsächlich verschoben. Durch das moderne Bildungssystem hat sich vor allem die Jugendzeit erheblich ausgedehnt. Menschen in unserer Kultur werden unnatürlich lang daran gehindert, erwachsen und selbständig zu werden: Real unterliegen junge Erwachsene in der Bundesrepublik bis zum 18. Geburtstag der Schulpflicht, denn auch Auszubildende müssen in die Berufsschule gehen. Frauen und Männer können bis zum 27. Geburtstag noch nach dem Kinder- und Jugendhilfegesetz betreut werden. Und viele Menschen in Deutschland sind schon Mitte 20 oder älter, wenn sie die ersten ernsthaften beruflichen Schritte tun und endlich »richtig« erwachsen sein können.

Gleichzeitig scheint sich die Grenze zum Jugendalter aber auch nach unten verschoben zu haben, wenn man sieht, wie sich schon Elfjährige bewegen, kleiden und verhalten. Die »Verfrühung« von Jugend hängt wohl damit zusammen, dass große Kinder in unserer Gesellschaft für ihre alterstypischen Lebensbedürfnisse keinen Raum mehr haben und sich deshalb, so früh wie möglich, den Jugendlichen zuordnen. Denn Jugendliche bekommen bei uns viel Aufmerksamkeit. Es gibt ja immer mehr, immer jüngere und immer ältere Jugendliche. Und Kinder, vor allem *große Kinder*, scheint es immer weniger zu geben.

Dennoch gibt es unbestreitbar auch heutzutage und in unserer Kultur diese Zeit der »großen Kindheit« zwischen Kleinkind- und Jugendalter. Und bei genauem Hinsehen – wenn man die innere Entwicklung wahrnimmt – erkennt man, dass Menschen mit 12, 13, 14 Jahren offenbar doch nicht so anders sind als früher oder in anderen Kulturkreisen. Über alle Zeiten und Kulturen hinweg gibt es allerdings gute Argumente, das Ende der Kindheit sowohl mit 12 als auch mit 13 oder mit 14 Jahren anzusetzen.

Der Grund, weshalb dieses Buch gerade mit den Dreizehnjährigen endet, wird vielleicht verständlich, wenn man die Entwicklungsschritte zwischen 12 und 14 Jahren wieder mit der Situation von Kolumbus und seinen Leuten vergleicht:

Voraussetzung für die Reise von Kolumbus war bekanntlich die Erkenntnis, dass die Erde rund ist. Das entspricht der Situation der Zwölfjährigen, die in ihrer geistigen Entwicklung zu einem neuen Denken fähig sind, das sie auf die nächste Entwicklungsstufe vorbereitet. Sie sind wie die Seeleute, die zwar noch auf dem Boden der »alten Heimat« – der Kindheit – stehen, die aber danach hungern, das Schiff zu besteigen, das in die »neue Welt« – das Jugendalter – aufbrechen wird.

Dreizehnjährige haben das »Festland Kindheit« verlassen und befinden sich auf hoher See, irgendwo zwischen der alten und der noch unbekannten neuen Welt. Sie fühlen sich zwischen den Welten, befinden sich im Auf- und Umbruch, sind keine Kinder mehr und doch auch noch nicht so richtig Jugendliche.

Bei den meisten Vierzehnjährigen gibt es diese Unsicherheit nicht mehr. Sie sind ohne jeden Zweifel in der neuen Welt – bei den Jugendlichen – gelandet. Aber von den »Profis«, den »Ureinwohnern« unter den Jugendlichen, den Fünfzehn- bis Sechzehnjährigen und Älteren, werden Vierzehnjährige oft noch als »unerfahren«, als am Rand stehende Neulinge angesehen. Und sie fühlen sich auch selbst meistens noch »neu«. Darin ähneln sie den Siebenjährigen, mit denen der zweite Teil dieses Buches begann.

Damit beginnt wieder eine neue Reise durch eine größere, kompliziertere, anspruchsvollere Lebenswelt. Und die Schritte werden sich wiederholen: Am Anfang wird für eine kurze Zeit der oder die für viele Eltern erstaunlich in sich ruhende, verhaltene, aufschauende »Vierzehnjährige« stehen. Mit 15, 16 Jahren wird es wieder darum gehen, die Grenzen der neuen Welt auszuprobieren und mit aller Kraft und Maßlosigkeit gegen sie anzurennen. Hoffentlich erfahren die jugendlichen Grenzgänger und »Chaoten« ebenso wie mit 8, 9 Jahren, wo sie zu weit gehen, damit sie Halt finden und sich ab etwa 17 Jahren wieder beruhigt ihren Lebensthemen zuwenden können. Bis es ihnen wieder zu eng, zu langweilig werden wird und sie wieder zu neuen Ufern aufbrechen wollen, wie ihre Eltern und wie wir alle, als wir Anfang, Mitte 20 waren. Und hoffentlich können die jungen Erwachsenen dann auf die eigenständigen, lebendigen Lebenserfahrungen aufbauen, die sie im Alter zwischen 7 und 13 Jahren gesammelt haben, als sie gemeinsam mit ihren Freunden die für ihr Alter passende Lebenswelt des großen Kindes selbständig entdeckt, erobert und beherrscht haben.

Literatur

Im Text zitierte Literatur

Beauvoir, Simone de (1908-1986): *Memoiren einer Tochter aus gutem Hause,* Reinbek: Rowohlt-TB 1996

Belotti, Carla (geb. 1924): *Die Emigrantin*, Zürich: Benziger/Ex Libris 1983

Bruyn, Günter de (geb. 1926): *Zwischenbilanz. Eine Jugend in Berlin*, Frankfurt/M.: S. Fischer 1992

bsj e.V. Marburg: *Abenteuer – Ein Weg zur Jugend?* Dokumentation der 3. bundesweiten Fachtagung zur Erlebnispädagogik in Neubrandenburg: Marburg 1996

Camus, Albert (1913-1960): *Der erste Mensch*, Reinbek: Rowohlt 1995

Conto de Knoll, Dolly: *Die Straßenkinder von Bogotá. Ihre Lebenswelt und ihre Überlebensstrategien,* Frankfurt/M.: Verlag für interkulturelle Kommunikation 1992

Dahl, Roald (1916-1990): *Danny. Oder die Fasanenjagd*, Reinbek: Rowohlt 1982

David, Janina (geb. 1930): *Ein Stück Himmel/Ein Stück Erde/Ein Stück Fremde*, München/Wien: Hanser 1981/1994

Deutsches Jugendinstitut: *Was tun Kinder am Nachmittag? Ergebnisse einer empirischen Studie zur mittleren Kindheit,* Weinheim/München: Juventa 1992

Dönhoff, Marion (geb. 1909): *Kindheit in Ostpreußen*, München: Goldmann 1991

Doyle, Roddy (geb. 1958): *Paddy Clarke Ha Ha Ha*, Frankfurt/M.: Fischer-TB 1996

Frommel, Otto (1871-1951): *Mannelin, das Schattenspiel einer Jugend,* Berlin: Gebr. Paetel 1910

Gesell, Arnold: *Das Kind von Fünf bis Zehn,* Bad Nauheim: Christian 1964

Ders.: *Jugend, das Alter von 10-16,* Bad Nauheim: Christian 1968

Jaspers, Karl (1883-1969): *Schicksal und Wille*, München: Piper 1967

Kruse, Max (1854-1942): *Ein Lausejunge aus gutem Haus*, Freiburg: Herder 1983

Lewis, Oscar: *Die Kinder von Sánchez. Selbstporträt einer mexikanischen Familie*, Düsseldorf/Wien 1963. Anm. d. Verf.: Die Geschichte einer mexikanischen Familie; Zitate von Manuel (geb. 1928), Roberto (geb. ca. 1930) und Consuelo (geb. ca. 1932)
Lindenberg, Wladimir (1902-1997): *Marionetten in Gottes Hand. Eine Kindheit im alten Rußland*, München/Basel: Ernst Reinhardt 1987
Lindgren, Astrid (geb. 1907): *Kalle Blomquist*, Gütersloh: Bertelsmann o.J.
Dies.: *Madita*, Hamburg: Friedrich Oetinger 1980
Dies.: *Polly hilft der Großmutter*, Hamburg: Friedrich Oetinger 1972
Neruda, Pablo (1904-1973): *Ich bekenne, ich habe gelebt. Memoiren*, Neuwied: Luchterhand 1982
Pergaud, Louis (1882-1915): *Der Krieg der Knöpfe. Der Roman meines zwölften Lebensjahres*, Reinbek: Rowohlt-TB 1981
Rutschky, Katharina: *Deutsche Kinderchronik*, Köln: Kiepenheuer & Witsch 1983, daraus literarische Kindheitserinnerungen von:
- Beneke, O.: Hamburg, 1741
- Damaschke, Adolf (1865-1935): Berlin, um 1875
- Fontane, Theodor (1819-1898): Swinemünde, um 1830
- Karsch, Anna Luise (1722-1791): bei Crossen a.d. Oder, um 1730
- Kurz, Franz (1846-?): u.a. Bodnegg, 1858
- Paulsen, Friedrich (1846-1908): Langenhorn, um 1855
- Ratzel, F. (1844-1904): Karlsruhe, um 1856
- Rietschel, Ernst (1804-1861): Pulsnitz, um 1815
- Schumacher, Tony (1848-19?): u.a. Ludwigsburg, um 1860

Sadat Jehan (geb. 1933): *Ich bin eine Frau aus Ägypten*, München: Heyne 1991
Suttner, Bertha von (1843-1914): *Memoiren*, Bremen: Schünemann 1965
Tübinger Erklärung »Kinder brauchen Stadt«, veröffentlicht u.a. in: *Der Städtetag*, H. 9/1995
Vegesack, Siegfried von (1888-1974): *Baltische Tragödie*, Berlin: Deutsche Buch-Gemeinschaft ca. 1935
Wilk, Liselotte u. Bacher, Johann (Hrsg.): *Kindliche Lebenswelten. Eine sozialwissenschaftliche Annäherung*, Opladen: Leske & Budrich 1994

Weiterführende populäre Literatur

Bergmann, Wolfgang: *Computerkids. Die neue Generation verstehen lernen*, Zürich: Kreuz 1996
Berry, Gabriele u. Pesch, Ludger: *Welche Horte brauchen Kinder? Ein Handbuch*, Neuwied/Kriftel/Berlin: Luchterhand 1996

Dolto, Françoise: *Wenn die Kinder älter werden,* Weinheim: Beltz 1984

Elium, Don u. Jeanne: *Söhne erziehen. Wie Väter und Mütter Jungen zu selbstbewußten Männern machen können,* München: Knaur-TB 1994 (Anm. d. Verf.: gilt genauso für Töchter!)

Ell, Ernst: *Wenn Kinder zündeln,* Tübingen: Katzmann 1983

Fischer-Tietze, Renate: *Dumme Kinder gibt es nicht. Warum Lernstörungen entstehen und wie man helfen kann,* München: Kösel 1997

Fölling-Albers, Maria (Hrsg.): *Veränderte Kindheit – Veränderte Grundschule,* Frankfurt/M.: Arbeitskreis Grundschule e.V. 1997

Grefe, Christiane: *Ende der Spielzeit. Wie wir unsere Kinder verplanen,* Berlin: Rowohlt 1995

Harms, Gerd u. Mannskopf, Lutz (Hrsg.): *Spiel- und Lebensraum Großstadt,* Berlin: FIPP 1989

Kischnick, Rudolf: *Was die Kinder spielen. 250 Bewegungsspiele für Schulkinder*, Stuttgart: Freies Geistesleben 1995

Kischnick, Rudolf u. Haren, Wil van: *Der Plumpsack geht rum! Kreis- und Bewegungsspiele für Kinder und Jugendliche.* Stuttgart: Freies Geistesleben 1998

Lange, Udo u. Stadelmann, Thomas: *Spiel-Platz ist überall. Lebendige Erfahrungswelten mit Kindern planen und gestalten,* Freiburg: Herder 1996

Langosch-Fabri, Hella: *Alte Kinderspiele neu entdecken. Kibbel-Kabbel, Hinkebock und andere fast vergessene Späße,* Reinbek: Rowohlt-TB 1993

Postman, Neil: *Das Verschwinden der Kindheit,* Frankfurt/M.: S. Fischer 1983

Schiffer, Eckhard: *Warum Huckelberry Finn nicht süchtig wurde. Anstiftung gegen Sucht und Selbstzerstörung bei Kindern und Jugendlichen,* Weinheim/Berlin: Quadriga 1993

Schnack, Dieter u. Neutzling, Rainer: *Kleine Helden in Not. Jungen auf der Suche nach Männlichkeit,* Reinbek: Rowohlt-TB 1990

Steffen, Gabriele: »Kindheits-Räume - Sonder-Räume - Stadt-Räume«, in: *Zukunft für Kinder - Grundschule 2000. Bundesgrundschulkonferenz 1995 in Berlin,* Bonn/Frankfurt/M.: Arbeitskreis Grundschule/Gewerkschaft Erziehung und Wissenschaft/Verband Bildung und Erziehung 1996

Wüllenweber, Walter: *Wir Fernsehkinder. Eine Generation ohne Programm,* Berlin: Rowohlt 1994

Weiterführende wissenschaftliche Literatur

Baacke, Dieter: *Die 6- bis 12jährigen. Einführung in Probleme des Kindesalters,* Weinheim/Basel: Beltz 1984

Deutsches Jugendinstitut (Hrsg.): *Was für Kinder. Aufwachsen in Deutschland. Ein Handbuch*, München: Kösel 1993

Gebhard, Ulrich: *Kind und Natur. Die Bedeutung der Natur für die psychische Entwicklung,* Opladen: Westdeutscher Verlag 1994

Honig, Michael-Sebastian, Leu, Hans Rudolf u. Nissen, Ursula (Hrsg.): *Kinder und Kindheit. Soziokulturelle Muster – sozialisationstheoretische Perspektiven,* Weinheim/München: Juventa 1996

Keller, Monika: *Moralische Sensibilität: Entwicklung in Freundschaft und Familie,* Weinheim: Psychologie Verlags Union 1996

Krappmann, Lothar u. Oswald, Hans: *Alltag der Schulkinder. Beobachtungen und Analysen von Interaktionen und Sozialbeziehungen*, Weinheim: Juventa 1995

Lindenberg, Christoph: *Die Lebensbedingungen des Erziehens. Von Waldorfschulen lernen,* Reinbek: Rowohlt 1981

Mansel, Jürgen (Hrsg.): *Glückliche Kindheit – schwierige Zeit? Über die veränderten Bedingungen des Aufwachsens,* Opladen: Leske + Budrich 1996

Markefka, Manfred u. Nauck, Bernhard (Hrsg.): *Handbuch der Kindheitsforschung,* Neuwied/Kriftel/Berlin: Luchterhand 1993

Mogel, Hans: *Psychologie des Kinderspiels. Die Bedeutung des Spiels als Lebensform des Kindes, seine Funktion und Wirksamkeit für die kindliche Entwicklung,* Berlin: Springer 1991

Müller-Wiedemann, Hans: *Mitte der Kindheit. Beiträge zu einer anthroposophischen Entwicklungspsychologie,* Stuttgart: Freies Geistesleben 1989

Oerter, Rolf u. Montada, Leo (Hrsg.): *Entwicklungspsychologie*, Weinheim: Psychologie Verlags Union 1995

Pädagogische Sektion am Goetheanum und Pädagogische Forschungsstelle beim Bund der Freien Waldorfschulen: *Zur Unterrichtsgestaltung im 1. bis 8. Schuljahr an Waldorf-/Rudolf Steiner Schulen,* Dornach: Verlag am Goetheanum 1996

Renner, Erich: *Kinderwelten. Pädagogische, ethnologische und literaturwissenschaftliche Annäherungen*, Weinheim: Deutscher Studienverlag 1995

Weber-Kellermann, Ingeborg: *Die Kindheit. Eine Kulturgeschichte,* Frankfurt/M.: Insel 1997

Zinnecker, Jürgen u. Silbereisen, Rainer K.: *Kindheit in Deutschland. Aktueller Survey über Kinder und ihre Eltern,* Weinheim: Juventa 1996